股东会决议诉讼研究

A Study on the Litigation for the Resolution in Shareholders' Meeting

汪道伟 著

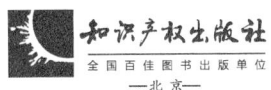

知识产权出版社
全国百佳图书出版单位
—北京—

图书在版编目（CIP）数据

股东会决议诉讼研究/汪道伟著.—北京：知识产权出版社，2020.7
ISBN 978-7-5130-6904-5

Ⅰ.①股… Ⅱ.①汪… Ⅲ.①股份有限公司—股东—诉讼—研究—中国 Ⅳ.① D922.291.914

中国版本图书馆 CIP 数据核字（2020）第 075206 号

内容提要

本书聚焦于股东会决议诉讼，采用比较法和案例研究等方法，提出如下理论架构：第一，股东会决议的性质为关系契约和不完全契约；第二，股东会决议诉讼的宗旨和专业准则是资本多数决；第三，股东会决议诉讼应遵循以效率、平等与合理期待为内容的、平衡协调的价值体系。该理论框架有助于股东会决议诉讼理论与实务难题的分析与解决，对于民事法律行为理论体系的完善具有一定的启发作用，亦可为其他复杂民商事争议的提供理论和方法论借鉴。

责任编辑：于晓菲　李　娟　　　　　　责任印制：孙婷婷

股东会决议诉讼研究
GUDONGHUI JUEYI SUSONG YANJIU

汪道伟　著

出版发行：知识产权出版社 有限责任公司	网　　址：http://www.ipph.cn
电　　话：010-82004826	http://www.laichushu.com
社　　址：北京市海淀区气象路 50 号院	邮　　编：100081
责编电话：010-82000860 转 8363	责编邮箱：laichushu@cnipr.com
发行电话：010-82000860 转 8101	发行传真：010-82000893
印　　刷：北京九州迅驰传媒文化有限公司	经　　销：各大网上书店、新华书店及相关专业书店
开　　本：787mm×1092mm　1/16	印　　张：17.75
版　　次：2020 年 7 月第 1 版	印　　次：2020 年 7 月第 1 次印刷
字　　数：260 千字	定　　价：68.00 元

ISBN 978-7-5130-6904-5

出版权专有　侵权必究
如有印装质量问题，本社负责调换。

序 一

本书作者汪道伟是我指导的博士生,也是一名成功的律师,这本《股东会决议诉讼研究》是在他博士论文的基础上修订而成的。

公司是近代社会科学领域非常重要的发明。经由公司的形式,既大规模聚人、又大规模聚财成为可能。可以说,公司日益成为重要的财产和智慧的聚宝盆和反应堆,并爆发出巨大的能量,是当今世界财富和社会福利最主要的创造主体。基于对公司重要性的认识,20世纪八十年代初,我即开始专门学习研究西方先进国家的公司制度,并在国内出版了《美国标准公司法》《西方国家公司法概论》等著作,较早将西方公司法的制度和理念介绍到中国。

要想大规模聚财和聚人,良好的公司治理必不可少。不少公司创业之初没有重视公司治理结构的设计,至发展到一定规模或者股东之间出现争议时,争议各方又各显神通、各种手段层出不穷,公司立即演变为无章可循的状态,极大损伤了公司的元气,短时间内人散又财散。股东会决议是公司治理的主要法律形式,对股东会决议及其诉讼进行专门深入的研究,具有重要的理论和现实意义。

道伟博士在攻读博士学位之前,已经是一名具备十几年工作经验的执业律师,曾经办理过大量公司决议纠纷诉讼和非诉讼案件,其中包括省级法院审理的一审案件和最高法院审理的二审案件。带着实际工作中的经验和困惑，在我的指导和鼓励下，道伟博士系统研究了法律行为、公司治理、公司诉讼等领域的理论和案例，经过深入缜密的理论提升，去粗存精，数易其稿，较好完成了博士学位论文《股东会决议诉讼研究》；之后又经校对和修改，出版为专著。作为导师，我十分高兴，并表示祝贺。

我认为，这本专著具有如下三个方面的突出特点：

第一，符合"格物致知"的认识规律。专著在认真研究股东会决议性质的基础上，针对其性质，提出解决方案，辨证施治。具体而言，专著认为，股东会决议的性质不同于传统民事法律行为，是一种关系契约和不完全契约；该种性质决定了，运用传统的三段论式的逻辑进路难以解决其法律问题，而应该充分发挥由效率、平等和合理期待组成的完整统一的柔性价值体系的指导作用。这套价值体系不仅指导着以股东会决议为代表的公司治理，而且指导着股东会决议诉讼。

第二，较好地协调了理论与实践的关系。法律的真谛是实践，对此我一贯倡导并身体力行，鼓励学生不仅多思考，更要勤实践。道伟博士具有较丰富的实践经验，考虑问题能自觉从实际出发，善于提出贴近实际的、可操作的解决方案。但作为博士研究生，这是他的优点，同时也是他的弱项。因为，作为博士学位论文或者专著，不仅要解决具体问题，更要有理论建构与创新，在理论上也应该做出贡献。可喜的是，道伟博士非常勤奋，在攻读博士学位期间广泛阅读相关领域的经典和前沿著作，并认真提炼，最终在股东会决议的性质、股东会决议及股东会决议诉讼的价值原则等方面，做出了理论创新，不仅形成了较为圆融的股东会决议诉讼的理论体系，而且将这套理论放在股东会决议诉讼五个方面的具体制度中去应用和验证，完成了实践——理论——实践的闭环过程。正是经历了这套完整的闭环过程，这本《股东会决议诉讼研究》研究的是真问题，产出的是真学问，不仅具有较高的理论价值，而且具有较高的实践价值。

第三，具有一定的学术传承价值。按照《中华人民共和国民法总则》的规定，决议是民事法律行为的下属概念。我的老师芮沐教授是民国时期的留德法学博士，是新中国民法学、经济法学和国际法学的重要奠基人。芮先生认为"民事法律行为"概念可以囊括几乎所有的民事法律制度，曾出版学术著作《民法法律行为理论之全部（民总债合编）》，但其中对"决议"语焉不详。我在青年时期的主要研究兴趣是公司法，参与搭建了改革开放后我国公司法理论和立法的基本架构。汪道伟博士撰写的《股东会决议诉讼研究》一书，揭示了决议与传统民事法律行为的不同，主张运用新的方法和理念解决其中的法律问题，这既是对传统民事法律行为理论的检讨，又是对公司意思形成过程及其争议解决的微创研究，具有一定的学术传承价值。

当然，这本专著的不少观点仍需要与时俱进，理论体系有必要进一步完善，有些论证过程也略显武断。欢迎广大专家和读者批评指正。

一日为师，终生为友，作为老师，也作为朋友，我希望道伟博士不要停止思考，不要停止实践，不断地从实践中提炼出经验、不断地将经验上升为理论，不断提升自身的能力和水平，为社会创造更大的价值。

是为序。

沈四宝

2020 年 5 月 6 日于北京

序 二

汪道伟博士是我在中山大学法学院指导的硕士研究生,后经我推荐到澳门科技大学法学院攻读博士学位。攻读博士期间,道伟就诸多问题曾多次与我讨论,就论文架构、观点等也多次征询我的意见。这期间,我正在主持国家社科基金重点课题"民法总则制定后我国商事立法完善研究"(17AFX021),股东会决议诉讼是与该课题相关的典型具体问题,具有较强的学术价值、实践价值和时代价值。毕业后,道伟将论文仔细修订,出版为专著,我是非常高兴的。

本书以股东会决议诉讼为对象,理论结合实际,综合运用比较法、法律经济学、案例分析的方法,对我国现行的股东会决议诉讼进行分析,为我国股东会诉讼制度的建构提供了一个新的视角和理论框架。在法律经济学观点来看,为节约交易成本,公司纠纷的解决通常是以公司内部解决、市场机制解决及诉诸司法解决自低往高作成本排序和方案选择。"穷尽内部救济"是公司诉讼的一个古老的、行之有效的原则:股东会决议可以行之有效的贯穿于公司治理之时,公司可以保持活力,在市场竞争中取得优势;然而股东会决议的形成及实现并不完美,股东压榨等经常发生,公司治理陷于困顿之时,司法有必要予以救济,以维持市场秩序、公司运行及各股东权益。这是公司诉讼的经济理性所在。本书剖析了股东会决议的不完全契约性质,进而在论证资本多数决原则与合理期待原则平衡的基础上，指出股东会决议之诉的根本任务在于更好地维护"资本多数决"。

本书聚焦我国股东会决议诉讼制度，提出了不少创新见解，主要体现在如下几个方面。

一是揭示了决议与传统民事法律行为的不同。传统民事法律行为强调意思表示内容的具体明确和确定，合同的执行过程及其司法过程主要遵循三段论的逻辑；决议则为关系契约和不完全契约，不确定性强，变动不居，难以用刚性规范予以规制，股东会决议及其诉讼均需要启用柔性技术。

二是将资本多数决理论应用于股东会决议诉讼的研究。资本多数决是公司的主要决策机制，是公司治理的核心，公司治理的优点与问题，往往也同时是资本多数决的优点与局限。本书透过纷繁复杂的现象，洞见到股东会决议诉讼应该遵循与资本多数决相同的原则，这具有极大的理论与现实意义。

三是构建以效率、平等、合理期待三项平衡协调的价值体系，将该价值体系作为解决股东会决议诉讼各难题的柔性机制。这种柔性解决机制契合了股东会决议的性质，具有开创性和实用性，对于理论和实践都具有较强的指导意义。同时，从商法入典标准与民法典立法选择的视角观察，股东会决议诉讼制度作为冲突型商法规范，是我们厘清民商法律关系的极佳的研究样本。

从硕士求学期间开始，道伟就给我留下了深刻的印象，其办理过大量诉讼和非诉讼法律事务，其中不乏各省高院和最高法院审理的案件，他在当时就表现出了清晰的法律逻辑和敏锐把握重点的能力。道伟对法学理论也有着执着的追求，结合实际工作中的思考，经过艰辛的努力，能够站在宏观视角为微观问题提供解决路径，这是非常难得的，体现了其理论水平的提高，更体现了其综合能力强、思维有深度的优点。

民商法学理论研究需要迎难而上的精神，需要聚焦经济社会发展需要，深入商事实际，将法学研究成果转化为纠纷解决机制，为定纷止争做出贡献。法律实务及法学研究只有不断推动营商环境的持续优化，才能不负民法典新时代完善中国市场经济法律体系的使命。

"理论是灰色的，生活之树常青"，祝贺道伟博士的著作出版，也期待他在未来有更加深入的研究与读者分享，为国家法律实践的进步做出更多贡献。

中国商法学会副会长

广东省法学会民商法学研究会会长　周林彬

中山大学教授、博士生导师

2020 年 5 月 8 日于中山大学

前　言

　　法学研究的落脚点始终在于对正义或者正当性的求索。与传统合同以意思表示一致为核心的意思自治不同，股东会决议以资本多数决为主要意思形成机制。如果说传统合同的正当性来源于当事人的同意，那么以资本多数决为主要形成机制的股东会决议的正当性来源于什么？仅"多数"的事实显然不是充分理由。笔者认为，股东会决议的正当性来源于符合其自身特点的正义准则，这种正义准则的具体内容是由效率、平等和合理期待组成的体系化的价值原则。为什么效率、平等和合理期待成为股东会决议及其诉讼的价值原则？股东会决议诉讼制度如何体现和助推这些价值原则以实现正义？

　　本书以我国股东会决议诉讼制度为研究切入点，综合运用价值分析、规范研究和实证研究等研究方法，在抽象理论与具体制度之间反复求证，得出如下阶段性结论：股东会决议诉讼是司法介入公司自治的方式，股东会决议诉讼应当遵循股东会决议和资本多数决共同的核心价值原则；应当以这些核心价值原则为中心，设计股东会决议诉讼若干典型性具体制度的改进与完善方案。同时，本书也通过股东会决议诉讼若干典型性具体制度及其相关案例的分析，论证了遵循效率、平等和合理期待组成的价值原则体系而形成的资本多数决是符合商事社会需求、符合民商法发展规律的。

除绪论和结论之外，本书主体内容分成六章，采用总分结构，第一章为绪论，第二章为总论，第三章至第七章为分论。

第一章为绪论，本书的理论体系为：对股东会决议性质的界定是本研究的逻辑起点；资本多数决是适应股东会决议性质的意思形成机制；抽象价值体系有利于矫正资本多数决的缺陷；股东会决议诉讼是落实价值体系的司法救济机制；价值体系在股东会决议诉讼具体制度中各有侧重。股东会决议诉讼制度针对的是变动不居的复杂法律关系，基于股东会决议不确定性的特点，建议采取以柔克柔的正义实现方案，引入柔性的价值原则体系，通过高度能动性的专业司法工作，最终实现正义。

第二章是股东会决议诉讼的理论基础，主要研究股东会决议的概念、性质、形成机制，股东会决议诉讼的概念、股东会决议诉讼的比较法研究，资本多数决和股东会决议诉讼价值原则等方面的理论问题。主要观点是，股东会决议是一种关系契约和不完全契约，资本多数决是股东会决议的形成机制，以资本多数决为主要形成机制的股东会决议的正当性来源于其追求和体现的效率、平等和合理期待价值。股东会决议诉讼是资本多数决的必要司法制约机制，资本多数决是股东会决议诉讼的专业准则。效率、平等和合理期待价值构成股东会决议诉讼的价值体系，各项价值目标之间是相互联系、协调统一的关系；其中效率处于优先地位、平等处于基础地位、合理期待处于关键地位。价值理念有利于克服资本多数决的局限性,为股东会决议及股东会决议诉讼提供价值理念支撑,成为资本多数决的正当性源泉。股东会决议诉讼是价值理念的纠偏机制,价值体系对股东会决议诉讼承担指引功能。

第三章至第七章为分论,分别从股东会决议诉讼的原告、股东会决议诉讼担保制度、股东会决议诉讼的救济时效、股东会决议撤销之诉的司法审查范围、股东会决议撤销之诉的裁量驳回五个不同的角度对股东会决议诉讼制度进行研究,验证了效率、平等与合理期待价值原则在股东会决议诉讼具体制度中的指引作用和具体作用方式。同时,通过深入分析,本书认为效率、平等与合理期待三项价值原则在不同具体制度中的侧重点是不同的,应当结合具体制度的特点进行取舍、平衡与协调。

第三章至第五章的标题依次为"股东会决议诉讼的原告""股东会决议诉讼担保制度"和"股东会决议诉讼的救济时效",分别从诉讼主体、诉讼担保、救济时效三个不同的角度研究股东会决议诉讼所能提供救济的范围。基本观点是:第一,确定股东会决议诉讼的原告主体资格,主要考虑如下三个因素:是否为公司治理主体、是否因其个人权利受到侵害、是否与争议问题具有直接利害关系,既要体现效率价值原则,又要体现股权平等价值原则;第二,我国现行股东会决议诉讼担保制度过分追求效率的价值原则,限制了部分股东的诉权,违背了股权平等原则,建议废除该制度;第三,目前我国股东会决议诉讼的救济时效制度存在规定不明确、时效较长的缺点,与效率价值相违背,建议建立和完善具体明确并且较为短期的救济时效制度。

第六章"股东会决议撤销之诉的司法审查范围",从司法审查范围的角度研究股东会决议诉讼审理制度。基本观点是:适当扩张股东会决议撤销诉讼的司法审查范围，以维护股权的实质平等和保护股东的合理期待。司法尊重公司自治，司法对于公司决议效力的审查一般采取形式审查的原则，这符合效率的价值原则。但应注意保持效率、平等和合理期待三项价值原则的平衡，不可将形式审查绝对化。在存在资本多数决滥用、股东压榨、股东或者董事违背信义义务的时候，法院有权也应当对于股东会决议的效力进行实质性审查，以平等保护各股东利益，保护股东的合理期待，促进公司治理的正常进行和公司的健康发展，从长期看这也有利于保护投资、维护效率价值的实现。

第七章"裁量驳回制度"，本书主张构建效率、平等与合理期待价值平衡协调的裁量驳回制度。基本观点是：第一，该制度的主要特点是：授权法官作出与法律明文规定不同的裁判，而不是针对法律的空白或者模糊之处进行自由裁量；第二，该制度的法理依据，仍然是司法保护公司自治并遵循效率、平等及合理期待的价值原则；建立该制度的主要目的，是为了尽量维护股东会决议的效力，维护公司治理的顺利推进，突出保障效率价值；第三，在构建与适用裁量驳回制度方面，基于价值体系内部平衡的原理，提出了四个方面的具体建议。

在第八章"结论"部分，笔者从以下两个方面对全书进行了提炼总结。

第一，总结了若干完善股东会决议诉讼制度的具体建议。包括确定原告资格的考虑因素及其实施；废除股东会决议诉讼担保制度；构建适应资本多数决本质的股东会决议救济时效制度；扩大股东会决议撤销之诉的司法审查范围；构建符合资本多数决本质的裁量驳回制度。

第二，最后对于本节的局限与展望作了说明。

目 录

第一章 绪 论 ··· 1
  第一节 背景与意义 ·· 1
    一、实践背景与意义 ·· 1
    二、理论背景与意义 ·· 5
  第二节 文献综述 ·· 8
    一、国内研究综述 ··· 8
    二、国外研究综述 ·· 22
    三、对现有研究成果的分析与评价 ····································· 25
  第三节 研究内容与研究方法 ·· 29
    一、研究内容 ··· 29
    二、研究方法 ··· 34
  第四节 创新之处 ·· 36

　　　　一、揭示股东会决议的性质 ································· 36

　　　　二、以资本多数决理论为视角研究股东会决议诉讼 ········· 37

　　　　三、构建股东会决议诉讼的价值体系 ····················· 37

　　第五节　本书的理论体系 ··· 39

　　　　一、对股东会决议性质的界定是本研究的逻辑起点 ········· 39

　　　　二、资本多数决是适应股东会决议性质的意思形成机制 ····· 40

　　　　三、抽象价值体系有利于矫正资本多数决的缺陷 ··········· 40

　　　　四、股东会决议诉讼是落实价值体系的司法救济机制 ······· 41

　　　　五、价值体系在股东会决议诉讼具体制度中各有侧重 ······· 42

第二章　股东会决议诉讼的理论基础 ································· 44

　　第一节　股东会决议 ··· 45

　　　　一、股东会决议的界定 ··································· 45

　　　　二、股东会决议是关系契约和不完全契约 ················· 48

　　　　三、资本多数决是股东会决议的主要形成机制 ············· 51

　　第二节　股东会决议诉讼 ··· 69

　　　　一、股东会决议诉讼的概念 ······························· 69

　　　　二、股东会决议诉讼的比较法研究 ······················· 70

　　　　三、以公司法的视角研究股东会决议诉讼 ················· 84

　　　　四、维护公司自治与股东保护的平衡是股东会决议诉讼的
　　　　　　制度目标 ··· 87

　　第三节　资本多数决与股东会决议诉讼的关系 ····················· 88

　　　　一、股东会决议诉讼是资本多数决的必要司法制约机制 ····· 88

二、资本多数决是股东会决议诉讼的专业准则……90

第四节 股东会决议诉讼的价值体系……92
    一、股东会决议诉讼价值体系的内容及其相互关系……93
    二、股东会决议诉讼价值体系与资本多数决的关系……109
    三、股东会决议诉讼价值体系与股东会决议诉讼的关系……111

第三章 股东会决议诉讼的原告……114

第一节 股东会决议诉讼原告范围的法律意义……114
    一、限定司法介入股东会决议的范围……114
    二、限定以股东会决议诉讼方式参与公司治理的主体范围……117

第二节 我国股东会决议无效之诉原告范围分析……118
    一、不同的法理观点及其评析……118
    二、高级法院、最高法院的司法裁判观点及启示……121
    三、对法理与实务观点的分析……123

第三节 股东会决议诉讼原告范围的比较法研究……129
    一、依公司及决议类型分别规定为特色的英国公司法模式……129
    二、以类型化细分为特色的德国公司法模式……130
    三、以明确化为特色的日韩模式……131
    四、以严格限制为特色的中国台湾地区"公司法"模式……132

第四节 股东会决议诉讼原告资格的界定……133
    一、有必要对股东会决议诉讼原告的范围进行限缩性规定……133
    二、根据效力瑕疵类型分别确定原告范围……135
    三、一般规定与特殊规定的适用……137

            四、股东会决议诉讼原告资格中价值原则的平衡 ……………… 138

第四章　股东会决议诉讼担保制度 ………………………………………… **141**

　　第一节　我国股东会决议诉讼担保制度概况 ……………………… 141
　　　　一、研究我国股东会决议诉讼担保制度的意义 ……………… 142
　　　　二、股东会决议诉讼担保制度中效率与平等价值的关系 …… 144

　　第二节　股东会决议诉讼担保制度的比较法研究 ………………… 145
　　　　一、制度概况 ……………………………………………………… 145
　　　　二、作为担保前提条件的"恶意"的认定及评析 …………… 146
　　　　三、股东会决议诉讼担保制度的担保对象与担保金额 ……… 147
　　　　四、股东会决议诉讼担保豁免的条件 ………………………… 148

　　第三节　股东会决议诉讼担保制度的实证考察 …………………… 149
　　　　一、实证考察情况 ………………………………………………… 149
　　　　二、基于实证考察的分析 ………………………………………… 152

　　第四节　我国股东会决议诉讼担保制度存废的分析与建议 ……… 155
　　　　一、我国股东会决议诉讼原则上不阻却股东会决议的执行 … 155
　　　　二、我国股东会决议诉讼担保制度违背了平等原则 ………… 157
　　　　三、我国股东会决议诉讼担保制度的实施效果不佳 ………… 158
　　　　四、我国股东会决议诉讼担保制度的替代性制度研究 ……… 161

第五章　股东会决议诉讼的救济时效 ……………………………………… **166**

　　第一节　股东会决议诉讼救济时效概述 …………………………… 166
　　　　一、民法时效制度 ………………………………………………… 167
　　　　二、股东会决议诉讼的救济时效 ………………………………… 171

第二节　股东会决议撤销之诉的救济时效··················173
一、股东会决议撤销之诉救济时效的实证分析··················173
二、合同撤销之诉救济时效对股东会决议撤销之诉的影响······177
三、股东会决议撤销之诉救济时效是否可变的比较研究········179
四、股东会决议撤销之诉救济时效不是绝对不变期间············181

第三节　股东会决议无效之诉的救济时效··················184
一、股东会决议无效之诉救济时效的理论与实务··················184
二、股东会决议无效之诉救济时效的域外立法例··················185
三、合同无效与股东会决议无效时效制度的比较··················186
四、股东会决议无效之诉救济时效制度的构建··················191

第六章　股东会决议撤销之诉的司法审查范围··················195

第一节　限制司法审查范围的由来与意义··················195
一、李某军诉佳动力公司案明确限制司法审查范围··············196
二、限制司法审查范围，彰显司法尊重公司自治··················199

第二节　股东合理期待与限制司法审查范围··················201
一、股东合理期待的理论渊源、基本特征与意义··················201
二、限制司法审查范围与股东合理期待之间的关系··············207

第三节　股东合理期待的比较法研究··················211
一、美国马萨诸塞州基于信义义务的"三步检验法"··············211
二、英国基于"不公平妨碍"理论的股东合理期待保护··········215

第四节　中国司法审查范围优化的案例研究··················216
一、对股东实质平等和合理期待予以保护的案例··················217

二、对股东会决议的实质审查与形式审查 218
三、借用"三步检验法"验证中国实质审查案例 219

第五节 扩大司法审查范围的必要性与执行路径 220
一、扩大司法审查范围的必要性 220
二、扩大司法审查范围的执行路径 225

第七章 裁量驳回制度 229
第一节 裁量驳回制度概论 230
一、裁量驳回制度的概念与源起 230
二、我国裁量驳回制度的司法实践现状 231
三、裁量驳回制度的实质在于赋予法官特别的自由裁量权 232
四、裁量驳回制度中价值原则的平衡 233

第二节 裁量驳回制度的比较法研究 235
一、赋予法官较大自由裁量权的立法例 235
二、限缩法官自由裁量权的立法例 236

第三节 我国建立裁量驳回制度的必要性 237
一、主张建立裁量驳回制度的学说 237
二、反对建立裁量驳回制度的学说 238
三、裁量驳回制度的价值分析与必要性研究 239

第四节 我国裁量驳回制度的构建与适用 240
一、裁量驳回制度仅适用于股东会决议撤销之诉 241
二、裁量驳回制度仅适用于程序瑕疵的股东会决议 242
三、裁量驳回制度仅适用对决议未产生实质影响的轻微瑕疵 243

　　　　四、建议将诚实信用原则直接规定为制度适用的考虑因素……245

第八章　结　论…………………………………………………………246
　第一节　完善股东会决议诉讼制度与裁判标准的建议……………247
　　　　一、确定原告资格的考虑因素及其实施………………………247
　　　　二、废除股东会决议诉讼担保制度……………………………249
　　　　三、构建适应资本多数决本质的股东会决议救济时效制度…249
　　　　四、扩大股东会决议撤销之诉的司法审查范围………………251
　　　　五、构建符合资本多数决本质的裁量驳回制度………………253
　第二节　本书的局限与展望…………………………………………254
　　　　一、民事法律行为理论体系方面的研究值得深入……………255
　　　　二、公司治理中权利与权力配置方式的研究值得深入………258
　　　　三、股东会决议诉讼与新技术的结合领域值得研究…………259

致　谢……………………………………………………………………261

第一章 绪 论

第一节 背景与意义

我国自改革开放以来恢复建立现代公司制度,至今不过几十年时间。虽然公司制度的理论与实践从总体上已取得巨大成绩,但是在某些具体关键制度仍有待进一步深入。如理论界对股东会决议及股东会决议诉讼的研究现状不能满足现实经济与法治的需要,因而,对该问题进行梳理和系统研究具有重要的实践与理论意义。本书以"股东会决议诉讼研究"为题目,背景与意义如下。

一、实践背景与意义

(一)满足市场经济和公司法制发展需要

公司是工业文明的产物,兼具信息文明的某些萌芽因素,在人类信息文明发展阶段仍将成为一项重要的资源组织与配置形式。从某种意义上说，公司在一定程度上体现了资源从分享到共享、人和资源的关系从拥有到使用的发展过程。❶ 我国的公司制度起步较晚，改革开放之后才开始恢复重建，1995年左右才初具规模。早期的公司主要是国有公司和家族公司，公司治理更多依靠"一股独大"或者个人威信。对于公司法，人们不太重视；至于公司章程、股东会决议，更多地被认为只是一种形式。但随着公司和资本市场的发展，情况正在发生变化。

发生在2015—2016年的万科"野蛮人"敲门事件，给人们敲响了警钟，"门口的野蛮人"❷ 离我们并不遥远。知识需要对社会发展需求作出响应，也因此与社会变迁紧密相连，知识生产也必须与社会变迁紧密相拥。❸ 随着社会经济的发展以及中国对世界经济的参与逐步深入，出现了越来越多的"巨无霸"公司和跨国公司，以个人主义和契约自由为核心的私法关系逐渐被以团体为中心的法律关系所取代。法律总是受制于其所处的社会经济结构及相应的文化发展阶段。❹ 今后的公司治理，除了依靠"一股独大"和个人威信，越来越需要熟悉和运用公司法、股东会决议和股东会决议诉讼的游戏规则。

在当代的经济、法制大环境下，系统地对股东会决议及股东会决议诉讼制度和理论进行研究，具有比较重要的现实意义。

---

❶ 王天恩.重新理解"发展"的信息文明"钥匙"[J].中国社会科学，2018（6）：26-49.
❷ "门口的野蛮人"，形容那些不怀好意的收购者。
❸ 陈柏峰.法律实证主义的兴起与分化[J].中国法学，2018（3）：132-149.
❹ 中共中央马克思恩格斯列宁斯大林著作编译局.马克思恩格斯选集：第3卷[M].北京：人民出版社，2012：364.

（二）提高公司治理水平

股东会决议制度是公司治理的一个关键环节。当公司经营管理陷入僵局，当协商、协调手段无法奏效的时候，通常会以股东会表决，并以股东会决议的方式决定公司经营中的重大事项；但是，股东会决议并不具有强制性，对协商结果不认可的，股东有可能采取股东会决议诉讼的方式维护股东权益。

实践中，随着社会经济的发展，人民文化水平的提高及法治社会的不断进步，部分股东通过决议等合法形式侵害其他股东合法权益的问题越来越突出；资本多数决作为股东会决议效力来源，如何应用有正确价值体系指导的资本多数决公平公正地维护股东个体权利保护显得尤其重要。如何通过股东会决议诉讼，既保障股东会的高效运行，又维护股东的合法权利不受侵害，是股东会决议诉讼应该担当的使命。❶可以说，股东会决议规则是股东会决议诉讼定纷止争的基础依据，股东会决议诉讼规则是确认股东会决议效力的最终的司法救济途径，通过股东会决议诉讼规则的研究、改进及适用，可以反推股东会决议规则的改进，可以为公司治理贡献务实的解决方案，进而助推公司治理更加理性，为商事主体营利性目的的实现提供制度保障，为营造良好的营商环境及经济良好有序发展提供法学理论支持。

（三）为法院司法审判工作提供科学合理的法律适用规则

《中华人民共和国公司法》（以下简称《公司法》）在 2005 年修订时首次规定股东会决议诉讼，当时只有一个法律条文。因股东会决议是股东行使权利的

---

❶ 石佳友.治理体系的完善与民法典的时代精神 [J].法学研究，2016（1）：10.

主要形式之一，是各种利益交汇的重要节点，因而产生的摩擦非常多，司法实践不仅案件总量多，而且呈现出系列案、案中案、案外案多的特点。由于相关争议主体之间经济、人身关系密切而错综复杂，矛盾往往难分难解，新情况层出不穷，现有法律规定明显无法适应司法实践的需要。最高人民法院为此公布了公报案例 3 件❶、指导案例 1 件❷。2016 年 4 月 12 日，最高人民法院再次公布修改后的《最高人民法院关于适用〈中华人民共和国公司法〉若干问题的规定（四）》（征求意见稿），向社会公开征求意见。新的《征求意见稿》，仍然存在争议较大、研究不够深入及错漏之处较多等问题。2016 年 12 月 5 日，最高人民法院原则通过了《公司法司法解释（四）》。因争议问题仍多，且恰逢《中华人民共和国民法总则》（以下简称《民法总则》）颁布实施，直至 2017 年 8 月 28 日，在对原则通过稿进行进一步修改的基础上，《最高人民法院关于适用〈中华人民共和国公司法〉若干问题的规定（四）》（以下简称《公司法司法解释（四）》），并于 2017 年 9 月 1 日起正式实施。

笔者认为，《公司法司法解释（四）》对于股东会决议诉讼的很多基本问题，并没有很好地解决，还需要在实践中继续探索，在理论上继续研究。在这样的情况下，将股东会决议诉讼作为本书主题，对之进行系统而深入的研究，有望

---

❶ ①张艳娟诉江苏万华工贸发展有限公司、万华、吴亮亮、毛建伟股东权纠纷案，最高人民法院公报〔2007〕第 9 期公报案例，主旨是关于不成立的公司决议；②绵阳市红日实业有限公司、蒋洋诉绵阳高新区科创实业有限公司股东会决议效力及公司增资纠纷案，最高人民法院公报〔2011〕第 3 期公报案例，主旨是关于公司决议效力与公司对外法律行为效力相区分原则；③南京安盛财务顾问有限公司诉祝鹃股东会决议罚款纠纷案，主旨是公司章程关于股东会对股东处以罚款的规定合法有效；但公司章程应明确规定罚款的标准、幅度，否则据此作出的股东会决议无效。

❷ 李建军诉上海佳动力环保科技有限公司公司决议撤销纠纷案，最高人民法院指导案例 10 号，主旨是关于公司决议撤销之诉的司法审查范围。——作者注

深入研究股东会决议诉讼的性质和特点，理解和认识商法规律，树立商法意识，强化商法理念，妥善审理股东会决议诉讼案件，服务于法院审判工作和司法解释的制定工作。❶

（四）有利于规范股东议事规则，提高公司运营效率

我国企业一个常见的现象就是欠缺团体议事习惯，团体议事能力缺乏，导致要么以公司决议形成专断专制，严重牺牲部分股东的权益，要么公司决议久拖不决，公司决策缓慢甚至公司治理陷入僵局，不能适应瞬息万变的商业社会的需要。因而需要建立明确的股东议事规则及判断股东决议效力的准确规则，公司才有可能以准确的战略决策能力和高效的行动力赢取市场。通过对股东会决议诉讼的深入研究，笔者力争以点带面，希冀首先在经济生活领域贡献集体商讨的会议意识和会议规则，通过股东会决议诉讼法律适用规则的建立，使公司股东会的决策文化和决策方法更加成熟，整合个体的力量为团体的力量，达到"1+1>2"的效果，提高公司运营的效率。

二、理论背景与意义

（一）有利于深化民事法律行为和团体意思自治理论的研究

近代合同法研究的重点主要集中在平等民事主体意思表示一致及合同自由上，意思自治成为全部民法学的基石之一，但对于团体意思的形成方式关注研究不够。❷《民法总则》将决议规定为民事法律行为的一种，但在民事法律行为

---

❶ 钱玉林.民法总则与公司法的适用关系论[J].法学研究，2018（3）：51-65.
❷ 石佳友.治理体系的完善与民法典的时代精神[J].法学研究，2016（1）：3-21.

方面的规定基本上移植了合同法的相关规定，对于决议的特殊性未给予应有的重视，导致一定程度的基础法学理论体系的欠缺、不周全乃至紊乱。这源于理论准备的不足。

当今社会，公司已经成为社会经济的主体：根据2009年的统计资料，全球生产总值的94%来自公司，81%的人口在公司就业；全球100大经济体中，有51个是公司，其余49个是国家，公司在其中占据了半壁江山。❶ 如何高效地形成科学、合理的公司决策尤为重要，相关理论研究亟须跟上实践的步伐、满足实践的需求。本书通过对股东会决议诉讼制度的研究，深挖股东会决议规则、股东会决议效力来源以及贯穿资本多数决、股东会决议及股东会决议诉讼的价值原则体系，争取以点带面，研究决议的特殊性，为民事法律行为和团体意思自治等民法基础理论提供研究素材。团体意思自治理论的深入研究，对于当代社会组织理念从"统治"向"治理"的转化，"合同化治理"新话语体系地位的提升以及"善治"的实现，均具有非常重要的意义。❷

（二）有利于深化资本多数决理论的研究

股东会决议主要是按照资本多数决的机制运行的，公司重大事项的决策主要是通过资本多数决的机制，对各种不同的意见和利益进行甄选、聚合、取舍，形成公司统一的意志。

"时代是思想之母，实践是理论之源"；实践无止境，理论创新同样也没有

---

❶ 中央电视台《公司的力量》节目组.公司的力量（精华本）[M].太原：山西出版传媒集团、山西教育出版社，2011：4.

❷ ZUMBANSEN.The law of society: governance through contract[J].Indiana Journal of Global Legal Studies，2007，14（2）191-233.

止境。❶法律实践往往蕴含着无穷无尽的可能，是理论产生和深化发展的无尽的矿藏资源。笔者研究了股东会决议诉讼具体制度之后认为，资本多数决是股东会决议和股东会决议诉讼的共同基础理论。笔者还通过对股东会决议诉讼所能提供救济的范围、审理制度和裁判制度的系统梳理研究，进一步探讨股东会决议诉讼与资本多数决自治机制之间的互动关系，论证资本多数决理论在公司决策中的正当性及正当性的边界。资本多数决理论的发展完善，又有利于为股东会决议和股东会决议诉讼的具体制度设计提供支撑。

（三）有利于深化公司诉讼和民事诉讼基本理论的研究

股东会决议诉讼作为一种专业性较强的诉讼形式，沟通了公司法与诉讼法，具有交叉学科的性质。目前，在公司法领域，研究公司治理的多，研究诉讼的少；在诉讼法领域，则基本没有专门针对股东会决议诉讼的研究成果。股东会决议是股东会决议诉讼制度产生的基础和制度依归，股东会决议诉讼制度不能违背股东会决议规则和其经济运行原理。由于股东会决议所涉事项往往是公司对外经营和内部管理中的重大事项，股东会决议诉讼对于股东和公司而言也至关重要。股东会决议诉讼使股东会决议这一实体法问题找到了诉讼法的接口，使得公司实体法与诉讼法相互促进、相得益彰，体现出公司法和诉讼法交叉学科对经济纠纷定纷止争的作用。❷

该课题的深入研究，可以将公司法与诉讼法的许多问题具体化，有利于提升《公司法》和《民事诉讼法》的实用性，以科学精准的股东会决议诉讼法律制度

---

❶ 张文显.新时代全面依法治国的思想、方略和实践[J].中国法学，2017（6）：5-28.
❷ 陈刚.民事实质诉讼法论[J].法学研究，2018（6）：128-144.

设计解决公司经营中出现的问题。例如，股东会决议诉讼原告的主体范围，既需要具备民事诉讼原告的共性要求，即"提诉权人应当与争讼法律关系存在直接利害关系"或者被称为"诉的利益"，又需要借助公司法来厘定股东身份及公司治理参与主体的范围。对于这样具有交叉学科性质的问题进行深入研究，无疑既有利于解决具体部门法问题，又有利于相关学科基本理论研究的深入推进。

第二节 文献综述

一、国内研究综述

目前国内学者对于股东会决议及股东会决议诉讼的研究主要集中在以下几个方面。

（一）股东会决议一般问题的研究

代表性著作有：陈良军的《股东大会决议瑕疵法律问题研究》[1]，钱玉林的《论可撤销的股东大会决议》[2]，主要研究内容涉及股东会决议的法律本质属于决议型法律行为，股东会决议具有对内和对外两种效力，瑕疵股东会决议的分类、事由及其法律后果，对具有代表性的大陆法系国家、地区和英美法系国家关于股东会决议诉讼的立法规定也进行了考察。这一类研究，明确了股东会决

---

[1] 陈良军.股东大会决议瑕疵法律问题研究[D].武汉：武汉大学，2013.
[2] 钱玉林.论可撤销的股东大会决议[J].法学，2006（11）：35-44.

议的基本概念与范畴,效力类型、域外立法概况,构筑了股东会决议研究的理论基础。其研究成果,例如关于决议效力类型的分类、可撤销决议的事由等,不少已经成为我国公司法立法或者司法解释的规定。石少侠的《对〈公司法〉司法解释(四)若干问题的理解与评析》,该文主要围绕《公司法司法解释(四)》,主张排除公司决议有效之诉,不允许公司职工作为公司决议诉讼的原告,允许公司债券持有人作为公司决议诉讼的原告。❶ 陈卫忠的《澳门公司法律制度比较研究》,文章运用比较研究方法,以我国澳门新公司法为主要内容与世界各主要国家公司法进行比较研究,是进行公司法比较研究的重要参考资料。❷

(二)股东会决议效力及其分类的研究

1. 公司决议效力类型分类方面的研究成果

代表性著作有:王雷的《公司决议行为瑕疵制度的解释与完善——兼评公司法司法解释四(征求意见稿)第 4~9 条规定》,文章认为,决议行为的根本特征在于不需要全体团体成员意思表示一致,而是遵循程序正义,采取资本多数决的机制,所形成的决议不仅对同意的成员具有约束力,而且对反对和弃权的成员也具有约束力。公司决议的瑕疵类型包括不成立、可撤销、无效,另外还有约定未生效。应该区别决议不成立与决议可撤销、公司决议瑕疵与表决权人表决瑕疵、公司决议行为的瑕疵与公司对外合同的瑕疵。❸

---

❶ 石少侠. 对《公司法》司法解释(四)若干问题的理解与评析 [J]. 当代法学, 2017(6): 100-101.
❷ 陈卫忠. 澳门公司法律制度比较研究 [D]. 北京: 中国政法大学, 2000.
❸ 王雷. 公司决议行为瑕疵制度的解释与完善——兼评公司法司法解释四(征求意见稿)第 4~9 条规定 [J]. 清华法学, 2016(5): 168.

2.股东会决议效力认定方面的研究成果

代表性著作有:徐银波的《决议行为效力规则之构造》,文章认为社团决议并非法律行为,法律行为的规则不能直接适用于社团决议。决议行为的伦理基础是社团自治,并非程序正义。应区分决议的成立与决议的效力。❶ 赵心泽的《股东会决议效力的判断标准与判断原则》,文章认为需要采取两个步骤才能对公司决议的效力进行适当判断,不仅要根据《公司法》第二十二条进行考察,而且要对股东表决行为的效力进行认定,需遵循和平衡多项原则对决议效力进行个案认定。❷ 吴建斌的《公司决议虚构的法律盲区》,文章指出,如果不是全体股东一致同意依法形成书面决议,而是在没有实际召开股东会的情况下,由个别股东虚构的股东会决议,在现行法律上找不到依据,应成立一种独立类型的公司机关决议瑕疵类型,即公司机关决议不存在的问题。❸ 梁上上的《自行召集的股东会议所作出的决议是否有效》运用"结构利益衡量法"的分析方法,认为在法律存有漏洞的情况下,多数股东无合法途径召集和召开股东会的,自行召开股东会应该被认定为有效。❹ 胡晓静的《德国学理及司法实践中的股东会决议不成立——兼评〈公司法司法解释四〉第5条》,文章比较了德国和我国股东会决议不成立的制度特点,对于德国相关制度中不可学习借鉴和可以学习借鉴的相关制度进行了分析和研究。❺ 温长庆的《论

---

❶ 徐银波.决议行为效力规则之构造[J].法学研究,2015(4):164.
❷ 赵心泽.股东会决议效力的判断标准与判断原则[J].政法论坛,2016(1):150-159.
❸ 吴建斌.公司决议虚构的法律盲区[J].董事会,2011(3):88-89.
❹ 梁上上.自行召集的股东会议所作出的决议是否有效[J].法学,2003(1):102-110.
❺ 胡晓静.德国学理及司法实践中的股东会决议不成立——兼评《公司法司法解释(四)》第5条[J].山东大学学报(哲学社会科学版),2018(3):99-109.

公司决议的形成规则及其在回避表决时的运用——从"万科董事会决议"的争议点切入》，文章认为章程是决议形成规则的最初发源，是主体，公司法中的决议形成规则是标准制度设计，是兜底。在回避表决规则存在漏洞的情况下，需规范运用漏洞填补方法。❶丁绍宽的《股东会瑕疵决议的效力研究》在分析两个公司法案例的基础上，运用法律经济学的理论，指出为促进商事交易，应充分尊重股东会决议，对程序上存在瑕疵的股东会，不宜随意撤销，以维护股东会决议的安定性。❷

3. 公司决议与公司对外行为关系方面的研究成果

代表性著作有：王志诚的《公司法人未经合法决议所为法律行为的效力——我国台湾地区司法实务的实践及启发》，文章在整理我国台湾地区实务和学说观点的基础上，提出利益衡量说，主张应综合考虑规范目的、交易安全、法律关系的安定性等多种因素认定法律行为的效力，确保个案公平。❸

（三）股东会决议及股东会决议诉讼具体制度方面的研究

1. 有权提起公司机关决议诉讼的原告资格

代表性著作有：巢志雄的《罗马法"诉"的理论及其现代发展》，文章对于罗马法"诉"的基础理论进行了开创性的研究，认为罗马法"诉"的理论是现

---

❶ 温长庆.论公司决议的形成规则及其在回避表决时的运用——从"万科董事会决议"的争议点切入 [J]. 法商研究，2018（1）：83-93.
❷ 丁绍宽.股东会瑕疵决议的效力研究 [J]. 法学，2009（6）：136-143.
❸ 王志诚.公司法人未经合法决议所为法律行为的效力——我国台湾地区司法实务的实践及启发 [J]. 北方法学，2017（4）：108.

代大陆法系民事诉讼理论体系的起点。❶丁勇的《股东大会决议撤销之诉功能反思》认为，股东大会决议撤销之诉是公司内部"公益之诉"的功能定位值得商榷，应定位为维护原告股东个体权利的诉讼制度，从而对于原告主体资格进行限缩。❷俞志凌的《公司决议效力确认纠纷的形式及原告资格》，文章认为只有公司的股东才有权提起公司决议效力诉讼。❸李志刚的《公司股东会撤销决议之诉的当事人：规范、法理与实践》，文章认为公司决议撤销之诉当事人的列置具有公司法和诉讼法的双重基础。公司决议体现的是作为团体成员与团体之间的关系，而不仅仅是股东之间的平等关系。科学设计公司决议诉讼的程序性规范，有利于实现保护个体利益和维护决议稳定性的平衡，有利于公司自治和司法必要干预的平衡。❹

2. 公司决议诉讼担保制度方面的研究

代表性著作有：丁勇的《公司决议瑕疵诉讼担保制度检讨及立法完善》，文章认为为对抗滥诉而规定的公司决议诉讼担保制度违背了民事诉讼的基本原理，未能触及滥诉的根源，应当予以摈弃。应重视股东个体利益、商事交易的效率和安定性及公司整体利益的平衡。对股份有限公司提起决议撤销之诉的原告应规定持股比例的限制，对涉及公司结构变更决议提起无效之诉应沿用决议撤销之诉的除斥期间，应限制和解金的金额。❺

---

❶ 巢志雄. 罗马法"诉"的理论及其现代发展 [D]. 重庆：西南政法大学，2011.
❷ 丁勇. 股东大会决议撤销之诉功能反思 [J]. 法学，2013（7）：105-115.
❸ 俞志凌. 公司决议效力确认纠纷的形式及原告资格 [J]. 人民司法，2010（16）：95-98.
❹ 李志刚. 公司股东会撤销决议之诉的当事人：规范、法理与实践 [J]. 法学家，2018（4）：80-95.
❺ 丁勇. 公司决议瑕疵诉讼担保制度检讨及立法完善 [J]. 法学，2014（5）：90-101.

3. 公司决议瑕疵诉讼制度的滥用问题

代表性著作有：丁勇的《德国公司决议瑕疵诉讼滥用问题研究及启示》，文章研究了德国公司决议瑕疵诉讼滥用问题，认为滥用问题的症结在于诉讼提起即可阻碍决议执行的"登记障碍"制度，建议我国采取"行为保全制度及规则"来调整公司机关决议诉讼与决议执行的关系。❶

4. 股东会对股东的处罚权方面的研究

代表性研究成果有：蒋大兴的《社团罚或合同罚：论股东会对股东之处罚权——以"安盛案"为分析样本》，文章认为股东会的处罚权，可能被理解为"社团罚"，也可能被理解为"合同罚"。安盛案中法院对于股东会享有处罚权的判断是正确的，但对其具体运用权限的判断则过于简单。建议参照德国法社团罚的相关理论，研究和完善社团罚的性质、权力来源、设定依据及司法审查标准。❷

5. 决议诉讼裁判效力范围方面的研究

代表性著作有：刘哲玮的《论公司决议效力诉讼的裁判效力范围》，文章认为决议效力一经生效裁判，不得再以其他事由否定裁判的效力；不仅对诉讼当事人产生法律效力，而且具有对世效力，并且此后发生的其他事实不得援引作为否定公司决议裁判效力的依据。❸

---

❶ 丁勇. 德国公司决议瑕疵诉讼滥用问题研究及启示 [J]. 比较法研究，2013（4）：35-48.
❷ 蒋大兴. 社团罚或合同罚：论股东会对股东之处罚权——以"安盛案"为分析样本 [J]. 法学评论（双月刊），2015（5）：152-163.
❸ 刘哲玮. 论公司决议诉讼的裁判效力范围 [J]. 山东大学学报（哲学社会科学版），2018（3）：90-98.

6. 决议诉讼中诉的合并问题研究

代表性著作有：王湘淳的《股东会决议撤销诉讼之二次诉讼困局研究》，文章认为股东会决议撤销诉讼与后续执行行为恢复原状之诉虽然属于不同类别的诉讼，但可以借助诉的合并方式，一次性解决纠纷。❶

7. 裁量驳回规则方面的研究成果

代表性著作有：南玉梅的《公司瑕疵决议诉讼中裁量驳回规则的建构与适用》，文章认为裁量驳回规则是瑕疵决议救济与决议稳定之间寻求平衡的司法手段，需坚持表决权的共益权属性，需正确理解"轻微瑕疵和实质影响"。❷

8. 议事规则方面的研究

代表性著作有：《罗伯特议事规则》。罗伯特将军早年从军，后投入全部精力编纂和推广议事规则。《罗伯特议事规则》自1876年诞生至今已经140年，它为美国带来了议事规则的和谐与稳定。正如孙中山先生《民权初步·序》中所言："夫议事之学，西人童而习之，至中学程度，则已成为第二之天性矣，多疑西人合群团体之力，常超吾人之上也。"开会是一门艺术，而《罗伯特议事规则》试图将这门艺术变为科学，这项规则对于美国一百多年以来的社会、政治生活和公司治理都发挥了较大的影响。将《罗伯特议事规则》纳入到中国企业股东会决议诉讼的研究之中，汲取其精华，有望大力推进公司治理和股东会

---

❶ 王湘淳.股东会决议撤销诉讼之二次诉讼困局研究[J].海南大学学报人文社会科学版，2018（5）：127-134.

❷ 南玉梅.公司瑕疵决议诉讼中裁量驳回规则的建构与适用[J].法学评论，2018（6）：175-184.

决议规则、效力的研究。❶

(四) 股东会决议及股东会决议诉讼基础理论的研究

1. 股东表决权方面的研究

代表性著作有：梁上上的《股东表决权：公司所有与公司控制的连接点》，该文对公司所有与公司经营相分离的理论进行了驳斥，认为股东对管理层并没有失去控制，而是由某一个或者某几个大股东控制公司，表决权是公司所有与公司控制的连接点，是股东争夺公司控制权的工具。公司决议诉讼越来越成为公司表决权争夺的一种主要方式。❷

2. 决议的法律性质方面的研究

代表性著作有：吴飞飞的《决议行为归属与团体法"私法评价体系"构建研究》，文章认为决议行为是构建团体法"私法评价体系"的线索和纽带，团体法行为的特点在于具有"公共管理属性"，存在私权部分让渡的情形。决议行为的价值在于追求民主性、效率性的司法团体生活。❸ 任中秀的《德国团体法中的成员权研究》，该文以德国经济团体法为主要的法律文本，对《德国民法典》上的成员权（Mitgliedschaft）进行了探讨，以成员权的性质和保护为主线展开。研究认为成员权包含两个方面的权能，其中核心权能是对于团体意志形成的参与权，其他权能指财产权、优先认购权等，成员权中的基础权利与成员

---

❶ 罗伯特，等. 罗伯特议事规则 [M]. 11 版. 袁天鹏，孙涤，译. 上海：世纪出版股份有限公司、格致出版社、世纪出版集团、上海人民出版社，2015.
❷ 梁上上. 股东表决权：公司所有与公司控制的连接点 [J]. 中国法学，2005（3）：108-119.
❸ 吴飞飞. 决议行为归属与团体法"私法评价体系"构建研究 [J]. 政治与法律，2016（6）：9-18.

资格不可分离，非基础性权利可与成员资格分离而转让、继承性等。❶ 王雷的《我国民法典编撰中的团体法思维》，文章认为民法典中的团体法思维主要包括两个方面：一是承认并丰富法人社团和非法人社团的类型；二是赋予团体健全的私法自治工具，非法人社团和设立中的法人社团主要通过共同行为实践私法自治，法人社团主要通过决议实现私法自治。❷ 蒋大兴的《公司法中的合同空间——从契约法到组织法的逻辑》，文章认为公司法中的合约逻辑不同于合同法上的合约逻辑，公司法上的契约是组织性契约，合同不自由成为公司契约的主要品性。❸ 蒋大兴的《论公司治理的公共性——从私人契约向公共干预的进化》，文章认为公司治理不仅是股东之间的私人秩序，而且是日益受到公共干预的社会治理形态。❹

3. 资本多数决方面的研究

代表性著作有：李小军的《公司多数决原则的法理分析》，文章对于多数决原则的基础理论进行研究，指出平等是多数决原则的基础，存在分歧是多数决原则的前提条件，追求效率是多数决原则的重要理由，是公司股东大会和董事会决议方式的基本原则，并成为重要的公司法法则之一。❺

---

❶ 任中秀. 德国团体法中的成员权研究 [D]. 济南：山东大学，2014.
❷ 王雷. 我国民法典编撰中的团体法思维 [J]. 当代法学，2015（4）：68-78.
❸ 蒋大兴. 公司法中的合同空间——从契约法到组织法的逻辑 [J]. 法学，2017（4）：135-148.
❹ 蒋大兴. 论公司治理的公共性——从私人契约向公共干预的进化 [J]. 吉林大学社会科学学报，2013（6）：75-85.
❺ 李小军. 公司多数决原则的法理分析 [J]. 商事法论集，2007（1）：53-74.

4. 股东压制与少数股东保障方面的研究

代表性著作有：邓江源的《有限责任公司股东压制的困境与出路》，该专著认为股东压制是封闭公司与生俱来的难题，我国法律对于该问题的救济主要分为原则性救济和规则性救济。原则性救济指《公司法》第二十二条所规定的禁止股权滥用原则。规则性救济包括异议股东的收购请求权、对公司决议的诉讼权。应鼓励股东通过章程的制定、股东协议的约定等事先安排预防股东压制，应完善股东会效力制度，赋予受压制股东起诉权，提高司法裁判的能力和水平。❶张鸣胜的《外国公司法中有关保障少数股东权制度——兼论对我国保障少数股东权法律制度的完善》，文章分析和考察了大陆法和英美法的公司法律制度中有关保障少数股东权的制度，对于完善我国保障少数股东权法律制度提出了建议。❷邓江源的《股东压制视野中的股东会决议效力》，文章认为股东压制的实质是投机行为，根源在于多数决滥用。2013年《公司法》第二十二条的决议制度和第二十条的禁止股权滥用原则都难以涵盖滥用多数决的决议效力类型，该类决议的效力可撤销。❸

5. 司法干预与公司自治的平衡问题

代表性著作有：杜晓强的《论公司自治的司法介入》，文章认为司法介入具备事前和事中救济的新功能，司法介入的目标首先是协助公司恢复自治，过度介入和过度自治同样危险。股东大会决议诉讼是公司自治失灵情况下所产生的

---

❶ 邓江源.有限责任公司股东压制的困境与出路[M].北京：人民法院出版社，2015.
❷ 张鸣胜.外国公司法中有关保障少数股东权制度——兼论对我国保障少数股东权法律制度的完善[J].延边大学学报（哲学社会科学版），2000（1）：58-62.
❸ 邓江源.股东压制视野中的股东会决议效力[J].人民司法，2014（15）：58-61.

典型诉讼类型。股东大会无法召集时,司法介入的前提条件是公司内部自力救济方式失灵并且已被穷尽。❶陈群峰的《论公司决议瑕疵的司法介入——以保持司法干预与公司自治的平衡为视角》认为公司决议瑕疵诉讼制度应表现出足够的司法克制主义和谦抑原则,实现公司自治与司法干预的平衡。❷甘培忠、雷驰的《司法介入公司自治与公司法解释的政策尺度》,文章通过对北京市法院系统2006年审理和裁判的一部分公司诉讼案件进行研究,认为应当理性构建公司自治与司法介入两者的关系,既保护股东权益,又促进公司机关权力的顺畅运行。❸蒋大兴的《团结情感、私人裁决与法院行动——公司内部解决纠纷之规范结构》,文章认为团结是人类社会的本性,公司内部纠纷解决机制也应适应这种本性,法律应公开承认公司机构对内部纠纷的裁决权,司法仅为公司内部纠纷解决的一种补充机制。❹蒋大兴的《审判何须对抗——商事审判"柔性"的一面》,文章认为商人的心理更宽容,更易和平解决纠纷,商事审判模式也应"柔性化",这有利于商人间纠纷的和平解决,和谐化商人关系。这种"柔性化"有可能普及到所有法域,促成宽容法治社会的形成。❺

6. 司法对公司法的推动作用方面的研究

代表性著作有:胡旭东的《我国公司法的司法发展机制研究》,文章研究了

---

❶ 杜晓强.论公司自治的司法介入[D].武汉:武汉大学,2012
❷ 陈群峰.论公司决议瑕疵的司法介入——以保持司法干预与公司自治的平衡为视角[J].首都师范大学学报(社会科学版),2013(5):51-56.
❸ 甘培忠,雷驰.司法介入公司自治与公司法解释的政策尺度[J].河北学刊,2009(1):169-174.
❹ 蒋大兴.团结情感、私人裁决与法院行动——公司内部解决纠纷之规范结构[J].法制与社会发展,2010(3):54-77.
❺ 蒋大兴.审判何须对抗——商事审判"柔性"的一面[J].中国法学,2007(4):122-133.

公司法是如何经由司法过程成为法律秩序，探讨了立法建构与司法发展良性互动的实现方式，对公司法司法过程中的"轻逻辑推理、重价值判断"现象提出了批评。❶

（五）决议与民事法律行为关系方面的研究

第一类研究成果认为决议是民事法律行为的一种。代表性著作有：瞿灵敏的《民法典编撰中的决议：法律属性、类型归属与立法评析》，文章认为从意思表示的内容、方向和合成方式为要素的意思表示构造规则出发，决议是与单方法律行为、契约、共同法律行为并列的独立法律行为类型，决议属于法律行为却又难以适用法律行为一般理论。❷薛波的《我国未来〈民法总则〉决议行为的立法安排》则提出，宜在《民法总则》"法律行为"部分规定决议行为，同时注意到决议行为在适用领域、行为主体数量、意思形成机制、意思表示方向、约束主体范围、法律规制重心方面的特点，就决议意思形成机制、效力划分、拘束范围、对权益受侵害少数派行为的法律救济等内容作出规定。❸王雷的《论民法中的决议行为——从农民集体决议、业主管理规约到公司决议》，文章认为决议行为的根本特征在于根据程序正义的要求采取资本多数决的形成机制，决议结果对全体成员具有约束力。决议行为是一类独立的民事法律行为。❹

另一类研究成果认为决议不是民事法律行为的一种。代表性著作有：陈醇

---

❶ 胡旭东. 我国公司法的司法发展机制研究 [D]. 北京：中国社会科学院，2012.
❷ 瞿灵敏. 民法典编撰中的决议：法律属性、类型归属与立法评析 [J]. 法学论坛，2017（4）：88-100.
❸ 薛波. 我国未来《民法总则》决议行为的立法安排 [J]. 湖北社会科学，2016（2）：148-156.
❹ 王雷. 论民法中的决议行为——从农民集体决议、业主管理规约到公司决议 [J]. 中外法学，2015（1）：79-99.

的《意思形成与意思表示的区别：决议的独立性初探》一文认为，决议是意思形成的制度，法律行为是意思表示制度，应当将决议从法律行为中独立出来。独立出来之后，有利于彰显决议制度的重要性和特征，有利于克服决议制度有决无议的弊端，深入推进对于决议的研究。❶陆俊伟的《公司股东会决议性质研究》认为，决议制度（包括效力评价机制、决议产生机制）非常重要，决议和法律行为的概念和内容均不同，决议是团体的意思形成机制，法律行为的核心是意思表示，决议并不是法律行为。❷

（六）股东会决议相关理念方面的研究

1. 公司道德的法律化方面代表性的研究成果

代表性著作有：罗培新的《公司道德的法律化：以代理成本为视角》，公司法将"遵守商业道德"明确规定为公司义务，对于某些代理成本极高的悖德行为，基于内化公司悖德行为代理成本的考虑，本着维护公序良俗和公共利益的考虑，裁判者可以"以德入法"，从而将公司道德法律化。❸

2. 公司自治应体现组织体内信赖关系的和谐、追求组织治理稳定和实现法益平衡

代表性著作有：冯果、段丙华的《公司法中的契约自由——以股权处分抑制条款为视角》，文章认为股权处分行为已经超越了民法上的契约交易，呈现出

---

❶ 陈醇. 意思形成与意思表示的区别：决议的独立性初探 [J]. 比较法研究，2008（6）：53-64.
❷ 陆俊伟. 公司股东会决议性质研究 [J]. 东南大学学报（哲学社会科学版），2016（增刊）：48-53.
❸ 罗培新. 公司道德的法律化：以代理成本为视角 [J]. 中国法学，2014（5）：134-148.

商事法上组织交易的特征。股权处分抑制条款体现了股东意志自我约束和团体意志乃至公共意志的约束。公司法上的自治应体现组织体内信赖关系的和谐、追求组织治理稳定和实现法益平衡。❶

（七）方法论方面的研究

主要是关于法律经济学方法论方面的研究。代表性著作有：詹巍的《论商事裁判的法律经济学分析进路》，该文认为目前我国商事裁判的基本方法是规范分析范式，规范分析范式突出了形式逻辑推理，忽视了价值判断实质方法论的应用。效率是商事裁判的核心理念，这与法律经济学的效率导向高度契合，法律经济学为商事纠纷解决提供了方法论方面的理论来源，法律经济学的方法论在商事裁判中拥有广阔的应用前景，法律经济学与逻辑推理互相补充，共同成为商事裁判的方法论基础。商事裁判最重要的功能不在化解矛盾，而在完善市场机制。❷ 翁一的《2016经济学诺奖：现代契约理论的深化》介绍了奥利弗·哈特与本特·霍姆斯特罗姆的不完全契约理论，不完全契约与完全契约的根本区别在于：不完全契约事先不约定或然状态下的权利和责任，而主张通过事后谈判来解决，因而契约的重点在于进行机制设计或制度安排；后者则假定事前预见并约定好全部当事人的权利和责任，中心在于事后的监督。❸

---

❶ 冯果，段丙华. 公司法中的契约自由——以股权处分抑制条款为视角 [J]. 中国社会科学，2017（3）：116-207.
❷ 詹巍. 论商事裁判的法律经济学分析进路 [J]. 东方法学，2016（4）：80-89.
❸ 翁一. 2016经济学诺奖：现代契约理论的深化 [J]. 经济学家，2016（11）：61-66.

二、国外研究综述

目前国外学者对于股东会决议及股东会决议诉讼的研究主要集中在以下几个方面。

(一)公司所有与公司经营分离原则方面的研究

美国学者伯利和米恩斯(Berle & Means)于1932年在《现代公司和私有财产》一书中,把公司所有与公司经营的控制形态分成五类:①全部控制(Complete ownership);②多数控制(Majority ownership);③通过控股之外的法律方式的控制(Control through a legal device without majority ownership);④少数控制(Minority control),是指股东仅持有公司少数股票,但通过表决权征集的制度安排等方式来控制公司;⑤经营者控制(Management control),是指虽然经营者所持公司股份很少,但由于现代公司的股权极为分散,没有任何人持有足够的股份从而有能力影响到公司决策,或者大多数股东对于公司经营并无兴趣,从而公司经营管理层有条件轻松控制公司。[1]

该研究对公司所有与公司经营分离做了科学的类型化研究,本研究持续展开的主要论题,如股东会决议是关系契约和不完全契约,资本多数决是股东会决议的主要形成机制、股东会决议诉讼与股东会决议遵循相同的价值原则等,均是基于1932年《现代公司和私有财产》一书中的分类展开的研究。

---

[1] ADOLF A, BERLE. The modern corporation and private property [M]. New York: Transaction Publishers, 1932: 70-90.

（二）公司决议的可诉性方面的研究

美国法学家罗纳德·德沃金的《认真对待权利》一书认为，法院有权受理针对股东大会决议效力提起的诉讼，股东和其他利害关系人在其权利受到股东大会决议侵害时，有权通过寻求司法救济的方式维护自身的合法权益。❶

公司决议是否具有可诉性有不同的学术观点，本研究在针对"股东会决议诉讼是资本多数决的必要司法制约机制"论题展开论述的过程中，参考了罗纳德·德沃金的核心观点。

（三）系统介绍美国公司法的经典著作

美国公司法的经典著作：如汉米尔顿的《公司法》是美国公司法公认的经典著作，该文献系统介绍了美国公司法的基本原理。该文献其中的很多内容，比如第五章"公司权力分配"、第六章"股东"、第七章"董事会"、第九章"诚信义务"，特别是第六章中的股东必须在团队中行动，股东会的通知、出席人数和投票，对于本书的写作具有较大的参考价值，为本书总论部分"资本多数决应遵循的价值原则""以公司法的视角研究股东会决议诉讼"的观点提炼提供了理论支持。❷

（四）关于资本多数决方面的研究成果

查尔斯沃思公司（第18版）[*Charesworth's Company Law（18th edition）*]和少数股东的救济（第1版）[*Minority Shareholders Remedies（1st edition）*]中

---

❶ DWORKIN R M. Taking rights seriously [M]. Boston：Harvard University Press，1978：123.

❷ HAMILTON. The law of corporations [M]. 6th ed. Avonmore：West Publishing CO，1996：92-110.

的观点值得借鉴。资本多数决原则又称"哈伯特（Harbottle）规则"，是通过1843年英国枢密院的福斯诉哈伯特（Foss v Harbottle）案件确立的。主审维格拉姆·威（Wigram VC）法官认为，只要争议事项属于多数股东有权处理的范围，即使程序违规，但为多数股东事后矫正，任何公司成员均无权提起诉讼，因为司法不干预公司的商业事务。有权为公司利益提起诉讼的人，只能是公司，而不能是少数股东。❶这就意味着，多数股东的意见基本等同于公司的意见，多数股东的利益意味着公司利益，少数股东的利益可能被严重忽略。《少数股东的救济》中阐明，为了矫正哈伯特规则，一定程度上保护少数股东的利益并维护公平，判例法又发展出一些例外，如确认股东有权在股东会议程序违法、公司行为违法、显失公平等情形下提起诉讼。❷

上述文献为本研究总论第一章第三节的理论架构提供了有益参考，为论文阐明资本多数决原则、构建股东会决议诉讼价值体系提供了重要借鉴。

（五）关于股东协议方面的研究成果

关于股东协议的性质，英国莱恩·希利和萨拉·沃辛顿（Len Sealy & Sarah Worthington）认为，股东协议是公司章程的补充，通常应该采取书面形式，既可以在公司成立之前签订，又可以在公司设立之后签订。❸关于股东协议的可诉性和可强制执行方面，英国学者鲍伊（Boyle）认为，股东协议不受哈伯一特规则的限制，对于任何违反股东协议的行为，都是可诉的，也可以进行强制执

---

❶ BOYLE. Minority shareholders remedies [M]. 1st ed. British : Cambridge University Press, 2002 : 4.
❷ 同❶。
❸ SEALY, WORTHINGTON. Cases and materials in company law [M]. 9th ed. British : Oxford University Press, 2010 : 243-244.

行。❶霍奇·奥尼尔·阿福（Hodge O'Neal F）提出，法院应当在董事违反诚信义务的情况下，对股东协议的效力进行实质审查。❷富兰克·伊斯特和丹尼尔·费希尔（Frank Easterbrook & Daniel Fischel）则认为，在封闭公司中，只要是股东自愿达成的协议，法院一般都会予以尊重和同意强制执行。❸

以上文献为本书分论部分股东会决议诉讼裁判规则的设计提供了最主要的理论框架，虽然分论各章具体制度论述中仍有不少国家制度相关的比较法研究，但关于股东协议的研究成果具有分论论点基础文献的借鉴意义。

三、对现有研究成果的分析与评价

现有理论研究成果涵盖了股东会决议诉讼制度的重要方面，是本书全面深入研究该课题的理论基础。但目前的研究存在以下缺陷和有待完善的地方。

（一）偏重于对股东会决议具体规则的研究，欠缺价值原则方面的研究，理论提升不够，研究成果兼容性不强、容易挂一漏万

目前的研究，多为股东会决议具体制度方面的研究，对于股东会决议的性质、本质、特点、价值原则等方面的基础研究比较欠缺，没有形成理论体系，没有提炼出贯穿始终的理论基础。由于理论研究的不足，股东会决议诉讼因欠

---

❶ BOYLE. Minority shareholders remedies [M]. 1st ed. British：Cambridge University Press，2002：25-26.

❷ Hodge. Oppression of minority shareholders：protecting minority rights [J]. Clev. St. L. Rev，1987，121（35）：57.

❸ EASTERBROOK，FISCHEL. The economic structure of corporate law [M]. Boston：Harvard University Press，1991：235.

缺统一而权威的基础理论指导，实务争议又复杂多变，导致司法实践中诉讼双方自说自话，法官经常凭感觉办案，法律适用规则不能解决股东现实矛盾，法学理论又没有建立起各方交流对话的基础平台，导致不能快速地定分止争，更不能助推公司治理的有序推进，促进经济平稳发展。总之，理论提升的不足，导致股东会决议的理论和实践均处于比较初级的阶段。

（二）实证研究不够丰富

大部分学者基于客观或者主观的原因，没有或者较少进行实证研究，很多研究成果沦为从理论到理论，重复研究多，欠缺问题意识，欠缺解决方案，脱离了法学根植于社会实践、为实践服务的特性。法律的真谛是实践，法律源于实践，它是以往实践的总结和升华。❶从研究的基础条件来看，我国目前正处于公司法发展不完善、股东纠纷较多的阶段，进行股东会决议诉讼研究具有较多的判例基础。因为，一方面，自从 2005 年《公司法》规定股东会决议诉讼以来，股东会决议诉讼案件较多；另外一方面，人民法院裁判文书公开制度的实施，要求裁判文书原则上应当上网公开，以往法学研究获取实际案例难度大的难题在一定程度上得到了缓解。研究者可以较容易地获取真实的裁判文书，有条件研究股东会决议诉讼案件的类型、起因、法院态度，这相较于单纯地研究法学理论、研究各国立法例，无疑更有价值。笔者 2018 年 11 月 17 日在"中国裁判文书网"以下列检索条件进行裁判文书检索："案由：民事案由，案件名称：决议，案件类型：民事案件，法律依据：《中华人民共和国公司法》第二十二条"，系统显示符合条件的裁判文书有 1311 份。经人工验证，发现不是公司决议诉讼

---

❶ 沈四宝. 法律的真谛是实践——沈四宝演讲录 [M]. 3 版. 北京：北京大学出版社，2013：4.

案件的裁判文书极少，不到10%。这足以说明，目前对于公司决议诉讼进行研究的案例数量是比较充裕的。可惜的是，目前的法学研究者还没有很好地重视案例研究的方法，因而导致目前的研究还不够深入。一旦出现股东会决议的实际争议，只能自说自话，找不到共同的法律专业讨论平台。例如，在2015年6月17日万科召开的第十七届董事会第十一次会议，董事会成员共11名，独立董事张某书面声明回避表决，表决结果为7人同意，3人反对，1人回避表决。对于该董事会决议的效力，万科认为已经达到了2/3的多数要求，华润及深圳市钜盛华股份有限公司则认为同意票并未达到2/3。双方的争议焦点集中在独立董事张某回避表决的1票是否计入表决权比例的分母。事件发生后，不仅非专业人士意见分歧，律师和法学专家也似乎找不到共同的对话平台。❶万科董事会决议效力之争，给我们两个方面的启示：第一，公司内部关系过去主要靠个人权威或者其他因素协调，随着市场经济的发展，恶意收购的出现，法治意识的增强，越来越让位于规则的治理；第二，学术界和实务界对于公司决议诉讼问题的研究目前还不够深入，无法满足社会经济发展的需要。要想解决目前法律无法满足现实需要的问题，本书认为，广泛而专门地研究人民法院已经公开的裁判文书是一个好的研究方法，加强以案例研究为主的实证研究是验证现有理论成果是否成立、将现有理论成果转化于审判实践和公司日常经营的必经之路。

（三）应用研究与理论研究结合的紧密度不够

法学作为一门实践性很强的学问，本应将应用研究和理论研究紧密结合，

---

❶ 华生.万科模式：控制权之争与公司治理[M].北京：东方出版社，2017：1-13.

应用研究为理论研究提供最新的研究素材，理论研究为应用研究提供正确研究方法及阶段性结论，二者应相辅相成、水乳交融，共同促进公司盈利，共同促进经济向前良好发展。股东会决议诉讼制度作为一项方兴未艾的新型专业诉讼形式，既需要宏观的顶层设计，又需要微观上可操作性强的实施方案；既需要通盘的战略考虑，又需要具体操作方式的战术安排。❶然而具体到我国现阶段对于股东会决议诉讼的研究成果，较多地沦为两个极端：一部分研究者囿于具体规则的研究，不去考虑规则背后的理论根据、学科体系，这不仅导致研究成果的理论可信度不高，而且导致对于具体规则的研究也是就事论事，难以取得可以推广的问题解决方案。另一部分研究者则较多地进行理论推演，而对于具体制度及其具体运行的体现形式——公司股东会的运行及其司法案例的关注度不够，导致理论成果脱离实际，或者难以应用到实践当中。

（四）研究股东会决议的多，专门研究股东会决议诉讼的少

目前的研究，专门研究股东会决议诉讼的高层次研究成果比较欠缺。据查，目前研究股东会决议相关议题的博士论文或者专著有几本，但是专门研究股东会决议诉讼制度的博士论文或者专著还没有出现。在这些研究成果中，股东会决议诉讼制度或者救济制度经常是作为其中的一章或者几章。这与股东会决议诉讼制度在整个股东会决议制度中的地位和重要性不相匹配。实际上，由于股东会决议属于关系契约和不完全契约，法律对于股东会决议的实体内容无法深入规制。可行的规制方式，一方面规定股东会通过一定的机制形成的决议具有法律效力，另一方面只能借力于司法机制对股东会决议的内容和

---

❶ 孙广宁.法律解释方法在指导性案例中的运用及其完善[J].中国法学，2018（1）：96-117.

程序进行事后的监督和矫正。商事裁判最重要的功能不在化解矛盾，而在完善市场机制。❶ 只有通过对股东会决议诉讼制度进行深入研究，通过诉讼判例的示范效应，实际上将抽象的法律转化为鲜活的案例，继而反转过来对于股东会决议的程序和内容产生指引作用。所以说，股东会决议诉讼在全部股东会决议制度中处于关键的地位，目前的研究与其实际地位和重要性不相符合，亟须加强这方面的研究。

第三节 研究内容与研究方法

一、研究内容

"实践智慧"是人类认识真理的重要方式之一，它区别于纯思辨的理论智慧，重点研究对人和人类有益之事。❷ 本书的研究，遵循"实践智慧"的基本理论，在前人关于股东会决议诉讼和资本多数决研究成果的基础上，将更多的精力聚焦于"应当如何"或者"怎么做"的理性判断和价值关切上来，致力于推进股东会决议诉讼制度在各具体操作层面的"智能的实践"，并推动理论的提升、观念的变革和公司治理的进步。❸

---

❶ 詹巍. 论商事裁判的法律经济学分析进路 [J]. 东方法学，2016（4）：80-89.
❷ 亚里士多德. 尼各马可伦理学 [M]. 苗力田，译. 北京：中国社会科学出版社，1992：116.
❸ 田海平. "实践智慧"与智慧的实践 [J]. 中国社会科学，2018（3）：4-25.

（一）研究内容以理论和制度二维视角展开

本书的研究，主要包括理论研究和制度研究两个紧密联系、不可分割、互相助推的组成部分。

第二章为股东会决议诉讼概论，主要属于理论研究，奠定全书的理论基础。该章主要研究股东会决议的概念、性质、形成机制及需要遵循的原则，股东会决议诉讼的概念、制度变迁、制度价值与学科定位。主要观点是，股东会决议是一种关系契约和不完全契约，资本多数决是股东会决议的形成机制，以资本多数决为主要形成机制的股东会决议的效力正当性来源于其追求和体现的效率、平等和合理期待价值原则；股东会决议诉讼是股东会决议制度的有机组成部分，股东会决议诉讼应当维护和保障资本多数决；效率、平等与合理期待不仅是资本多数决应当遵循的价值原则，也是股东会决议诉讼应当遵循的价值原则和重要目标。

在对股东会决议诉讼制度的基础理论进行研究之后，接着对股东会决议诉讼的代表性具体制度展开研究。第二章至第六章依次从股东会决议诉讼的原告、股东会决议诉讼担保制度、股东会决议诉讼的救济时效制度、股东会决议撤销之诉的司法审查范围、股东会决议撤销之诉的裁量驳回制度五个不同的侧面对股东会决议诉讼制度进行研究，结合具体制度实际运行中的国内外学说、立法和判例成果，力争将理论研究推向具体制度研究，探讨效率、平等与合理期待在这五个不同的具体制度中应当如何平衡与协调，并提出一定的立法和司法方面的完善建议。

第三章至第五章的标题依次为"股东会决议诉讼的原告""股东会决议诉讼担保制度"和"股东会决议诉讼的救济时效"，分别从诉讼主体、诉讼担保、救济时效三个不同的角度研究股东会决议诉讼所能提供救济的范围，集中解决股东会决议诉讼"审什么"的问题。基本观点是：第一，确定股东会决议诉讼的原告主体资格，主要考虑如下三个因素：是否为公司治理主体、是否因其个人权利受到侵害、是否与争议问题具有直接利害关系，应体现股权平等原则；第二，我国现行股东会决议诉讼担保制度不当限制了部分股东的诉权，违背了股权平等原则，建议废除该制度；第三，目前我国股东会决议诉讼的救济时效制度存在规定不明确、时效较长的缺点，与效率价值相违背，建议规定具体明确并且短期的救济时效制度。

第六章"股东会决议撤销之诉的司法审查范围"，从司法审查范围的角度研究股东会决议诉讼审理制度，集中解决股东会决议诉讼"怎么审"的问题。基本观点是适当扩张股东会决议撤销诉讼的司法审查范围，以维护股权的实质平等和保护股东的合理期待。司法尊重公司自治，司法对于公司决议效力的审查一般采取形式审查的原则，但不可将该原则绝对化。在存在资本多数决滥用、股东压榨、股东或者董事违背信义义务的时候，法院有权也应当对股东会决议的效力进行实质性审查，以平等保护各股东利益，保护股东的合理期待，保护投资，促进公司治理的正常进行和公司的健康发展。

第七章"裁量驳回制度"，围绕股东会决议诉讼裁判制度展开，主张构建符合资本多数决本质的裁量驳回制度，集中解决股东会决议诉讼"怎么判"的问题。基本观点是：第一，股东会决议诉讼裁量驳回制度的主要特点在于赋予法官改变法律明文规定进行自由裁量的权力，主要的目的还是为了尽量维护存在轻微程序瑕疵的股东会决议的效力，维护公司治理的顺利推进，维护资本多数决的效率价值，该制度具有理论和现实的必要性。第二，在构建与适用裁量驳回制度方面，提出了四个方面的具体建议。

（二）采取总分结构和递进式结构相结合的结构方式

除了绪论和结论之外，本书的本论部分分为六章。本论部分采取总分结构，第二章为总论部分，对于股东会决议与股东会决议诉讼的概念、性质、历史、形成机制、应遵循的价值体系等基础理论展开研究，奠定全文的理论基础；第三章至第七章分别从诉讼主体、诉讼担保、救济时效、审理制度和裁判制度五个不同的维度对股东会决议诉讼制度展开研究，按照股东会决议诉讼审什么、怎么审、怎么判的逻辑进路，探讨如何通过股东会决议诉讼的具体制度维护和保障资本多数决，贯彻落实效率、平等和合理期待，尝试对股东会决议诉讼制度与资本多数决的互动关系进行新的思考，是对第二章总论内容的具体展开。

在具体问题的剖析过程中，本书按照股东会决议诉讼的演变规律及逻辑关系，安排论文内容，采用层层递进的方式组织论证；为深入论证每个子论题及各个论题之间的关系，采用了深化递进的结构方式。如第三章对股东会决议诉讼的原告问题的阐述，对国内现状及域外立法模式采用不断深化，逻辑对比的方式开展论述。第四章股东会决议诉讼担保制度则主要通过对我国该制度的实证考察，从现象到本质渐次深化，对该制度进行存废分析并提出建议。第五章股东会决议诉讼的救济时效中，本书按照从因到果的逐层递进分析顺序，研究了股东会决议撤销之诉和无效之诉的救济时效问题。本研究重视从一般到特殊或从部分到整体的研究方法，注重股东会决议诉讼的发展规律及股东会决议诉讼中资本多数决机制对股东会决议诉讼渐进推演的作用。既从现象上以案例的方式阐述司法实践中股东会决议诉讼存在的问题；也分析了论述股东会决议诉讼基础理论研究薄弱的危害及产生根源，提出自己的见解，有力地论证了本专著的主题及研究意义。

（三）研究中就以下内容给予特别关注

本研究将在现有研究的基础上，特别注意三个方面：第一，注意结合实际案例特别是新近发生的有争议的案例开展研究。争取做到每个重要的问题都结合相应的典型和真实的案例进行研究，贯彻和遵从理论从实践中来、到实践中检验并服务于实践的认识规律。无论是英美法系国家，还是大陆法系国家，法官均通过个案的形式实际上形塑了现实的法律制度，为商业交往提供清晰的、可靠的和适当的法律规则。❶因此，通过研究司法实践中的具体个案，研讨法官的推理和论证过程，求证其逻辑和价值的妥当性，对于法学研究和司法实践均有重要的意义。❷第二，特别注意深入研究相关法学理论。特别注意以商业视角研究法律问题，例如股东会决议的性质、特点、应遵循的价值原则，股东会决议诉讼的目标和使命，对于相关理论进行较深入的研究，争取提炼出与股东会决议诉讼制度的性质与特点相匹配、贯穿股东会决议诉讼制度始终的理论。第三，特别注意具体规则的研究。股东会决议诉讼属于民商法学下辖特别法中的具体问题，该选题之下又细分为许多有现实意义的具体问题。以往的研究，很多不够深入，研究结论不能为司法实践提供借鉴价值，也没有提出具有可操作性的理论指导。本书特别注重研究细节问题，发现实践和理论中的真问题，

---

❶ 库尔勒.德国民法典的过去与现在[M] // 孙宪忠，译.梁慧星.民商法论丛：第2卷.北京：法律出版社，1994：236-237.

❷ 蔡立东.股权转让与担保纠纷裁判逻辑的实证研究[J].中国法学，2018（6）：239-257.

探寻能够付诸实施的解决方案,力争做出真正有实效的研究成果出来,争取实现"走向具体法治",将法治精神和原则落到实处。❶

二、研究方法

(一)案例分析的方法

理论离不开实践,法学理论研究要想发现真问题并予以解决,进而在理论上有所突破,并对于同类问题的解决具有启发与指导意义,案例分析是一种较为可靠的方法。无论是大陆法系国家,还是英美法系国家,判例的重要性都越来越被重视,判例与成文法呈现出相互吸收和运用的景象。❷ 成文法的优势在于具有抽象性,但运用到司法实践中往往沦为机械,而判例法的优势则在于可以根据具体情况的需要作出变通。❸❹ 本书的案例研究,目标是通过研究个案而产出新知识,这些知识包括解释研究对象的原因、理解研究对象的特征和提出法律改进方案等方面。案例研究既可以运用定性材料,也可以运用定量材料,均遵循社会科学研究的一般分析逻辑:观察现象、归纳特征、进行界定、比较类型、过程展示、分析影响、探索机制、寻求解释、达到证明。❺ 本书研究具体内容的确定,是在广泛研究近年来所发生的股东会决议诉讼实际案例的基础上,将其中最典型和最易产生不同认识的内容作为研究对象。在研究每一方面

---

❶ 贺卫方.走向具体法治[J].现代法学,2002(2):3-4.
❷ 梅利曼.大陆法系[M].顾培东,禄正平,译.北京:法律出版社,2004:158.
❸ 庞德.普通法的精神[M].唐前宏,等,译.北京:法律出版社,2010(11).
❹ 顾培东.判例自发性运用现象的生成与效应[J].法学研究,2018(2):76-96.
❺ 张静.案例分析的目标:从故事到知识[J].中国社会科学,2018(8):126-207.

具体问题的时候,都将一个或者若干个典型案例作为研究的重要基础。

(二)比较法的研究方法

我国《公司法》是典型的法律移植的产物,这种情况下特别要重视对各国法律的比较研究。从比较的内容来看,法律文本的比较是一个重要的方面,但远远不是全部。本书不仅要比较相关各法域典型公司立法具体规则的差异,还要比较各相关国家和地区社会现实及经济文化生活的差异,比较各国和地区公司法司法实践的差异,比较各相关国家和地区不同历史阶段法律修改的进程及其背景。通过比较研究,才能得出真知。

(三)法律经济学的研究方法

我国传统的学术研究重在规范分析,主要进行形式逻辑的推演,推演的结果有时并不符合公平与效率的原则。权利的基础是利益,法律关系实际上是利益关系。❶ 权利的行使以正当利益的实现为目标,离开利益谈权利,必然沦为空谈。❷ 利益不仅指经济利益,而且包括财产之外的伦理利益,例如人格、自由、家庭关系、法治秩序等。❸ "良法善治"不仅需要满足进行社会治理的有效性,也需要满足相对社会成本最小的条件。❹ 法律经济学的分析方法重视价值判断,

---

❶ 梁上上.利益的层次结构与利益衡量的展开——兼评加藤一郎的利益衡量论[J].法学研究,2002(1):56-58.
❷ 张文显.法哲学范畴研究[M].北京:中国政法大学出版社,2001:303.
❸ 吴从周.概念法学、利益法学与价值法学——探索一部民法方法论的演变史[M].北京:中国法制出版社,2011:112.
❹ 蒋大兴,王首杰.共享经济的法律规制[J].中国社会科学,2017(9):141-162.

重视利益衡量，不仅有利于化解矛盾，而且有利于完善市场机制。目前我国商事裁判的基本方法是规范分析范式，规范分析范式突出了形式逻辑推理，忽视了价值判断实质方法论的应用。法律经济学的效率导向与商事裁判的核心理念高度契合，为解决商事裁判的方法论困境提供了全新的理论来源，法律经济学的方法论在商事裁判中拥有广阔的应用前景，法律经济学与逻辑推理互相补充，共同成为商事裁判的方法论基础。❶ 我国公司法的规定尚不完善，公司的实践却日益精彩，依靠规范分析的范式很难解决实践中的问题，也很难进行理论创新。法律经济学的分析方法是一个很好的分析工具，本书拟将法律经济学的研究方法作为重要的研究方法之一，力求使研究成果既符合形式逻辑，又符合价值判断的要求。

第四节　创新之处

本书在以下几个方面有所创新。

一、揭示股东会决议的性质

提出切实可行解决方案的前提之一，是正确认识事物的性质。目前的大部分研究成果，是在没有认真分析股东会决议性质的情况下，就急于提出解决方案；所提出的解决方案往往是基于传统合同法理念而设计，经常与股东会决议的本

---

❶ 詹巍. 论商事裁判的法律经济学分析进路 [J]. 东方法学, 2016(4): 80-89.

质相背离。本书认为,股东间关系和股东会决议是关系契约和不完全契约,这种关系不是一事一议,且契约内容不可能穷尽股东间的全部实体权利义务。股东会决议并不体现为各个股东之间意思表示一致,部分股东反对或者弃权的情况下也可以形成股东会决议。这就决定了股东间关系的调整不可完全寄希望于"完美的合同";应当根据股东会决议的性质与特点,建立一定的形成机制和抽象理念,以正确认定股东会决议的效力和妥善处理股东会决议诉讼。

二、以资本多数决理论为视角研究股东会决议诉讼

不同于采取其他视角研究股东会决议诉讼的成果,本书以资本多数决理论为中心,对股东会决议诉讼展开研究。本书认为,资本多数决是股东会决议诉讼制度的宗旨和专业准则。资本多数决是股东会决议的核心理论,股东会的表决结果集中体现为经由资本多数决机制而形成的决议,而股东会决议诉讼又是以司法裁判方式确定股东会决议效力的一种途径,是司法介入公司治理的重要方式。本书以资本多数决的理论研究指导股东会决议诉讼的制度研究,提高制度研究的理论高度;以股东会决议诉讼制度研究为抓手,深化资本多数决理论研究,有利于理论更贴近实际,更有利于理论的实用性和深入发展。

三、构建股东会决议诉讼的价值体系

以资本多数决为主要形成机制的股东会决议的效力正当性来源显然不在于股东的同意,"多数"的事实本身也不是充分理由。本书认为,股东之间的

关系是关系契约和不完全契约，资本多数决是股东会决议的形成机制，以资本多数决为主要形成机制的股东会决议的效力正当性来源于其追求和体现的效率价值、平等价值和合理期待价值；股东会决议诉讼是股东会决议制度的有机组成部分，股东会决议诉讼应当维护和保障资本多数决；效率、平等与合理期待不仅是资本多数决应当遵循的原则，也是股东会决议诉讼应当遵循的原则和重要目标。

本书的研究不限于理论，更重视研究理论在具体制度中如何妥适安排和具体落实，力争以抽象价值体系为指导，构建股东会决议诉讼的制度体系。本书分别从股东会决议诉讼的原告、股东会决议诉讼担保、股东会决议诉讼的救济时效、股东会决议撤销之诉的司法审查范围、股东会决议撤销之诉的裁量驳回制度五个不同的侧面对股东会决议诉讼制度展开研究，努力探讨股东会决议诉讼审什么、怎么审和怎么判的问题，力争将对股东会决议诉讼的研究从理论和原则层面推向具体制度层面，探讨在股东会决议诉讼具体制度中如何贯彻和维护资本多数决原则，探讨效率、平等与合理期待在具体制度中应当如何平衡与协调。

笔者以为，这些研究，均截取于公司经营及公司决策中的普遍性问题，也部分地反映了真实公司治理和股东会决议诉讼的法制生态；通过本专著的研究，希望能起到抛砖引玉之功用，激发更多的研究灵感和更有价值的思想。这也是笔者所希望的本书的贡献。

第五节 本书的理论体系

本书围绕股东会决议诉讼展开研究,形成了较为完整的理论体系。

一、对股东会决议性质的界定是本研究的逻辑起点

自德国民法创立民事法律行为体系以来,决议是否属于法律行为、属于何种性质的法律行为,一直都没有引起足够的重视。随着团体在社会经济生活中重要性的提升,中国《民法总则》明文规定决议为民事法律行为的一种,对于决议性质及其法律适用的研究日益显得迫切和重要。❶

研究股东会决议诉讼,妥善解决股东会决议中的法律问题,首先需要对股东会决议的性质、特征等进行比较深入的研究。❷ 本书认为,股东会决议是关系契约和不完全契约,股东之间的权利义务无法事先明文精准约定,股东之间的权利义务需要随着合作关系的推进而逐步明确,股东之间不是一次性的交易关系,而主要是基于信任、商业逻辑、商业惯例等内化于股东之间的复杂关系。❸

关系契约和不完全契约的性质决定了股东会决议呈现如下特点:其形成机

---

❶ 《民法总则》(2017)第一百三十四条。
❷ 此处借鉴了韩非子"因道全法"的思想。参见韩非. 韩非子[M]. 高华平,王齐洲,张三夕,译注. 北京:中华书局,2015:313-316.
❸ 麦克尼尔. 新社会契约论[M]. 雷喜宁,等,译. 北京:中国政法大学出版社,2004:4-9.

制不是邀约与承诺，而是资本多数决；其正当性的基础不是意思自治，而是体现为适应股东会决议本质需求、符合一般正义观的价值原则体系。

二、资本多数决是适应股东会决议性质的意思形成机制

股东会决议是关系契约和不完全契约，各股东之间权利义务及团体的行动方向需要根据公司的内外部环境适时作出决策。团体意思的形成存在一致决、多数决、少数决、混合决等多种方式。❶ 就多数决的具体形式而言，又存在资本多数决和人头多数决等。资本多数决的最常见形式是：股东才有表决权，一股一票，同股同权。❷ 股东是公司剩余财产的索取权人，一体承受公司的荣辱与盈亏，因而一般来说股东会谨慎行使投票权。资本多数决主张按照持股多数股东的意见进行决议，有利于最大限度尊重股东的意见和利益，使决策权与受益权保持一致，作出科学决策；同时有利于提高决策的效率，实现及时决策。科学决策与及时决策是任何商事主体赖以生存和发展的重要条件，因而资本多数决逐步成为大部分法域的公司法和大部分公司选定的股东会决议形成机制。可以说，资本多数决是适应股东会决议性质和公司发展需要的意思形成机制。

三、抽象价值体系有利于矫正资本多数决的缺陷

资本多数决在实现公司科学决策和高效决策的同时，也存在一些固有的局

---

❶ 鲁索. 社会契约论 [M]. 北京：商务印书馆，2013：71-112.
❷ 伊斯特布鲁克，费希尔. 公司法的经济结构 [M]. 罗培新，张建伟，译. 北京：北京大学出版社，2014：63-70.

限性。例如，容易忽视少数派的意见，从而形成"多数人的暴政"；由于多数资本的持有者相对固定且集中，大股东与中小股东之间流动性和互换性不强，容易形成"恒定多数决"，难以形成"变动的多数决"。资本多数决的这些缺陷容易诱发股东压榨乃至道德风险，使中小股东的利益难以得到保障，严重者将影响到公司的正常运营。

由于股东会决议所涉内容纷繁复杂，法律对于股东会决议的边界、股东压榨等难以作出明确的界定。为了克服资本多数决的缺陷与局限，只能借助于抽象的原则性条款，通过这些原则性条款，来确定股东及股东会决议的应然状态和负面状态。本研究表明，股东会决议和股东会决议诉讼应当遵循由效率、平等和合理期待组成的价值原则。在价值体系内部，三项价值原则相互之间构成相互关联、协调统一的关系。其中，效率处于优先的地位，平等处于基础性的地位，而合理期待则处于关键性的地位。

四、股东会决议诉讼是落实价值体系的司法救济机制

效率、平等和合理期待不仅是股东会决议和资本多数决应当遵循的价值原则，也是股东会决议诉讼应该遵循、尊重和维护的价值原则。在公司治理实践中，股东及股东会应当秉持效率、平等和合理期待的价值原则进行活动、形成股东会决议。然而价值原则具有抽象性，股东的利益与旨趣不同，股东之间的意见往往难以统一，冲突在所难免。股东之间利益与意志冲突的极端形式之一，就是股东会决议诉讼。作为现代法治文明的重要成果，诉讼往往成为冲突的最有效解决方式之一，股东会决议诉讼也不例外。

作为落实价值体系的司法解决机制，股东会决议诉讼具有独特的优势：法官作为法律专家，擅长分析与理解抽象的价值原则，擅长针对案件具体场景对不同的价值原则进行权衡与取舍，成为纠正股东和股东会局限性的机制；作为无利害关系的第三人，更有可能摆脱利益的羁绊，作出符合正义的分析和判断。

五、价值体系在股东会决议诉讼具体制度中各有侧重

股东会决议诉讼的三项价值原则相互之间呈现相互关联、协调统一的关系；其中，效率处于优先的地位，平等处于基础性的地位，而合理期待则处于关键性的地位。但在股东会决议各具体制度中，应该针对制度和司法实践的现状与问题，各有侧重，结合具体制度的需要确定优先顺位，实现突出重点、兼顾其余的目标，通过各项具体制度的科学设计，最终实现三项价值原则的协调统一。例如，在股东会决议诉讼担保制度中，针对现行制度可能剥夺中小股东起诉权的现实，主张优先考虑平等价值。在股东会决议撤销之诉司法审查范围一章，则提出优先保护股东合理期待，以矫正司法实践中过于倚重效率价值的不良倾向，从而实现股东会决议诉讼价值体系的平衡。

综上，本书认为，股东会决议诉讼制度的关键与核心在于，针对变动不居的复杂法律关系，如何实现正义。具体而言，股东会决议的性质是关系契约和不完全契约，这种不确定性决定了股东会决议的意思形成机制应当采取相对灵活的方式，即资本多数决原则；资本多数决机制又给决议的结果带来了一定的不确定性，导致股东会决议的质量难以保障。为了克服和降低资本多数决的不

确定性可能引致的不良后果,可通过两个方面的安排进行平衡:第一是确立由效率、平等和合理期待组成的完整的柔性价值体系的地位,该价值体系对股东会决议和股东会决议诉讼发挥统一的指导作用;第二是确立和重视股东会决议诉讼作为贯彻落实价值体系司法解决机制的地位,在设计各项股东会决议诉讼制度时注意各项价值原则的平衡,并通过法官的专业解释和司法工作,将价值原则体系融入个案处理之中。

总之,针对股东会决议的不确定性,本书提出的正义实现方案是以柔克柔:引入柔性的价值原则体系,通过高度能动性的专业司法工作,以助推股东会决议中正义的实现。❶

---

❶ 此处借鉴了老子"天下莫柔弱于水,而攻坚强者莫之能胜,以其无以易之"的思想。参见李耳. 老子 [M]. 汤漳平,王朝华,译注. 北京:中华书局,2014:294-295. 蒋大兴. 审判何须对抗——商事审判"柔性"的一面 [J]. 中国法学,2007(4):32.

第二章　股东会决议诉讼的理论基础

股东会决议诉讼是公司制度发展到所有权与控制权发生实质性分离阶段的产物。在所有权与控制权完全合一的公司是不可能产生真正的股东会决议诉讼的。[1]因而，对股东会决议诉讼展开全面研究的基础是对股东会决议展开全面研究。股东会决议是通过多数决的方式，将不同出资者的意思吸收并聚合为公司的意思的制度，是公司制度的核心内容之一。因而，本专著为达到的一定的研究深度，对股东会决议及股东会决议诉讼产生决定作用的资本多数决也展开了较为系统的研究。

---

[1] ADOLF A，BERLE. The modern corporation and private property [M]. New York：Transaction Publishers，1932：70-90.

第一节 股东会决议

一、股东会决议的界定

概念是思维的工具，法律概念是全部法律规范的基础，也是进行法律思维和法律推理的基本要素。❶为此，本书首先需对研究对象的概念进行界定。股东会决议的上位概念是公司决议。公司决议是公司机关依照法律或者章程规定的议事方式和表决程序就公司对外经营或者对内管理事项所作的决定。公司决议根据决议主体的不同，可以分为股东会（含股东大会，下同）决议、董事会决议和监事会决议。

公司决议意味着公司以会议的方式进行公司治理，一般实行多数决，即少数服从多数，决议不需要每一位成员都同意；有效的公司决议，对于同意的成员和不同意的成员及放弃表决权的成员同样具有法律约束力。❷

股东会决议属于公司决议的一种。在法律属性上，有学者认为它是股东基于共同目的达成的协议，也有认为它是一种实现股东共同目标的制度约束。❸其特征在于决议的主体是股东会，是股东以股东会为形式，按照法律或者公司章程规定的议事方式和表决程序对于公司经营管理的重大事项所作出的决议。

---

❶ 雷磊.法律概念是重要的吗[J].法学研究，2017（4）：74-96.
❷ 施天涛.公司法论：第四版[M].北京：法律出版社，2018：331.
❸ CATEA. Practical aspects regarding the claim for the annulment of the resolutions of the general meeting of shareholders, from a substantial and procedural perspective [J]. Lex ET Scientia Int'l J, 2017, 15（24）: 16.

本书将研究对象定位为股东会决议及其诉讼，主要基于以下几个方面的考虑。

第一，基于公司决议典型性的原因，本书将监事会决议排斥在研究对象之外。公司决议包括股东会决议、董事会决议和监事会决议三种。实践中，监事会决议发生争议的偏少，相关法律规则基本可以参照股东会决议或者董事会决议。我国《公司法》第二十二条的公司决议诉讼没有明文规定监事会决议，只规定了股东会决议和董事会决议，基于典型性不突出，现有研究也未见将监事会决议作为重点研究对象的，所以本书的研究对象不包括监事会决议。

第二，为便于集中研究资本多数决机制对公司决议的影响，本书也不将董事会决议作为研究对象。在《公司法》中，股东会决议诉讼与董事会决议诉讼都规定于第二十二条，该二类公司决议的原理和规则相近。就笔者搜集到的案例资源来看，不少股东会决议的案例可以用来说明董事会决议的原理和规则，很多董事会决议案例所揭示的原理和规则可以弥补股东会决议案例的不足。所以在研究这两种形式的公司决议中的任何一种时，都难免参考借鉴另外一种形式的公司决议的理论、制度与案例；相应地，对于其中任何一种形式的公司决议的研究，也自然地将对另外一种形式的公司决议的理论、制度与实际案件处理产生借鉴和启发作用。

但股东会决议和董事会决议二者之间存在一个典型的差异，即股东会决议原则上实行资本多数决，而董事会决议原则上实行人头多数决，这两种决议原则的理论基础、决议程序、价值、局限和改进措施方案均存在一定的差异。本书主要以资本多数决为理论视角，集中研究股东会决议诉讼法律问题；为了使选题的内容尽量集中，不将董事会决议作为本书的研究对象。但在研究股东会决议时，一方面，部分地方需要对股东会决议与董事会决议的异同点进行比较研究；另一方面，对于二者的相通之处，可能也会学习和借鉴董事会决议的案例、制度或者理论。

第三，作为本书研究对象的股东会决议的具体类型，既包括有限责任公司的股东会决议，也包括股份有限公司的股东大会决议。主要基于两个方面的考虑：首先，有限责任公司和股份有限公司股东会决议瑕疵的基本规则具有共同性，将二者均纳入本书研究的范围可以提供更为广泛的采选素材，研究结论也更为全面而有说服力。其次，虽然中国《公司法》将公司分类为有限责任公司和股份有限公司，但这并不代表当代公司法的主流和趋势。实际上，目前美国、韩国、日本、英国、法国、德国、意大利等国家更多的是将公司分为公开公司和封闭公司。❶ 为便于比较研究，也为了使研究成果更加具有普适性，本书对有限责任公司股东会决议和股份有限公司股东会决议一并研究。当然，对于二者的差异之处，本书也尽量涉及。

第四，本书认为"股东会决议诉讼"这一选题虽小，但基于股东会决议是对公司经营过程中重大事项的决策，因而是研究公司治理的最佳切入点之一，深研进去，问题良多，几乎辐射公司法的方方面面。本书的研究，遵循以下思路确定研究对象和专著体系：以股东会决议的性质、形成机制、需要遵循的原则为研究基础与出发点，不仅研究股东会决议诉讼的基础理论，而且结合案例，探讨在原告资格、担保制度、救济时效、审理范围、裁判制度等方面如何体现和落实这些基本理论，力争在理论创新、制度构建和实际案件的处理等方面均提出一些有价值的观点和一些需要进一步研究的问题。

---

❶ 沈四宝.西方国家公司法原理[M].北京：法律出版社，2006：46-56.

二、股东会决议是关系契约和不完全契约

近代民法的一个核心思想是契约自由。这种思想建立在两个基本判断基础之上：第一是民事主体的平等性。近代民法产生的时代，一方面，伴随着资本主义对人力资源的需要，必须最大限度地解放个体对其他个体的依赖性，因而建立了民事主体的平等原则；另一方面，民事主体以个体手工业者、农民、小业主、小作坊主为主，这些民事主体中实力特别强大的不多，经济和其他各方面的基础条件相差不大，因而可以从总体上认为所有民事主体在地位上是平等的。第二个基本的判断就是互换性。所谓互换性是指民事主体相互之间经常变换供需位置，例如今天农民需要向作坊主购买农具，作坊主处于卖方地位，过一段时间作坊主可能需要向农民购买粮食，此时农民处于卖方地位。由于互换性的存在，更加强了民事主体平等性的基本判断。民事主体地位平等是顺应社会发展潮流的一种制度需求，因而，法律的功能就是承认和保护民事主体的平等地位，让他们进行自由交易，减少管制，发挥民事主体的主观能动性，这样就可以促进经济的活力和社会的繁荣。体现在民法和合同法上，就是契约自由思想。在这种思想的指引下，整个社会思潮表现为理性主义，认为人的理性具有至上性，可以认识一切、预测一切、表达一切。在立法上，认为通过制定民法典，可以为一切民事活动及其争议解决提供行为模式和裁判准则。相对而言，司法活动无须法官发挥主观能动性，而只需要像自动售货机那样，输入案件事实和相应的法律规定，就可以自动地生成纠纷处理结果。就合同而言，该观点认为合同的目的在于对双方合作的未来事实进行预测，并进行安排，将未来可能发生的事情拉到眼前，写入合同。作为合同的内容，或者说邀约和承

诺的内容，务必明确、具体和确定。内容不够具体明确的合同，轻者是质量低劣的合同，重者可能导致合同不成立。也就是说，法律认为欠缺具体明确的关键条款的"合同"并不是合同。这种思想的核心，就是认为合同的内容务必具体明确并且可执行，双方当事人事先有必要、也应当对于未来的权利义务关系进行全面和具体的约定；合同类似于施工图纸，合同履行的过程，就是双方将施工图纸变为实际工程的过程。❶

一时性合同与继续性合同的区分，是现代合同法中一个非常重要的观念。传统教义学的合同观念抽空了合同的时间因素，将合同签订、合同履行等全部合同因素都拉到现在来规划。在我国合同法立法中，虽然已经注意到租赁合同、工程合同等继续性合同的存在，但合同法为了简化法律关系，采用了"继续性合同关系一时化"的立法技术，导致立法、法学研究与现实法律生活显著脱节。❷例如，《合同法司法解释二》第一条规定，合同成立的条件是能够确定当事人名称或者姓名、标的和数量，如果按照这种理念，现实生活中大量存在的年度供货合同、战略合同等可能被认定为不成立。❸《民法总则》将决议规定为民事法律行为的一种，但并没有对决议不同于合同的特点进行深入研究和规定，并没有对原来主要基于合同而建构的民事法律行为体系进行符合新体系特点的改造，可能导致理论和实务上将传统合同理念简单移植到决议中来，引发一些不符合

---

❶ 梁慧星.从近代民法到现代民法——二十世纪民法回顾[J].中外法学，1997（2）：19-30.
❷ 屈茂辉，张红.继续性合同：基于合同法理与立法技术的多重考虑[J].中国法学，2010（4）：25-40.
❸ 《合同法司法解释二》第一条规定："当事人对合同是否成立存在争议，人民法院能够确定当事人名称或者姓名、目标和数量的，一般应当认定合同成立。但法律另有规定或者当事人另有约定的除外。对合同欠缺的前款规定以外的其他内容，当事人达不成协议的，人民法院依照合同法第六十一条、第六十二条、第一百二十五条等有关规定予以确定。"

决议本质特点的错误认识。

在公司法上，股东间的关系与近代合同法上的契约呈现出一些不同的特点。从社会学的角度来看，在公司内部，股东相互之间也构成一种契约，这种契约属于关系契约，这也是"公司契约说"的主要观点。❶❷ 这里的契约是社会学意义上的，指的是不同人之间的合作关系。❸ 这里公司法上的契约与传统合同法上的契约的区别主要在于两点：第一，主体之间权利义务的确定时间与具体化程度不同。传统合同法要求契约的内容具体确定，确定的时间是在合同签订之时，而不是合同履行过程中；而股东是无法对于公司发展的未来作出全面约定的，就大部分事项而言，只能约定一定的抽象原则和程序制度，公司运营过程中，再根据这些抽象原则和程序制度对于公司运营和股东之间的关系作出决策与安排。第二，交易参与主体相互之间的关系不同。传统契约上的交易双方往往是一次性交易，不存在相互之间稳定的关系。而公司中的契约除了交易之外，还存在一种重要因素，那就是"关系"。公司中的契约中也有传统合同法中通过邀约和承诺机制而形成的明确约定的内容，但这不构成其主要组成部分；公司中契约更重要的因素在于基于信任、习惯、习俗和其他内化于股东之间的，难以用语言和文字描述的股东之间的相互关系。❹

---

❶ CATEA. Practical aspects regarding the claim for the annulment of the resolutions of the general meeting of shareholders, from a substantial and procedural perspective [J]. Lex ET Scientia Int'l J, 2017, 15 (24): 16.

❷ 伊斯特布鲁克, 费希尔. 公司法的经济结构 [M]. 2 版. 罗培新, 张建伟, 译. 北京: 北京大学出版社, 2014: 23-36.

❸ 从严格教义学的观点来看，契约与合同的准确含义是有细微区别的；从一般意义上看，二者则可以通用。本书是从一般意义上适用这两个概念的。——作者注

❹ 麦克尼尔. 新社会契约论 [M]. 雷喜宁, 等, 译. 北京: 中国政法大学出版社, 2004: 4-9.

从经济学的角度来看，在公司内部，股东相互之间的契约是一种典型的不完全契约。不完全契约的核心思想是主张当事人之间的契约条款和内容是不完全的，因而需要采取合适的机制应对该问题。❶这与社会学意义上的关系契约的理论是不谋而合、殊途同归的。不完全契约建立在两个基本的判断之上：第一，人的理性是有限的，人无法认识全部客观世界，更无法预测全部未来发展，也无法对这些做出精准的描述使其成为合同条款。第二，交易费用应当受到节制，人们在合作之时，需要在约定明确性、可行性和交易费用的合理控制之间达成平衡。人们不可能为了作出尽量明确的约定而不计成本，更不可能因无法对未来作出精准的预测和约定而不进行交易。在股东之间的契约关系中，以上判断非常恰当，因而股东之间的关系是一种典型的不完全契约关系。基于这两个基本的判断，契约内容往往未能全面约定双方之间的权利义务关系。为了应对不完全性可能引致的缺憾，务必引入一定的弹性机制来缓解或者化解其中可能出现的紧张关系。在合同法领域，是采取引入情势变更制度来解决这一问题的。而在公司法领域，则通过引入资本多数决机制来解决这一问题。❷资本多数决机制的含义也是随着时代的发展而不断发展的，该机制的具体内容及其在股东会决议诉讼中的体现，是本书将要重点研究的内容。

三、资本多数决是股东会决议的主要形成机制

股东会决议是调整股东间权利义务的主要法律载体，属于关系契约与不完

---

❶ GROSSMAN, HART. The costs and benefits of ownership: a theory of vertical and lateral integration [J]. Journal of Political Economy, 1986, 94: 691-719.

❷ 屈茂辉，张红. 继续性合同：基于合同法理与立法技术的多重考虑 [J]. 中国法学, 2010 (4): 37-40.

全契约。任何组织都必须存在将团体成员意志转化为团体意志的机制。❶股东会决议的形成机制不是合意,而是资本多数决。资本多数决是股东会决议的主要形成机制,也是股东会决议诉讼制度的研究起点及法理依据。

(一)资本多数决的含义

自从公司产生之后,以个人为主角的社会关系逐渐被以公司等团体为主角的社会关系所取代;以往法律重点在于对主体对外交易行为的规制,自公司产生之后,法律越来越关注团体意思的形成。❷我们知道,公司是股东依法设立的、以营利为目的的社团法人。公司不同于自然人,它没有血肉之躯,没有自己的头脑和意志,原本不具备进行意思表示的能力。公司要进行意思表示,参与民事法律关系,就必须借助自然人特别是股东的力量。❸然而,由于股东的出资金额不等、利益要求有差异、学识和经历不同,虽然共同成为公司的股东,但不能保证总是对于公司的发展方向和具体步骤达成一致。这客观上要求存在一种机制,将不同的利益和要求聚合起来,将不同的意见综合起来,成为拟制的公司的意志。因为只有这样,公司才能真正将分散于不同股东处的资源与智慧聚合起来,为公司的各项近期和远期目标服务,最终实现公司盈利,也满足股东投资公司的目的。但是以什么方式综合不同的意见才能达到最高效和有利公司运营呢?资本多数决应运而生。由于股东之间的利益冲突、信息不对称、个人差异、不完全市场导致的不确定性等原因的存在,股东之间存在分歧

---

❶ BAINBRIDGE. Participatory management within a theory of the firm [J]. J. Corp. L., 1996 (21): 664.
❷ 涂尔干. 社会分工论 [M]. 渠东, 译. 上海: 生活・读书・新知三联书店, 2000: 73.
❸ 张开平. 英美公司董事法律制度研究 [M]. 北京: 法律出版社, 1998: 30.

是必然的。股东之间分歧的存在，是多数决原则的前提条件。❶资本多数决机制的基本特点是股东按照出资比例在股东会议上行使表决权，公司依多数表决权来作出决议，这种决议不仅对投赞成票的股东具有约束力，而且对投反对票、弃权票或者未投票的股东也均有约束力。

"资本多数决"是一个复合词，是由"资本"和"多数决"两个词语组合而成的。资本即是股东对于公司的投资，在有限责任公司被称为出资，在股份有限公司被称为股份，出资的形式可能是现金、动产、不动产、知识产权、劳务、技术，根据不同的法律制度和不同的公司形式可能存在差异，这个比较容易理解。

"多数决"则是指集体决策按照多数意见作出。在人类历史上，"多数决"并不是从来就有的，人类早期往往习惯于以武力或者权威作为决策依据；随着人类实践和智慧的发展，多数决才逐渐生成和发展起来。资本多数决并不是一种完全的私法自治，而是一种受到一定限制的私法自治，部分股东的权利受到一定的必要的抑制。❷在原始社会早期，当不同的社会成员发生意见不一致的时候，通常是采取决斗的方式来决定谁对谁错，最终按照胜出一方的意见行事。因为当时的人们相信，神明会站在正义者的一方，保佑正义者取得决斗的胜利。决斗方式虽然是野蛮和无知的产物，但作为一项传统，在人类历史上延续了很长时间，不少历史名人都是死于决斗，如俄罗斯著名诗人普希金、美国开国元勋汉米尔顿。随着社会的发展和人们认识水平的提高，主流的争议解决方式变为多数决。多数决萌芽于原始社会的呐喊和排队的方式。呐喊的方式是指双方

---

❶ 李小军. 公司多数决原则的法理分析 [J]. 商事法论集，12：71-86.
❷ 蒋大兴. 公司法的观念与解释Ⅱ——裁判思维 & 解释伦理 [M]. 北京：法律出版社，2009：13-22.

意见不一致时，按照呐喊声音比较高的一方的意见决定集体行动的方向。排队的方式是指按照队伍比较长一方的意见决定集体行动的方向。多数决的机制在罗马法的社会生活中发挥了重要的作用，正如古罗马法谚所云"多数所决定者，得适用于全体"。❶❷ 多数决又可以分为物的多数决（一般因物的稀缺性而决定话语权占比大小，物的多数决在本书中特指资本多数决）和人数多数决。

资本多数决是公司自治的主要形成机制和体现形式，它既不同于完全的股东自治，又不是游离于股东意思之外的虚空的公司自治，而是以股东个体意志为基础，遵循少数服从多数的形式，受制于效率、平等、合理期待等法律理念，体现了股东个体意志与公司团体意志之间的平衡互动关系。❸ 在我国现行《公司法》中，除第七十一条规定的股东对外转让股权等少数事项实行股东人头多数决机制之外，其他股东会决议事项基本是采取资本多数决机制。❹ 可以说，资本多数决是股东会决议的主要形成机制。

（二）资本多数决的域外历史沿革

从起源和发展来看，资本多数决基本遵循了如下几个方面的发展轨迹。

1. 从社会民主的多数决到公司民主的多数决

前文已经述明，在古罗马的社会政治生活中，多数决即广泛存在。当时的

---

❶ 石纪虎. 股东大会制度法理研究 [M]. 北京：知识产权出版社，2011：47.
❷ 周叶中. 代议制比较研究 [M]. 武汉：武汉大学出版社，2005：27.
❸ 冯果，段丙华. 公司法中的契约自由——以股权处分抑制条款为视角 [J]. 中国社会科学，2017（3）：124.
❹ 周游. 公司法上的两权分离之反思 [J]. 中国法学，2017（4）：299-300.

人们利用多数决的机制，决定社会生活中大大小小的集体事务。受罗马法的影响，日耳曼民族也在社会生活中采用多数决的原则，例如早期意大利北部村落的领导选举即采用此原则。1215年，英国大宪章规定，如果出席会议的25名男爵的意见发生分歧，以多数意见为准。❶到了近代，多数决进一步扩展，成为资本主义各国政治生活中普遍奉行的规则。

而在经济领域的多数决，是伴随着公司制度而产生和发展的。目前普遍认为，多数决原则最早是英国法院在19世纪中叶通过判例确立的，标志性事件是英国1843年福斯诉哈伯特一案。在该案中，原告福斯等两名股东认为公司的其他股东以不正当高价向合股公司转让土地，向法院起诉公司的五名董事（也是股东）。法院认为公司是否向股东购买土地及其购买价格的高低，应由其董事会和股东会决定。既然公司股东会已经以多数比例表决通过该购买土地的决议，法院应尊重多数股东的决定，无权变更，并且两原告试图以公司的名义起诉也没有依据，只有经过多数股东表决同意，原告才有权提起诉讼维护公司的利益，最终判决不予支持原告的诉讼请求。该判例被普遍认为不仅是公司法领域"资本多数决规则"的起源，同时被公认为是"适格的原告规则"的起源。❷

公司领域的多数决是在学习借鉴社会领域的多数决原则的基础上产生的，与社会领域的多数决具有不少相通之处。同时，公司领域的多数决自身也取得了长足的发展，在某些具体的制度与规则方面，又从某些特定的方面对于社会其他领域的多数决进行渗透，目前二者呈现相互影响、相互借鉴的局面。

社会领域的多数决与公司领域的多数决的区别主要体现在如下几个方面：

---

❶ 周叶中.代议制比较研究[M].武汉：武汉大学出版社，2005：27.
❷ CILLIERS, BENADE. Corporate law[M]. 3rd ed. London：Butterworths，2000：297.

第一,社会领域多数决的计算单位是人数,而公司领域多数决的计算单位是出资的多少。可以说,社会领域的多数决是社会成员的平等与民主的体现,而公司领域多数决是资本的平等和民主的体现。第二,社会领域多数决的目标是多元的,不限于经济目标,而且存在政治目标、社会目标、文化目标、军事目标等,并且各项目标之间是基本平等和平衡的关系,但公司多数决的核心目标仅为经济目标,即以公司盈利为目的。当然,在核心目标之外,也往往存在辅助目标,现代公司法往往规定公司应承担社会责任等。社会领域多数决的多个目标相互之间往往是平行的,而公司多数决的多项目标均以经济目标(盈利目标)为中心,各项目标之间存在主要与辅助的关系。第三,社会的多数决是一种宏观的、大范围的多数决,往往涉及社会成员广泛的、长远的利益。公司中的多数决是一种微观的、具体的多数决,公司中的多数决则局限在公司全体股东内部,与每一位股东的具体利益息息相关。第四,在实现方式上,由于涉及人数众多,社会的多数决往往采取代议制,由社会成员选举代表参与决策,而公司中的多数决则表现为直接民主,由股东亲自或者委托代理人参与决议过程,不存在代表。

2. 从"一致决"到"多数决"

在公司法领域,"多数决"也不是从来就有的,也经历了一个从"一致决"到"多数决"的演变过程。19世纪以前,公司规模一般不大,业务和组织结构相对简单,股东相互之间往往具有亲属关系,这使得充分尊重每一位股东的意见、实行一致决成为可能。在这一时期,"公司拟制说"不再占据主流话语权,[1] "公司契约说"的期待权理论是主导性学说,公司被认为是股东之间、股东与公司

---

[1] BAINBRIDGE. Corporation law and economics[J]. Minneapolis: West Group, 2002: 8.

之间、股东与政府之间的契约,这种契约的核心与主要表现形式就是公司章程。❶ 股东加入公司,即意味着承认以公司章程为核心的公司契约,并对于公司按照这种契约继续运行下去具有合理期待,这种合理期待受到法律的保护。按照这种理念,公司决策被认为是相关主体之间的契约安排,而不是公司作为实体的自主行为。❷ 股东、公司、政府都无权单方面改变这种契约,如果需要对这种契约进行变更,就需要所有契约主体一致同意,这就是公司制度初期"一致决"的理论依据。

一致决的表决原则虽然充分尊重了每一位股东的意见和利益,特别有利于保护少数派股东不受侵犯。但是任何事情都是一柄双刃剑,过犹不及,一致决导致了效率低下的不良后果,《公司法》在保护少数派股东利益的同时,应该同时平衡保护多数派股东的利益。在实行一致决的表决原则条件下,只要一名股东不同意,即使其他股东都赞成,决议也无法达成。难以达成股东会决议,严重影响公司决策的效率,这难免会产生少数派股东绑架和压榨多数派股东的客观后果,而且很容易导致公司僵局。个别股东滥用股东权利的现象逐渐引起重视,个别股东绑架多数股东的合理性逐渐被重新评估。❸ 随着社会化大生产的发展,公司股东人数大量增加,公司资本规模不断扩大,一致决的低效率越来越难以适应公司高效运行的需要,多数决应运而生,一致决逐渐被多数决所替

---

❶ KLAUSNER. The contractarian theory of corporate law : a generation later[J]. J. CORP. L. 2006, 31 : 779 ; KRAAKMAN, et al. The anatomy of corporate law, a comparative and functional approach [M]. Oxford : Oxford University Press, 2009 : 6 ;

❷ THOMPSON. The Law's Limits on Contracts in a Corporation[J]. J. CORP. L., 1990, 15 : 378.

❸ SIEGEL. Back to the future : appraisal rights in the twenty-first century[J]. Harvard Journal on Legislation, 1995, 32 : 87.

代。❶在美国,公司契约理论逐渐被软化,多数决原则逐渐得到承认,以顺应股东经常不出席股东会议的现实。❷但基于"公司契约说"的强大影响力,公司法理论和实务至今仍然有意无意地受到契约观念的影响,这是特别应该注意和克服的。❸

3. 从"人头决"到"资本决"

在公司发展的初期,公司普遍直接移植社会民主的表决方式,实行"一人一票",按照股东人数分配和行使表决权。根据这种制度,所有股东都享有完全平等的表决权,而不管股东在公司中投资多少。也就是说,在公司中投资一股的股东与在公司中投资一万股的股东所享有的投票权是相同的。我们所知的英国早期著名的公司——东印度公司即是采取这种表决方式。习惯于资本多数决的现代法律人,会认为这种制度非常不可思议。其实,之所以实行人头决的方式,主要与当时公司的性质相关。当时设立公司实行特许主义,东印度公司就是典型的经过国王特许而设立的公司。既然公司的产生是经过政府特许的,公司的表决方式自然应当直接移植政府运作的表决方式;既然在社会事务中按照人头进行表决,每个社会成员都平等地享有表决权,那么在公司股东会的表决程序中,自然也应当实行股东平等原则,不分股权份额的多少,所有股东享有平等权重的表决权。

但是,公司毕竟是以资本为基础、以盈利为目标的,所有这些公司与生俱

---

❶ 张闽. 资本多数决的滥用与纠正 [M]. 济南:山东大学出版社,2014:20-21.

❷ CURRAN. Minority stockholders and the amendment of corporate charters[J]. Michigan Law Review,1934:743.

❸ ATIYAH,SMITH. An introduction to contract law [J]. Oxford: Clarendon Press,2005:5.

来的特性都与"人头决"不相融。于是，法律规避开始出现。由于"人头决"的表决方式对于大股东十分不利，于是大股东纷纷设法规避这种不合理的限制。例如，将部分股份转移到自己的亲朋好友名下，以争取与自己持股数量相适应的表决权，从而轻松地架空了"人头决"。与这种法律规避的自发性行为相对的是，法律也逐渐作出自觉的积极响应，19世纪中期在美国出现了分段表决制和最高表决制。所谓分段表决制，是以持股数量为标准，将表决权划分为不同的阶段，根据所属阶段的不同，享有不同的表决权。例如，持股数量在1~5股的，享有一个表决权；持股数量在5~10股的，享有两个表决权；以此类推。最高表决制则是指在实行分段表决制的同时，规定同一股东最多享有表决权的比例。分段表决制往往与最高表决制相配合使用。不难看出，分段表决制与最高表决制是为了缓和"人头决"的不合理之处而设计出来的折中措施，这种制度确实从一定程度上降低了"人头决"的弊端。但分段表决制与最高表决制终究只是对于"人头决"的简单改造，并没有完全适应公司运行的内在要求。

"人头决"与公司本质的紧张关系客观上催生了以资本民主为本质的"资本多数决"，这是历史发展的必然。1852年，美国马里兰州率先在公司法中规定"一股一票"的原则。到19世纪晚期，美国绝大部分州都规定了"一股一票"的表决权分配机制，使得"一股一票"逐渐被确立为一项表决权原则。❶美国各州公司法上的"一股一票"规定原则上属于宣示性规定，允许公司章程另外规定适应公司特点和股东意愿的表决权分配方式。但几乎所有的公司都直接采纳了公司法的规定，并没有作出不同于公司法的章程设计。这充分说明资本决

---

❶ SELIGMAN. Equal protection in shareholder voting rights: the one common share, one vote controversy [J]. Geo. Wash. L. Rev. 1986, 54 : 693.

原则是符合公司制度的本质要求的，也是符合股东投资公司的根本利益的。除美国之外，其他主要的资本主义国家也陆续确立了资本多数决原则。1884年德国在修订公司法时，正式建立了"一股一票"制度。随后，《日本商法》和《韩国商法》也先后规定了一股一票原则。❶

4. 从绝对的"资本多数决"到受限制的"资本多数决"

在"资本多数决"原则形成之初，代表多数股权的表决意见具有绝对的效力，法律对于经过"资本多数决"而形成的决议给予绝对的尊重。在福斯诉哈伯特一案中，大股东操控下的股东会通过决议，决定公司以高于正常市场价格向大股东购买财产，小股东就此提起诉讼。法官查明了前述情况，但仍以代表多数股份的意见就是公司的意见、股东会多数决形成的决议不属于法院审查的对象为由，认为法院不能介入公司内部决策，判决驳回小股东的诉讼请求。这个案例是确立"资本多数决"原则的开山案例，开创了"资本多数决"绝对化的先河，不仅影响到英国和美国，而且还影响到德国、韩国、日本等大陆法系国家。

各国在公司法绝对奉行"资本多数决"原则的情况，一直到20世纪初才得到部分改变。美国在20世纪三四十年代颁布证券法、证券交易法及投资公司法之后，法学界和实务界一改传统上所极力倡导的股东形式平等的理念，逐步转向对大小股东之间实质平等的关注。这项工作主要从两个方面进行推进：一方面是给大股东课以法定义务，另一方面是给小股东赋予一定的程序权利和实体权利。通过以上两方面的努力，试图实现大股东与小股东之间实质的平

---

❶ 梁上上.论股东表决权——以公司控制权争夺为中心展开[M].北京：法律出版社，2005：52-54.

等。在给大股东课以法定义务方面,首先是限制控股股东滥用股东权利,强化公司治理中控制人的义务,强制要求控制股东的信息披露义务,规定股东特别是控股股东在关联交易中的信息披露义务,在涉及关联交易时采取回避表决制度。在赋予小股东程序和实体权利方面,鼓励中小股东以各种方式介入公司治理,保护其知情权,赋予其在特殊情况下回收投资的请求权(又称资产评估权),在选举董事时实行累积投票制。在这一时期,美国出现了两个典型案例,确立了两项重要规则,成为福斯规则的重要修正规则。1856年,在道奇诉乌尔森(Dodge v. Woolsey)一案中,美国衡平法院创造了派生诉讼的概念,其实质在于承认法院有权干涉公司治理的某些过程❶;其外在表现为开始允许股东包括少数派股东以自己的名义代表公司提起诉讼,这显然是对于福斯规则的重大修正。作为一项衡平法的规则,该判例突破了以下理念的限制:公司受托人的权利来自于全体股东而非单个股东,只有董事会才有权管理公司事务,包括以公司名义提起诉讼,派生诉讼实际上突破了福斯规则,确立了少数股东权,因而具有重要的意义。❷ 1919年在南太平洋公司诉波杰特(SouthernPacific Co. v. Bogert)一案中,联邦最高法院又给控股股东创设了一项全新的义务,这就是对于中小股东的受托人义务。该项义务的创立,对于限制控股股东滥用权力、损害中小股东的利益以及降低"资本多数决"原则的消极作用,具有非常积极的意义。❸

在英国,法律界也逐步认识到福斯规则的局限性,认识到如果绝对地适

---

❶ SMITH. Shareholders' derivative suits and shareholders' welfare:an evaluation and a proposal [J]. Nw. U. L. Rev., 1982-1983, 77:856-858.

❷ 帕尔米特. 公司法案例与解析 [M]. 北京:中信出版社,2003:297.

❸ 何美欢. 公众公司及其股权证券(中册)[M]. 北京:北京大学出版社,1999:855.

用福斯规则，将使资本多数决沦为大股东的绝对决，使小股东的利益受到绝对的侵犯。20世纪初，英国法律开始要求股东在行使表决权时要遵循"善意"（goodfaith）。这就改变了此前股东行使表决权时只需考虑自身的利益，即使恶意行使权利并且损害他人利益，只要形式上符合表决权的行使程序，法律也无法干预的局面。虽然，"善意"是一个含义抽象的词汇，其标准是客观的还是主观的，如何判断股东是否履行了善意义务，本身是一个需要继续解释的事情。但毕竟，在资本多数决之中嵌入"善意"这一抽象标准之后，起码在法律原则上不再承认股东在公司治理中可以为所欲为，只需考虑自己的利益，甚至以侵害他人利益为目的，这对于公司法的理论和实践的科学化和持续改进，都有着特别重要的意义。除了引入善意标准之外，英美法对于资本多数决原则的贡献还在于，在确立福斯规则的同时，又不断以判例的形式确认在特定的条件下小股东有权对于侵犯自身利益的股东会决议、董事及公司提起诉讼，这就是福斯规则的例外，也有人认为这正是股东代位诉讼的起源。可见，福斯规则的例外起源于判例，经历了从模糊不清到逐渐清晰的过程。到了19世纪70年代，福斯规则的例外情形被公认为至少包括两类情形，第一类是公司越权，第二类是少数股东受到欺诈性的压迫。❶ 到了20世纪20年代，福斯规则的例外逐渐形成另外两种典型情形，一类是"个人权利"，一类是"特别多数"。针对公司侵犯章程明确的股东个人权利的情形，任何股东都有权以自己的名义提起诉讼，除非章程被特别决议有效地修改。1950年，英国法院通过爱德华兹诉哈利威尔（Edwards v. Halliwell）一案，对多数决规则的例外进行了经典的论证，对多

---

❶ Dwards v. Harlliw（1986）8 H.l.c. 712（ultra vures）; Atwool v. Merryweater（1968）L.R.5Eq. 464n. 转引自樊云慧. 英国少数股东权诉讼救济制度研究[M]. 北京：中国法制出版社，2005：20.

数决的四种例外情形进行了全面的阐述。这标志着多数决规则例外制度的正式建立。❶

与英美法系的法律传统不同,大陆法系国家实行成文法,理论推演和法律体系建设在法律发展中发挥更大的作用,而不像英美法系那样判例往往起着主导和里程碑的作用。虽然法律传统不同,但大陆法系国家与英美法系国家经历了基本相同的经济和社会发展阶段,因而法律也经历了基本相同的变迁过程。这也印证了马克思和恩格斯对于法与经济的经典论断:法律不是主权者的命令,而只是表明和记载经济关系的要求。❷大陆法系国家的法学思潮在此阶段正经历从个人本位向社会本位的进化,从强调"个人主义""私权神圣"逐渐演变为重视社会本位。公司作为组织社会化大生产最重要的基本单位,自然成为引领此次法学思潮变迁的领头羊。在公司法创立初期,股东在行使股东权利的时候,遵循的是所有权绝对的理念;在公司发展到一定阶段之后,股东在行使股权之时,不仅应该考虑自己的利益,同时也要考虑和兼顾公司和其他股东的利益。一些公司法学者借鉴民法上的社会本位思想,顺势提出了禁止权利滥用理论。该理论一方面承认股东有权主要基于对自己利益的考虑行使股权,另一方面强调股东不得以损害他人的方式行使股权。这种思想,特别适应公司作为社团法人的特点,其含义不断得到补充和完善。1943 年,法国法院以判例的形式明确了股

---

❶ 这四种例外情形分别是:①为了股东个人权利的诉讼;②涉及越权或者针对违法行为提起的诉讼;③需要特别多数决的诉讼;④涉及对少数股东欺诈交易的诉讼。Edwards v. Harlliwell [1950] 2 Aller pp. 1066-1069.

❷ 中共中央马克思恩格斯列宁斯大林著作编译局.马克思恩格斯选集:第 4 卷 [M].北京:人民出版社,2012:121-122.原文是"君主们在任何时候都不得不服从经济条件,并且从来不能向经济条件发号施令。无论是政治的立法或市民的立法,都只是表明和记载经济关系的要求而已"。

东大会具有为公司利益行事的义务,这就从指导思想上改变了公司属于股东的理念,尊重和有利于法人理论和实践的发展。此后,该理论得到进一步的充实,法院在多个案件的判决中,倡导和论证了资本多数决之所以具有合理性,是因为这种理论建立在多数股东在投票时应该遵循公司利益优先的精神。这就将权利不得滥用原则提高到一个新的高度,隐含有"先公司后股东"的思想,具有跨越性的进步意义。针对一股一票所造成的大小股东之间事实上的不平等和股东压榨,1988年,德国联邦最高法院以判例的形式明确了控股股东对于中小股东承担受托人义务。❶ 意大利1882年《商法典》则率先规定了分段表决制,规定持股比例越高,每一表决权所需要的持股数量越多。这就从程序和具体制度的角度着手限制了大股东的表决权,平衡各股东之间的关系。1873年比利时公司法和1872年英国公司法也相继作出类似的规定。❷

(三)资本多数决的双重含义

现代契约的基础已经不是简单的个人合意,而是一定的社会关系和团体规范。股东会决议诉讼是一种特殊类型的诉讼,除了应当遵守平等、公正、及时接受司法救济的一般准则之外,必然还存在基于商业逻辑而形成的特有的专业准则。

本书认为,资本多数决是股东会决议诉讼制度的专业准则,各项股东会决议诉讼相关的法律或法律适用规则,均不得违背资本多数决。这包含两个方面的含义:不得形式上违背资本多数决,也不得实质上违背资本多数决。

---

❶ 何美欢. 公众公司及其股权证券(中册)[M]. 北京:北京大学出版社,1999:855.
❷ 刘俊海. 股东权法律保护概论[M]. 北京:人民法院出版社,1995:120.

形式上的资本多数决着重于少数服从多数,股东会按照持股多数的股东的意见形成股东决议。无论股东会决议诉讼的相关规则如何制定,都不应从实质上导致多数派股东的利益受损。实质上的资本多数决关注股东的实质平等与股东会运行的效率,在这个角度,无论股东会决议诉讼的相关规则如何制定,都不应该导致小股东利益完全被忽视、大股东利用优势地位的利益输送、大股东以损害小股东利益为目的的关联交易等得到司法裁判的支持。更为重要的是,股东会决议诉讼的相关规则还应当保护股东会运行的效率、公司治理的稳定,应当为良好的营商环境及投资环境提供良好的示范效应。股东会决议诉讼制度的适当运行,需要很好地平衡形式上的资本多数决与实质上的资本多数决的关系。

资本多数决机制在将个体意思转化为团体意思的过程中,并不是强制思想的统一,资本多数决机制的最高价值是追求被限制意志的股东的理解并接受资本多数决的表决结果,而不是强制其服从。

关于形式上的资本多数决与实质上的资本多数决相互平衡的实例,本书在第三章、第五章、第六章等进行了较为全面的论述。简要列举如下:第一,在第三章股东会决议诉讼担保制度一章中,本书通过研究股东会决议诉讼担保制度的运行实际发现,虽然该制度对全体股东一体适用,形式上是平等的,但由于资本多数决机制的特点,对股东会决议效力提出异议的往往是少数派股东,如果对股东的起诉规定担保的前提条件,可能导致少数派股东基于经济能力等条件的局限而无力提供担保,导致该少数股东的诉权被实际剥夺。这就是形式上股东平等而实质上股东不平等的典型情形,不符合资本多数决的题中应有之义,因而笔者建议废止该制度。第二,在第五章股东会决议撤销之诉的司法审查范围一章中，中国目前官方司法判例所提倡的形式审查原则，是一种典型的偏重于形式上的资本多数决的审判观点。本书认为应当采用一种更为折中的观点，即一般情况下，股东会决议撤销之诉的司法审查范围以形式审查为原则；但在涉及股东压榨的情况下，不宜局限于形式审查，而应当突破形式审查的局限，进行实质审查，以维护股东之间的实质平等。第三，在第六章股东会决议撤销之诉裁量驳回制度中，诉争的股东会决议可能在形式上已经完全符合可撤销股东会决议的构成要件，却不符合资本多数决的形式要件；但为了维护实质意义上的资本多数决，法律赋予法官法外的自由裁量权，对符合条件的案件以裁量驳回的方式进行裁判。这里再次体现了法律对于形式上资本多数决与实质意义上资本多数决的兼顾。

（四）资本多数决的局限与破解

多数决是一种民主的决策方式，是根据多数意见确定团体的决策。集体决策采取一致决的形式可以保障行动一致性的最大化，但由于一致决往往因模式僵化、费时、不经济而难以执行，这就导致多数决成为民主决策的主要表现形式。多数决的实质是将多数意见拟制为集体的意见，而对少数意见予以忽略。民主的决策方式是为了避免专制独裁而创造的一种治理方式，在今日之世界，已经深入人心，为世人所普遍认可。然而，多数决的方式往往不可避免地存在以下几个方面的局限性。

多数决的方式容易忽略少数派的意见，从而形成"多数人的暴政"。"多数人的暴政"与人们所反对的专制独裁即"少数人的暴政"相对，并不比后者更具有优越性。正因为如此，以多数决为特征的民主自古就不被历代哲学家看好。

柏拉图认为，普通民众是没有能力管理国家事务的，只有哲学王才可以充当统治者。柏拉图认为，民主的政体在全部政体中属于较差的政体，仅优于暴君政体。❶ 柏拉图之所以对于民主政体给予如此低下的评价，其原因就在于民主政体排斥专业分工，容易导致无效率。洛克对于民主也没有好感，认为民主容易导致人们沉迷于激情和迷信，丧失前进的方向，人类的未来应当由贤君统治。哈耶克指出，民主的最初目标是阻止专制，但却由于其自身的不可限制，成为证明新的专断权力为正当的理由。❷ 西塞罗、孟德斯鸠、康德、托克维尔等都对于以多数决为形式的民主的局限性进行过深刻的阐述。❸

资本多数决作为多数决的一种，除了具有多数决普遍存在的缺陷之外，还有自身独特的缺陷。相对于政治民主中的多数决而言，资本多数决往往是一种"恒定的多数决"，而政治民主中的多数决是一种"变动的多数决"。具体来说，在政治民主中，实行"人头决"，一般而言，某人在甲问题上属于多数派，在乙问题上可能就变成了少数派。基于变动多数决的互换性特性，多数派与少数派的成员更容易换位思考，相互妥协，可能存在的分歧意见通常可以得到比较妥善的解决。❹ 在公司，如果股权集中在少数大股东手上，则情况发生了根本的变化：少数大股东在不同的表决事项上，其意见始终处于多数票的地位。如果股权不发生大的变动，某些大股东与大部分中小股东的地位不会发生变化，这

---

❶ 柏拉图根据政体的形式及其优劣，将政体分为五类，依次是贵族制、军统制、寡头制、民主制和暴君制。柏拉图.理想国[M].郭斌和，张竹明，译.北京：商务印书馆，1986：316.

❷ 哈耶克.自由秩序原理（上、下卷）[M].邓正来，译.上海：生活·读书·新知三联书店，1997：130.

❸ 石纪虎.股东大会制度法理研究[M].北京：知识产权出版社，2011：56-59.

❹ 科恩.论民主[M].聂崇信，朱秀贤，译.北京：商务印书馆，1988：75.

就是公司中的"恒定多数决"现象。在"恒定多数决"的前提下,一般来说,控股股东在任何表决事项上均属于多数派,不用担心自己被他人控制。故而,控股股东没有换位思考的客观需求,进而也没有与中小股东进行妥协的必要。"变动的多数决"条件下,宽容和妥协精神容易养成;而在"恒定的多数决"条件下,宽容和妥协精神难以养成。这就从一个方面解释了"资本多数决"缺陷和局限的根源。

要破解这种局限性,就要设法形成"变动的多数决";而要想形成变动的多数决,一个客观的前提条件是形成高度分散的持股市场,而这需要一定的主客观条件。限制资本多数决局限性的另外一个防御性措施是在公司章程中规定防御性条款,规定如果要修改公司章程,必须经全体股东一致同意,这就避免了多数派股东利用持股优势压迫少数派股东。这种方式,实际上是以一致决限制多数决,其适用条件应当受到限制,无法成为克服资本多数决局限的最可行方式。❶限制资本多数决局限性的防御性措施还可以从赋予资本多数决中"多数"的不同含义入手,例如某些事项需要一般资本多数决(如1/2以上资本多数同意),某些事项需要特别资本多数决(如3/4或3/5以上资本多数同意),不同事项需要不同比例的资本多数决,少数事项则赋予股东一票否决权,也可考虑进行征集股东投票权等制度设计。但资本多数决局限性的最终克服,除了具体制度安排之外,仍需要借助于一定的抽象原则和司法的主观能动性。

虽然资本多数决是一种存在局限性的公司意思形成机制;但股东加入公司的行为本身,除了表明该股东认可公司章程之外,还表明该股东承认资本多数决的原则,认可在自己的利益和意志与经由资本多数决的表决结果不一致的时

---

❶ 王建文.论我国引入公司章程防御性条款的制度构造[J].中国法学,2017(5):144-147.

候，自己的利益和意志受到一定程度的抑制。总体而言，这完全符合现代契约理论的精神。❶

第二节　股东会决议诉讼

股东会决议诉讼制度并不是自公司制度诞生之初就存在的，而是经历了一个曲折的变迁与发展的过程。

一、股东会决议诉讼的概念

股东会决议是公司自治的基本形式。与市场一样，公司自治也有可能失灵，这就需要外部力量的介入。❷股东会决议的内容和形成程序应当符合法律、行政法规和公司章程的规定；否则，股东等有诉益者有权向人民法院提起诉讼，请求法院对股东会决议的效力作出认定，确认其效力是无效、不成立、可撤销、还是有效，这就是股东会决议诉讼，是司法介入公司自治的一种基本形式。❸我国的股东会决议诉讼制度规定在《公司法》第二十二条。

股东会决议诉讼是公司制度发展到所有权与控制权发生实质性分离阶段的产物。在所有权与控制权完全合一的公司是不可能产生真正的股东会决议诉讼

---

❶ 吴建斌. 公司冲突权利配置实证研究 [M]. 北京：法律出版社，2014：128.

❷ BEBCHUK. Limiting contractual freedom in corporate law: the desirable constraints on charter amendments [J]. Harvard Law Review, 1989, 102（8）: 1840-1845.

❸ 赵心泽. 股东会决议瑕疵诉讼制度研究 [M]. 北京：法律出版社，2017：55-56.

的。❶ 股东会决议是通过多数决的方式,将不同出资者的意思吸收并聚合为公司的意思的制度,是公司制度的核心内容之一。股东会决议的程序和内容必须合法、公正,平等对待每一位股东和利益相关人,否则就可能不被认为是公司的意思,其效力可能被否定。但股东会决议是团体行为,决议一旦作出,公司即据此开展对内对外的各方面经营活动,各方面的法律关系随之产生,这就从客观上要求股东会决议的效力比较确定,不得任意被变更或者被否定。由此,各国《公司法》一般规定,否定股东会决议的效力需采取诉讼的方式,这就是股东会决议诉讼制度。❷

股东会决议诉讼制度,从我国目前制定法的角度来看,属于《公司法》的范畴。但不容回避的是,股东会决议诉讼制度,也是民事诉讼制度的有机组成部分,是一种专业性较强的民事诉讼制度,是一种具有《公司法》与《民事诉讼法》交叉学科性质的综合性专业知识。研究股东会决议诉讼制度,需要重点研究民事诉讼的一般制度在股东会决议诉讼这个特殊的领域如何具体落实,研究如何才能服从和服务于股东会决议自身的特殊性。

二、股东会决议诉讼的比较法研究

本书按照大陆法系、英美法系和中国三个维度对股东会决议诉讼的理论及历史变迁展开比较法研究。

---

❶ ADOLF A, BERLE. The modern corporation and private property [M]. New York : Transaction Publishers, 1932 : 70-90.

❷ 谢文哲. 公司法上的纠纷之特殊诉讼机制研究 [M]. 北京:法律出版社,2009 : 83-85.

（一）大陆法系股东会决议诉讼比较法研究

改革开放之初，我国《公司法》主要是在借鉴美国公司法制度的基础上建立起来的。但在股东会决议诉讼这个主题上，美国并无完善的理论与制度；相对而言，大陆法系国家和地区的立法特别注重概念清晰、结构严谨、逻辑严密，注重法律结构内部的逻辑和体系化，其中以德国为杰出代表。决议是一种比合同法律行为更为复杂的法律行为，决议形成过程中存在意思瑕疵的情形非常多。德国民法理论认为，意思瑕疵包括意思形成阶段的瑕疵与意思表示阶段的瑕疵，后者包括五种形态：心意保留、戏谑表示、虚假行为、错误、恶意诈欺和非法胁迫。❶ 大陆法系股东会决议诉讼相关理论对意思瑕疵非常关注。股东会决议诉讼制度正是大陆法系公司立法的一个代表作。股东会决议诉讼制度发端于德国，日本、韩国的股东会决议瑕疵制度都是在继受德国制度的基础上确立起来的，又各有特色。

1870年德意志帝国成立后，成立公司由许可主义改为准则主义，设立公司成为一种潮流。但由于经济不景气，大量出现虚假出资、滥用公司独立人格的现象，公司制度包括公司股东会决议制度逐渐暴露出问题来。初期司法实践中，法院认为股东会决议只要符合多数决的原则，法院无权干预，应尊重公司自治，对于要求确认股东会决议无效的诉讼请求予以驳回。对此，有学者撰文认为，公司自治是有界限的，其界限就在于法律和公司章程。参与表决的股东与公司之间存在契约关系，其契约就是法律和公司章程，参与表决的股东有义务遵守法律和公司章程。当股东会决议违背了法律和章程，就属于公司自治越界，法

---

❶ 拉伦茨.德国民法通论[M].王晓晔，等，译.北京：法律出版社，2003：492.

院应该介入和干预。这就为股东会决议诉讼提供了理论依据。后来，法院逐渐改变态度，愿意介入对股东会决议效力的司法审查，对于确有瑕疵的股东会决议，也支持了原告申请撤销的请求。

1884年，德国商法修正案第190条a、b款、第222条，通过立法正式确立了股东会决议制度。但这次立法确立的股东会决议制度仍然比较粗糙，没有区分程序瑕疵和内容瑕疵，没有区分决议的无效和可撤销，而仅规定了股东会决议的撤销。直到1937年德国股份公司法，才区分了股东会决议的无效和可撤销，并分别规定了相应的事由。另外，1937年德国股份公司法还规定了无效决议的治愈。1937年德国股份公司法所确立的股东会决议诉讼制度的基本内容一直沿用至今，是目前世界上最完善的股东会决议诉讼立法。1965年德国股份公司法修正时，进一步细化了导致股东会决议瑕疵的各项事由。❶

1908年德国的莱比锡法院在西贝尔尼亚（Hibernia）案件中适用了资本多数决原则，这个案例被理论界认为是大陆法系确认资本多数决原则的最早的司法案例。❷

德国法认为，表决权属于管理权利和团体性权利，在股东未履行出资或抽逃全部出资情况下，经催告在合理期间仍未缴纳或返还的，公司可通过股东会决议解除该股东的股东资格，具体规定是《德国有限责任公司法》第21条至第25条以及《德国股份公司法》第64条至第66条。❸ 同时，德国法还确定了解除股东资格的股东会决议效力的认定标准，德国法认为，股东会决议意思表示

---

❶ 钱玉林．股东大会决议瑕疵研究 [M]．北京：法律出版社，2005：126-128.
❷ 刘俊海．股份有限公司股东权的保护 [M]．北京：法律出版社，1997：270.
❸ 怀克，等．德国公司法 [M]．殷盛，译．北京：法律出版社，2010：347，351，542-543.

形式自由是一般原则，而意思表示形式强制是例外。❶

日本的股东会决议诉讼制度立法大致经历了三个阶段。1890年日本商法典并未规定股东会决议诉讼制度，日本股东会决议诉讼制度立法首次出现于1899年商法典修正案中，是继受德国法律的产物。与当时的德国商法典相比，日本只规定股东会决议无效而没有规定股东会决议的撤销，无效的事由不仅包括内容方面的瑕疵，而且还包括程序瑕疵。❷日本股东会决议瑕疵制度立法发展的第二个阶段是1938年日本商法典。1938年日本商法典规定了股东会决议的无效和股东会决议的可撤销，这标志着日本的股东会决议诉讼制度正趋向完善。❸1981年日本商法典的修正则标志着日本的股东会决议诉讼制度进入到精细化的发展阶段，主要体现在两个方面：一是将内容违反公司章程的股东会决议修改为撤销的原因，二是将"决议不存在的股东会决议"作为一种独立的决议效力类型，确立了"三分法"的股东会决议效力分类制度。❹

针对滥用多数决的股东会决议的效力，日本法学界大致有三种观点。第一种观点认为，虽然控股股东牺牲少数股东利益而追求自己或者第三人利益，但决议本身并不违法，因此在效力方面不存在需要矫正的事由。此观点不属主流。❺第二种观点认为，如能认定决议的作成是控股股东滥用股东权利的结果时，应

---

❶ 王彦明.股东大会决议的无效与撤销——基于德国股份法的研究[J].当代法学，2005（4）.
❷ 《日本商法典》（1899年）第一百六十三条规定，股东会决议召集程序或者决议方法违反法令或者章程的，股东可申请法院宣告为无效。
❸ 《日本商法典》（1938年）第二百四十七条规定，股东会决议召集程序或者决议方法违反法令或者章程的，股东可诉请确认撤销。同时该部商法典第二百五十二条规定，股东会决议内容违反法令或者章程的，股东可诉请确认无效。
❹ 钱玉林.股东大会决议瑕疵研究[M].北京：法律出版社，2005：128-129.
❺ 石井照久.股东会决议的瑕疵（一）[J].法学协会杂志，1933，5（1）.

以决议违反公序良俗为由判定无效。❶第三种观点认为，应根据个案判定此种决议究竟属可撤销还是无效，不能一概而论。❷

归纳大陆法系代表性国家和地区公司法，根据股东会决议诉讼的原因不同，股东会决议诉讼一般包括三类：决议撤销之诉、确认决议无效之诉、确认决议不成立之诉；另外，韩国还存在一种特殊类型的股东会决议诉讼：撤销或变更不当决议之诉。几种类型的股东会决议诉讼制度比较见表2-1。❸

表2-1 各类型股东会决议诉讼比较

诉讼类型 比较事项	撤销诉讼	无效确认之诉	不成立确认之诉	撤销、变更不当决议之诉（仅韩国有此规定）
诉因	程序瑕疵（程序违反法令、章程或者显著不公正）或者决议内容违反章程	内容上的瑕疵（决议内容违反法令、社会公共秩序、公司本质）	程序上的瑕疵（严重程序瑕疵，致使应视决议为不成立）	内容上的瑕疵（针对有特别利害关系股东控制下形成的内容显著不当的股东会决议）
提诉权人	股东、董事、监事	有诉的利益者	有诉的利益者	没有行使表决权之特别利害关系的股东
起诉期间	自决议日起1~3个月	德国规定为1个月，日本、韩国、中国和中国台湾地区没有明文规定	没有明文规定	决议作出之日起2个月
（可否）裁量驳回	可	不可	不可	不可

---

❶ 田中诚二.公司法详论（上）[M].日本：劲草书房，1982：516.
❷ 加藤良三.股份有限公司法[M].日本：中央经济社，1984：394.
❸ 谢文哲.公司法上的纠纷之特殊诉讼机制研究[M].北京：法律出版社，2009：85-86.

（二）英美法系股东会决议诉讼历史变迁及简要分析

与大陆法系国家和地区公司法注重概念与体系的严密不同，英美法系国家法律则不存在这样的传统，不存在股东会决议类型的"三分法""二分法"等理论构建的分野。但在衡平法上，存在判决股东会决议无效或者撤销股东会决议的判例。

早期英国的衡平法院也坚持尊重公司自治，法院坚持不介入公司内部事务的信条，对于股东会决议瑕疵方面的诉讼请求大多不予支持。当时的理论认为，即使股东会决议违背公司章程，只要股东会决议符合多数决原则，也不会影响股东会决议的效力。因为通过多数决，完全可以修改公司章程，然后再通过符合新章程的股东会决议。法院撤销或者认定股东会决议无效对于公司的正常运行没有实际的帮助，只是徒然增加公司运行的成本，降低公司运行的效率。[1] 公司内部机关无论做什么，都应该交由公司自行决定，法院不应该干预，这就是著名的福斯诉哈伯特案件所确立的原则。[2] 其中福斯诉哈伯特案在理论上一般被认为是商业判断原则、股东派生诉讼、股东会决议诉讼、资本多数决等多个公司法的重要理论和制度的源头。公司组织及股东会决议在性质上具有双重性，首先可以理解为公司股东等利益相关者之间的契约安排，其次也当然地具有公司自治的性质，属于公司的内部事务安排。是优先保护公司的契约性，还是优先保护公司的自治性，决定了法院对于股东会决议的态度。显然，英国早期的法院优先考虑的是公司的自治性，主张股东会决议属于公司的自由领地和

---

[1] 赵心泽. 股东会决议瑕疵诉讼制度研究 [M]. 北京：法律出版社，2017：64-67.
[2] 钱玉林. 股东大会决议瑕疵研究 [M]. 北京：法律出版社，2005：130-131.

自治范围，法院原则上不介入。❶

1843年英国枢密院的著名案例福斯诉哈伯特一案适用了资本多数决原则，这个经典案例被认为是英美法系确认资本多数决原则在公司法领域运用的最早起源。❷法院介入股东会决议效力的审查，开始于1889年英国的判例伍德诉澳德沙水厂公司（Wood v. Odessa Waterworks Co.）案例及此后的成文法。❸

法院介入股东会决议效力审查的理论依据是：公司是一组契约；其中两个最重要的契约存在于股东与公司之间、股东与股东之间。契约必须遵守，章程对于公司所有的股东、董事具有约束力；对于违反章程的股东，任何股东均有权提出异议，而无论其持股多寡。这就改变了英国早期司法不干预公司内部意思自治的传统，股东会决议诉讼由此产生。❹英国司法判例确定了法院判断股东协议条款有效与否的标准：该协议是否不当限制了公司法定权利。

美国是联邦制的国家，公司法是州法，立法权归属于各州。另外，全美律

---

❶ "In truth, there is a conflict here between proper recognition of the contractual nature of the company's constitution and the traditional policy of non-interference by the courts in the internal affairs of companies. As Smith has suggested, ultimately the only satisfactory solution is to choose which policy is to have priority; moreover, it is surely clear today that it ought to be the former. Tt can hardly be argued in modern law that it is an example of excessive interference by the courts to hold a company to the procedures which it itself has adopted in its constitution for its internal rules according to the procedures set down for that to occur." GOWER.Gower's principles of modern company law [M]. London: Sweet & Maxwell, 2003: 662.

❷ 张明澍. 英国公司法经典案例 [M]. 北京：法律出版社，1998：243.

❸ Wood v. Odessa Waterworks Co., 〔1889〕42 Ch. D. 636, 转引自钱玉林. 股东大会决议瑕疵研究 [M]. 北京：法律出版社，2005：130-131.

❹ 钱玉林. 股东大会决议瑕疵研究 [M]. 北京：法律出版社，2005：129-132.

师协会商法部的公司法委员会负责起草和修订《标准商事公司法》，各州公司立法不少条文是参考《标准商事公司法》制定的。美国公司法最先进的州是特拉华州，《特拉华州普通公司法》第225条规定，股东可以向法院起诉请求认定股东大会决议的效力。❶可见，特拉华州公司法并不像大陆法系国家或地区那样将股东会决议区分为程序瑕疵与内容瑕疵，也没有将股东会决议瑕疵界定为无效或者可撤销等类型，因为这些都是大陆法系民商法学特有的概念。为了避免股东会决议诉讼的滥用，《标准商事公司法》7.01节（c）规定：未在内部细则规定的日期或在确定的日期召开股东年会的，不影响公司行为的有效性。第7.20节规定：拒绝或未能为会议准备或者提供股东名册的，不影响会议所采取的行为的有效性。❷在美国理论界，有关股东会决议瑕疵的专门研究比较少，相关判例也不多。一般认为，美国并无专门的股东会决议诉讼的理论和实务概念，相关诉讼一般是包含于其他诉讼之中。较常见的诉讼类型是：一种是以派生诉讼的名义提起；一种是在针对以股东会决议为基础的公司行为而提起的诉讼中，包含了对股东会决议效力的审查。❸

关于法院是否对股东会决议内容做实质审查的问题，美国公司法司法判例认为，司法应当对公司增资扩股决议内容进行实质审查。具体案例有：2008年美国纽约州最高法院审理的原告丁格尔诉伊科特尼特（Dingle v. Xtenit）及该公司大股东兼董事麦克法登（Mcfadden）一案❹及阿尔波特诉圣威廉28公司（Alpert v. 28 Williams St. Corp）一案，该案判决载明"符合制定法要求的行

---

❶ 徐文彬，等. 特拉华州普通公司法 [M]. 北京：中国法制出版社，2010：97.
❷ 沈四宝. 最新美国标准公司法 [M]. 北京：法律出版社，2006：62，71.
❸ 钱玉林. 股东大会决议瑕疵研究 [M]. 北京：法律出版社，2005：132-133.
❹ Dingle v. Xtenit, Inc., N.Y. Sup. 2008.

为仍然受到限制，如果这些行为以排斥或损害股东的方式，增加了受信人的利益或者带来了本不应获得的利益"。❶ 股东会决议诉讼的价值原则在美国法上有诸多司法案例支持，合理期待原则在美国联邦与各州的司法实践中均有体现。❷

就英美法系股东会决议诉讼整体分析，相较于大陆法系更为关注程序性权利。萨默斯等人对程序的独立性价值进行了研究，认为法律程序不仅有助于结果的实现，而且其自身就具有和平、参与、自愿、公平、及时、人道、正统等独立性价值。❸ 例如，英美法系普遍规定了股东大会的召集通知必须载明会议议题，通知未记载会议目的事项或者记载不全，是构成决议撤销的原因。❹

（三）我国股东会决议制度之发展变迁

股东会决议诉讼制度发端于德国，日本、韩国的股东会决议瑕疵制度都是在继受德国制度的基础上确立起来的，又各有特色。与其他法域股东会决议制度的建立、发展和完善一样，我国股东会决议制度也经历了一个逐渐进步的过程。其发展历程，大致包括如下三个阶段。

---

❶ Alpert v. 28 Williams St. Corp., 63 N.Y.2d, 1984：569.

❷ CROSKEY. The doctrine of reasonable expectations in california：a judge's view [J]. Connecticut Insurance Law Journal，1998，5（1）：452-453.

❸ SUMMERS.Evaluating and improving legal proceses—a plea for "process values" [J]. Cornell Law Review，1974，60（1）：23.

❹ COWER.Cower's principles of modern company law [M]. London：Sweet & Maxwell，2003：573.

1.《公司法》2005 年修正案之前

一般认为，我国股东会决议诉讼的雏形是 1993 年《公司法》第一百一十一条之规定。❶首先需要肯定的是，该条法律规定了股东有权对股东大会、董事会决议提起诉讼，这就从法律层面给股东会决议诉讼开启了大门，直接赋予了法院介入公司内部事务的正当性，免除了不少争论。可见，我国股东会决议诉讼的发展道路不同于英国，而是直入主题，从一开始就承认股东会决议诉讼。这可能与我们起步较晚、容易学习借鉴西方国家的股东会决议诉讼制度有关，故而在我国从未认为司法权应否介入公司治理是一个值得左右权衡的问题。

在肯定 1993 年《公司法》以上规定积极意义的同时，我们还要认识到，以上规定，实际上离成熟的股东会决议诉讼还有比较大的差距。主要体现在如下几个方面：第一，该法条在体系上属于"股份有限公司"章节，因而有限责任公司被排除在外。而实际上，有限责任公司的股东会决议争议更常见，对于股东会决议诉讼制度的需求更加迫切。第二，该条规定的适用前提是股东会决议侵犯了股东的合法权益；但很多情况下，股东会决议并没有直接侵犯股东的合法权益，而只是直接侵犯了公司的利益、间接侵犯了股东的利益，甚至也没有间接侵犯股东的合法权益。根据《民事诉讼法》第一百一十九条中关于原告应当与争议事项具有直接利害关系的规定，这种情况下，利益间接受到侵犯的股东无权提起诉讼。这就局限了该制度发挥作用的空间。第三，该条规定将股东会决议的程序和内容违反公司章程的情形排除在外，进一步限制了制度适用的

---

❶ 1993 年《公司法》第一百一十一条　股东大会、董事会的决议违反法律、行政法规，侵犯股东合法权益的，股东有权向人民法院提起要求停止该违法行为和侵害行为的诉讼。

空间。第四，该制度未规定股东会决议的无效和可撤销，未规定其构成要件，给司法工作留下很多困扰。第五，基于以上公司法规定本身的局限性和模糊性，再加上人民法院对于审判工作妥适性要求与新类型案件之间的紧张关系，能够依据 1993 年《公司法》第一百一十一条规定实际进入法院审判程序的股东会决议纠纷极少，能取得胜诉的更少。❶ 2000 年，最高人民法院发布了《民事案件案由规定（试行）》，明确规定了与股东会决议相关的两个案由："公司决议侵害股东权纠纷"和"股东会议召集权纠纷"，一定程度上缓解了股东会决议案件的立案难和受理难问题。另外，中国证监会于 2000 年发布了《上市公司股东大会规范意见》，明确规定，有关当事人对股东大会的程序及决议的合法性发生争议的，可以向法院起诉。❷ 但由于该规定的发布主体为证券行业主管部门，并不是人民法院，所以该规定虽然赋予相关主体一定的诉讼权利，但其实效性自然会大打折扣。

在此阶段，两项重要的法律性草案特别值得关注：第一项是最高法院于 2003 年 11 月公布的《关于公司纠纷规定（一）（征求意见稿）》，该征求意见稿对于股东会决议的撤销主体、撤销事由、撤销期间，股东会决议无效确认之诉的诉讼主体、无效事由、起诉期间，对于股东会决议效力否定的法定驳回制度进行了规定，其主体内容被 2005 年《公司法》修正案吸收，部分未被吸收的内容至今仍然具

---

❶ 谢文哲.公司法上的纠纷之特殊诉讼机制研究[M].北京：法律出版社，2009：86-89.
❷ 证监会《上市公司股东大会规范意见》（2000 年）第四十二条规定："对股东大会的召集、召开、表决程序及决议的合法有效性发生争议又无法协调的，有关当事人可以向人民法院提起诉讼。"

有较重要的参考价值。❶第二项特别值得关注的是，已故著名学者王保树教授牵头组织编写并出版的公司法修改草案建议稿，其中对于股东会议决议撤销之诉的提起、股东的担保义务、撤销之诉的驳回、股东大会决议登记的撤销、股东大会决议的无效或者不存在等进行了规定，该建议稿是在学习借鉴域外典型制度的基础上撰写的，其中大部分内容为2005年《公司法》修正案甚至2017年《公司法司法解释（四）》所吸收，至今仍然是重要的学术研究参考资料。❷

---

❶ 《关于审理公司纠纷案件若干问题的规定（一）（征求意见稿）》（2003年）第三十九条 下列情况下股东有权请求人民法院撤销股东会议决议：（一）股东会议的召集程序和表决方式违法或者违反公司章程规定的；（二）股东会议决议内容违反公司章程规定的。股东主张撤销股东会议决议，应当自股东会议结束之日起2个月内提起诉讼；逾期起诉的，人民法院不予受理。

第四十条 股东以股东会议决议违反法律、行政法规或者侵犯股东合法权益为由，请求确认股东会议决议无效的，人民法院应予受理。

股东主张股东会议决议无效，应当自股东会议结束之日起2个月内提起诉讼；逾期起诉的，人民法院不予受理。

第四十一条 股东参加了股东会议且对会议召集程序未表示异议，或者虽对会议召集程序表示异议但对决议事项投票赞成，或者虽投票反对但已以自己的行为实际履行了股东会议决议，其提起诉讼，请求撤销股东会议决议或者认定股东会议决议无效的，人民法院应当驳回其诉讼请求。

❷ 王保树.中国公司法修改草案建议稿[M].北京：社会科学文献出版社，2004：26.其中，第一百二十条（撤销之诉的提起）规定："股东大会的召集程序或其决议方法，违反法律、行政法规、公司章程或显失公平时，或者其决议内容违反章程时，董事、监事或者股东有权自决议之日起30日内，诉请法院撤销该决议。"

第一百二十一条（股东提供担保的义务）规定："股东提起决议撤销之诉时，法院应公司请求，可以命令该原告提供相当的担保。但该股东为董事或监事时不在此限。公司提出前款请求，应以决议撤销之诉为恶意诉讼为理由。"

第一百二十二条（撤销之诉的驳回）规定："法院对于前款撤销决议之诉，认为其违反法律、行政法规或公司章程的事实非属重大且对决议无实质影响者，可以驳回其请求。"

第一百二十三条（股东大会决议登记的撤销）规定："决议事项已为登记者，法院为撤销决议的判决经确定后，登记主管机关凭法院的通知或利害关系人的申请，应撤销其登记。"

第一百二十四条（股东大会决议的无效或不存在）规定："股东大会决议的内容，违反法律或行政法规者无效。

"决议并未获得通过，或者存在其他的根本性的瑕疵时，视为无决议。

"管辖法院、无效判决对第三人的效力、起诉股东提供担保的义务及撤销决议的登记等规定，准用于请求确认决议不存在之诉及因股东大会决议内容违反法律或行政法规而提起的请求确认决议无效之诉。"

2. 2005 年《公司法》

实务界和理论界在 2005 年之前所做的大量工作为 2005 年《公司法》修正案第二十二条做好了基础和铺垫。2005 年《公司法》修正案第二十二条的主要贡献在于：第一，根据股东会决议瑕疵程度，将瑕疵决议分为无效的股东会决议和可撤销的股东会决议，并规定了相应的构成要件。第二，规定了可撤销的股东会决议的提诉权人、主张撤销的方式、起诉的期限。第三，规定了撤销股东会决议诉讼的担保。第四，规定了依据股东会决议所作公司登记的变更。可以说，《公司法》的此次修改，对实践中与理论上亟须解决的问题进行了规定，构建了股东会决议诉讼制度的基本框架，为股东会决议诉讼制度的进一步完善夯实了基础。

3. 2017 年《民法总则》与 2017 年《公司法司法解释（四）》

特别值得指出的是，2017 年 3 月 15 日发布、2017 年 10 月 1 日实施的《民法总则》第一百三十四条将股东会决议的上位概念"决议行为"纳入到民事法律行为的大概念之下，而传统的民事法律行为理论是以双方法律行为或者单方法律行为作为样本归纳提炼出来的。❶ 这与既有的立法、学说与判例均有较大的不同，对相关学说和司法实践产生了较大的影响。

2017 年 8 月 28 日，最高人民法院发布《公司法司法解释（四）》。该司法解释全文包括 27 条规定，涉及股东会决议效力等五个方面的法律适用问题，

---

❶ 2017 年《民法总则》第一百三十四条规定："【民事法律行为成立】民事法律行为可以基于双方或者多方的意思表示一致成立，也可以基于单方的意思表示成立。法人、非法人组织依照法律或者章程规定的议事方式和表决程序作出决议的，该决议行为成立。"

其中第一条至第六条是关于股东会决议诉讼的。该司法解释对于股东会决议诉讼制度的贡献主要在于如下几个方面：第一，《公司法司法解释（四）》第一条规定了决议不成立之诉。此前，对决议效力诉讼的分类，各国立法例和理论界一直存在"二分法"与"三分法"乃至"四分法"的分野。"二分法"一般包括决议无效和决议可撤销两种决议瑕疵诉讼；"三分法"则在此基础上还规定了决议不成立或者决议不存在；"四分法"是韩国独有的制度，在"三分法"的基础上再加上一种特殊的股东会决议诉讼类型——撤销、变更不当决议之诉。《公司法司法解释（四）》第一条明确决议不成立为独立的股东会决议诉讼类型，合理性在于：（1）已经成立的股东会决议才存在无效和可撤销，从体系上看，此外定然存在不成立的决议。（2）《民法总则》明确决议行为属于民事法律行为，既然民事法律行为存在不成立的情形，股东会决议瑕疵也当然存在不成立的情形。第二，《公司法司法解释（四）》第二条明确限定决议撤销之诉的原告应当在起诉时具有股东资格。这就尊重了公司法第二十二条的原意，纠正了此前《公司法司法解释（四）》草案和原则通过稿关于扩大股东会决议撤销之诉原告范围的越权解释。第三，《公司法司法解释（四）》第三条明确了股东会决议诉讼案件原告、被告和第三人的列法。第四，《公司法司法解释（四）》第四条的内容是股东会决议撤销之诉的裁判规则，其后半句实际上具备了裁量驳回制度的雏形。第五，《公司法司法解释（四）》第五条规定了股东会决议不成立的五种情形，分别是：（1）未召开会议且不符合书面决议条件的；（2）未表决的；（3）定足数不达目标；（4）表决结果未达规定比例的；（5）其他情形。《公司法司法解释（四）》第五条细化了决议不成立的具体情形，将对司法实践产生重要的指导作用，但仍遗留了一些问题。如决议不成立的程序瑕疵与可撤销的程序瑕疵的区别在哪里，其中的度与量如何把握，在理论和实践中都存在界限模糊的问题。第六，《公司法司法解释（四）》第六条规定了股东会决议效力与公司对外法律关系相区别的原则，确立了内外有别、保护善意相对人合法利益的精神，与《民法总则》第六十一条、第八十五条等规定相呼应。

股东会决议诉讼制度不仅是一种纠纷解决机制，更是公司治理和股东会制度的有机组成部分。股东会决议诉讼制度的立法和司法工作安排都应当将促进公司治理和股东会决议的效率、平等与期待利益保护价值作为自身的使命，因而股东会决议诉讼制度呈现出较多的不同于一般诉讼的特点。

三、以公司法的视角研究股东会决议诉讼

股东会决议诉讼制度，从我国目前制定法的角度来看，属于《公司法》的范畴。但不容回避的是，股东会决议诉讼制度，也是民事诉讼制度的有机组成部分，是一种专业性较强的民事诉讼制度，是一种具有《公司法》与《民事诉讼法》交叉学科性质的综合性专业知识。研究股东会决议诉讼制度，需要重点研究民事诉讼的一般制度在股东会决议诉讼这个特殊的领域如何具体落实，研究如何才能服从和服务于股东会决议自身的特殊性。

部分学者经研究提出了"民事实质诉讼法"的概念，并认为，"民事实质诉讼法"是指调整民事争讼法律关系的诉讼规范，也是有关民事法律关系的诉讼形成之诉讼规范。民事诉讼法的独立过程，是实质民事诉讼法与民事实体法相分离，同时实质诉讼法与诉讼程序规范相结合的过程。实质民事诉讼法经历了从隶属于私法的诉讼规范到隶属于公法的民事诉讼法的"变性"。主张"实质诉

讼法"属于公法性质，是民事诉讼法的一个组成部分，应当按照诉讼法的原理和法理对实质民事诉讼规范进行立法、解释和适用。❶按照这种理论，股东会决议诉讼制度虽然脱胎于《公司法》，但属于实质诉讼法的范畴，在学科分类上应当将其划入民事诉讼法，按照民事诉讼法的原理和法理对股东会决议诉讼制度进行立法、解释和适用。

本书认为，法学知识经历了一个从诸法合体到各专业法学细分逐渐出现和发展的过程；法学知识发展到今天，已经形成了包含各类分支学科的繁茂的法学学科树状体系。❷随着实践和学术研究的进一步深入，交叉学科或者带有交叉学科性质内容的专业知识必将得到进一步发展，发展到一定的程度有可能成为独立的法学分支。股东会决议诉讼制度就属于带有交叉学科性质内容的专业知识。就目前的发展阶段来看，股东会决议诉讼制度的专业知识体系还不够丰富，无法支撑其从公司法中独立出去；与合同法上的代位权诉讼一样，从民商实体法的角度对股东会决议诉讼进行研究是恰当的。

从商法的发展历史来看，中世纪商人在法庭中优先适用程序规则，英国商法产生过程中实行程序优先，大陆法系国家发展出专门的商事诉讼法。所有这些历史事实无不说明：先有商事程序法规则，后有商事实体法规则；商事程序法是商事实体法的必要内容，商事程序法的适用对商事实体法产生重要的影响；加强商事程序法的研究，有利于商事实体法的繁荣和发展。❸但同时，作为学术研究，没有必要互争地盘、画地为牢，而应当顺应学科自身发

---

❶ 陈刚. 民事实质诉讼法论 [J]. 法学研究，2018（6）：128-144.
❷ 盖尤斯. 法学阶梯 [M]. 黄风，译. 北京：中国政法大学出版社，1996：4.
❸ 周林彬，官欣荣. 我国商法总则理论与实践的再思考——法律适用的视角 [M]. 北京：法律出版社，2015：53-62.

展的规律，欢迎各学科共同研究这些交叉学科知识。❶ 本书的研究，是在承认股东会决议诉讼制度属于交叉学科性质内容专业知识的前提下，主要基于《公司法》的理论，适当运用《民事诉讼法》的理论和知识，对股东会决议诉讼制度进行研究。

股东会决议诉讼制度的历史发展也充分证实有必要从公司法的角度研究股东会决议诉讼。本书的研究表明,资本多数决和股东会决议诉讼制度的历史，主旋律其实是法院是否受理股东会决议诉讼、怎样审理股东会决议诉讼及法院司法审查与公司自治应当保持怎样的距离的演变史。股东会决议诉讼制度一方面决定了司法介入公司自治的深度，另一方面也决定了公司自治相关主体之间的权利义务关系。股东会决议诉讼制度的特点，正好呼应了罗马法的传统：诉是先于实体权利而存在的，只有经由诉，才能认识和实现实体权利。❷ 所以，罗马法上，不提"物权"，只提"对物之诉"，不讲"人身权"，只讲"对人之诉"。同样，本书研究股东会决议诉讼制度，本质是在研究公司法上各项权利的边界。

探讨股东会决议诉讼制度学科定位的目的，在于澄清本书的研究内容和研究体系：主要是基于《公司法》的视角，如关系契约理论、不完全契约理论，对股东会决议诉讼制度进行研究，探索股东会决议诉讼应当遵循的价值体系以及在该价值体系指导下具体制度的充实与发展完善。

---

❶ 沈四宝.沟通与实践及其他学科的关系是国际商法发展的力量所在——在"国际商法"教学研讨会上的总结发言，载法律的真谛是实践——沈四宝教授作品集[M].2版.北京：法律出版社，2008：59-62.

❷ 莫图尔斯基.主观权与诉权[J].巢志雄，译.苏州大学学报（法学版），2019（1）：142-149.

四、维护公司自治与股东保护的平衡是股东会决议诉讼的制度目标

公司作为人类近代史上的重要发明之一,其主要特点在于两个方面:第一是股东承担有限责任,公司独立承担民事责任;第二是公司具有独立的法人资格,公司有独立的决策机构和执行机构,不同于股东意志的简单聚合,更有别于单个股东的意志。

股东会决议是公司进行重大决策的主要形式,股东会决议诉讼是股东与股东相互之间、股东与公司自治之间利益和意志冲突的产物。公司利益与股东利益从长远和本质上是一致的,但在一些具体和局部层面也可能发生冲突和矛盾,务必及时妥善处理好,这样才能促进公司的健康运行,保护股东的根本利益。对少数股东的保护力度是优化营商环境的重要目标,但法律在保护中小股东利益的同时,应妥善处理好股东利益保护与维护公司自治的关系。主要应做好几个方面的工作:一是抑制大股东或公司滥用权利,防范股东压榨。二是特别注重公司决策的程序,确保公司决策的民主性和科学性。这不仅有利于股东实体权利的保护,而且与所有法律程序一样,正当决策程序具有自身独立的价值,程序正义本身就是正义的一种重要体现形式。三是尊重以公司章程和公司决议为主要表现形式的公司自治,减少司法的不当介入。四是综合平衡公司利益和股东利益的关系,一般情况下,应体现公司效率优先,因为这反映了公司制度的本质要求。

综上,维护公司自治与股东保护的平衡是股东会决议诉讼的制度目标。可以说,更加注意公司利益与股东利益的平衡、一般情况下坚持公司利益优先,

以保障公司制度的健康运行和公司效率的提高，是商法本质的体现，是商法区别于民法的重要特征。

第三节　资本多数决与股东会决议诉讼的关系

资本多数决是股东会决议的主要意思形成机制，股东会决议诉讼是司法机制对股东会决议的司法介入。本书从如下两个方面理解二者之间的关系。

一、股东会决议诉讼是资本多数决的必要司法制约机制

股东会决议诉讼制度是针对资本多数决的局限性而在实践中产生与发展出来的必要司法制约机制。主要体现在两个方面。

首先，股东会决议诉讼制度是遏制大股东暴政的必要司法制约机制。股东会决议是通过"资本多数决"的机制，采取少数服从多数的做法，将持股多数股东的意思拟制为公司的意思。股东会决议不仅对投赞成票的股东具有约束力，而且对投弃权票、反对票及未投票的股东也具有约束力。既然存在不同的意见与利益，对于这些不同意见和利益的平衡机制是必要的。平衡的方式，《公司法》首先寄希望于资本多数决自身的自愈机制；但是当这种自愈机制失灵、出现股东暴政的时候，司法干预就有必要介入。所以说，股东会决议诉讼制度是遏制股东暴政的必要司法制约机制。

其次，股东会决议诉讼制度是遏制股东道德风险的必要司法制约机制。道

德风险是首先在经济学领域被提出的一个概念，是指经济人在最大限度增进自身效用的同时做出不利于他人的行为。股东暴政与股东道德风险的区别在于，前者情形下股东行使权利往往在法律允许的范围之内，而后者则是指股东跨越法律的边界作出的损害其他股东的行为。在公司中，道德风险突出的表现为经营者的道德风险和股东的道德风险两个方面。在我国股权比较集中的公司治理生态环境下，后者是急需解决的问题。在发生股东道德风险的时候，股东会决议已不再符合资本多数决的初衷，而沦为控股股东的工具和傀儡，公司自治的目的与合理性不复存在。为了恢复和保障资本多数决的正常秩序，维护中小股东的合法利益，需要司法干预的必要介入。通过司法的居中裁判，确保资本多数决的形成程序和内容符合法律规定，维护和保障公司自治，平衡保护各类股东的地位和利益，从而缓解资本多数决的局限性，保护中小股东的合理利益和要求。

总之，股东会决议诉讼是司法对于公司治理的介入，主要是通过司法的居中裁判，对股东会决议的程序和实体内容进行合法性和合章性审查。当出现股东暴政和股东道德风险的情况，根据决议瑕疵的轻重不同，分别作出决议无效、决议不成立、决议的撤销、决议有效、得撤销决议的裁量驳回等不同的效力评判。股东会决议诉讼是法律介入公司自治的重要领域，其价值在于维护和保障资本多数决的健康运行，维护公司治理的正常秩序，平衡保护全部股东的合法利益与要求。❶ 相比较而言，通过股东会决议诉讼所宣示的公司治理秩序是救济性的而不是颠覆性的，这种方式不会僵化既存的公司治理秩序，只会将公司治理

---

❶ 杨勤法.论公司治理的司法介入——以司法权的审慎扩张为视角[D].上海：华东政法大学，2007：16-21.

秩序引向简洁、匀称、稳健和圆融。❶

二、资本多数决是股东会决议诉讼的专业准则

本书认为,资本多数决机制为股东会决议诉讼各项规则的确定提供了理论依据,是衡量股东会决议诉讼制度的专业准则。

从股东会决议诉讼的历史发展来看,早期法院对于股东会决议诉讼是不予受理的。理由是股东会决议是公司自治的领地,法院不干预公司自治。后来,法院改变了绝对不受理股东会决议诉讼的态度,同意有条件地受理股东会决议诉讼;原因是大股东对资本多数决的滥用打击了其他股东对投资的合理期待,如果不提供司法救济,将无人敢投资公司,最终导致资本多数决制度丧失适用空间。

从不予受理到有条件地受理,再到各时期和各法院审判理念和裁判标准的变化,莫不体现出法院对于资本多数决的态度。目前的主要分歧意见,即在于具体细节上,股东会决议诉讼应当如何操作才能更好地维护和保障资本多数决。

本书第二章"股东会决议原告范围"、第三章"股东会决议诉讼担保制度"、第四章"股东会决议诉讼的救济时效",分别从诉讼主体、诉讼是否以担保为前提、救济时效的角度探讨司法对股东会决议效力如何提供救济,解决股东会决议诉讼"审什么"的问题。之所以从上述几个方面讨论股东会决议诉讼提供司法救济的范围,目的就是为了将股东会决议诉讼限制在一定的范围之内,避免资本多数决经常受到任意干扰,既保障股东会运行的效率,又提供司法救济途

---

❶ 梅因.古代法[M].郭亮,译.北京:法律出版社,2015:25.

径，最终实现股东的平等保护，从而维护和保障经济秩序的有序高效运行。

第二章"股东会决议原告范围"的研究表明，法律对于适格原告的界定，需要考虑的一个主要因素，就是哪些主体有权通过股东会决议的形式参与公司治理，对股东会决议诉讼原告主体资格的界定，某种程度上也是对公司治理和资本多数决权利主体的界定。

在第三章"股东会决议诉讼担保制度"问题的讨论中，本书通过对该制度运行案例的搜集考察，综合运用多种研究方法，认为股东会决议诉讼担保制度阻碍了部分权利主体正当诉讼权利的行使，导致资本多数决滥用概率增加，不利于维护和保障全体股东的投资预期，建议废除股东会决议诉讼担保制度。

就"科学设定股东会决议诉讼的救济时效"问题，规定司法仅介入救济时效范围之内的股东会决议，促使股东尽快行使权利，从而使股东会决议的效力尽快确定下来，避免股东会决议的效力长期处于待定的状态，最终起到维护和保障公司的正常运行的目的。最终目的也可以归纳为维护和保障股东投资公司的合理期待，资本多数决不被滥用，为经济有序良好发展提供动力。

本书第五章"股东会决议撤销之诉的司法审查范围"，从司法审查范围的角度探讨股东会决议诉讼。最高人民法院第 10 号指导案例确定了股东会决议撤销之诉司法审查范围的法律适用规则。其特殊性在于，仅关注股东会决议的召集程序、表决方式是否符合法律、行政法规和公司章程以及股东会决议的内容是否符合公司章程，而决议所依据的事实是否属实、理由是否成立，则不属于考察和审理的范围。本书结合域外司法判例和我国的司法实践，提出不宜将最高人民法院第 10 号指导案例提出的审判理念绝对化；对存在股东压榨和违背股东信义义务的股东会决议，法院审判工作不能拘泥于审查决议的形式合法性，以维护股东实质平等和股东的合理期待，维护资本多数决机制的健康运行。

股东会决议撤销之诉的裁量驳回制度是股东会决议诉讼中比较独特的裁判制度，制度初衷是为了克服成文法的局限性，避免股东会决议因轻微瑕疵而轻易被法院撤销。裁量驳回制度实际上是通过赋予法官一定的法外自由裁量权，矫正成文法可能存在的不足，从而维护股东会决议的效力，使裁判结果既有利于保障资本多数决的平等与效率的价值目标，又避免了不必要的资源浪费，平衡实质平等与形式平等的关系。

第四节 股东会决议诉讼的价值体系

股东会决议诉讼制度不仅是一种纠纷解决机制，更是公司治理和股东会制度的有机组成部分。股东会决议诉讼制度的立法和司法工作安排都应当将促进公司治理的效率、平等与合理期待价值作为自身的使命，因而股东会决议诉讼制度呈现出较多的不同于一般诉讼的特殊性。

股东会决议诉讼制度是针对资本多数决的局限性而在实践中产生与发展出来的必要司法制约机制。股东会决议诉讼制度存在的最重要的意义，是通过诉讼的方式制约资本多数决局限性，来维护资本多数决的顺利推进和健康发展。资本多数决需要遵循效率、平等与合理期待的价值原则，股东会决议诉讼也应该遵循相同的价值原则。

第二章 股东会决议诉讼的理论基础

本书认为，股东会决议诉讼的价值体系是由效率、平等和合理期待三项重要价值组成的不可分割的统一体。

一、股东会决议诉讼价值体系的内容及其相互关系

自1907年瑞士颁布民法典以来，大陆法系国家或者地区的民事立法日益重视民法的价值宣誓功能。❶ 无论是在成文法中直接规定民法的价值追求，还是不在成文法中宣示民法的价值追求，大陆法系国家和地区都力图将全部民法体系构建在为数不多的几条根本的以基本原则或者基本概念为表现形式的价值追求基础之上。❷

不仅整部民法典存在贯穿始终的基本价值，民商法中不少特定领域的具体制度也存在自身最基本的价值追求或者称为价值原则。公司是由不同的多数股东组成的，股东相互之间具有异质性，利益和意志的冲突在所难免，公司要维系股东之间的和谐稳定，一方面需要对股东的利益和意志做出一定的抑制；另一方面，这种抑制必须有一定的限制，需要遵循一定的原则。❸ 作为股东会决议基本运行机制的资本多数决，其基本的价值目标是效率、平等和合理期待原则，这也是股东会决议诉讼价值体系。

---

❶ 易军.民法基本原则的意义脉络[J].法学研究，2018（6）：53-71.
❷ 卡纳里斯.欧洲大陆民法典的典型特征[M]//郑冲，译.孙宪忠.制定科学的民法典——中德民法典立法研讨会文集.北京：法律出版社，2003：44.
❸ 冯果，段丙华.公司法中的契约自由——以股权处分抑制条款为视角[J].中国社会科学，2017（3）：120.

(一)股东会决议诉讼价值体系的内容

1. 资本多数决与效率

近代民法往往侧重强调"私人自治"对效率的价值,中国改革开放初期的民法也是如此,因为自主决策能激发民事主体进行理性判断,实现与其他社会主体之间的积极合作。这种传统的民法学思想过于强调对私权的静态保护,在生产力发展水平不够高的社会经济条件下对效率的提高具有一定的作用;但这种民法学思想忽略了私有权利的动态生成机制,忽略了对民事主体之间合作共创机制的规制与保护,忽略了财富的创造过程,而这些才是更高层次的效率。❶

相对于一致决或者合同机制而言,资本多数决最突出的优势在于效率。公司是近代社会科学领域最伟大的发明,正是有了公司在组织与配置资本及其他资源方面的积极作用,包括蒸汽机和电力在内的所有自然科学领域的伟大发明才有了用武之地。❷ 公司在组织资本方面的优势,主要得益于有限责任原则,因为有限责任原则迎合了人们追逐利润和规避风险的偏好。但公司所组织的资本,属于不同的投资人所有,所以公司聚集资本的过程,同时也是聚集不同投资人的智慧的过程,这就涉及怎样将不同投资人的智慧汇聚成为公司的智慧,涉及需要遵循一定的议事规则。这个过程把控得好,或者说将议事规则设计得科学合理,公司就会成为聚财、聚人、聚智慧的聚宝盆,就会产生"1+1>2"的效果,公司的发展自然就会顺畅。反之,如果议事规则没有设计好,导致各位

---

❶ 熊丙万. 中国民法学的效率意识 [J]. 中国法学, 2018 (5): 82-101.

❷ 罗明, 等. 公司的力量 [M]. 太原:山西出版传媒集团、山西教育出版社, 2011: 14-15.

投资人各自为政，只顾自己的利益，必然互相扯皮，则公司的人力、财力、物力必然大量地被内耗在公司内部关系的协调上，这样的公司最终必将走向穷途末路，难以发挥经济发展发动机的作用。

在公司制度产生的初期，基于当时风行的个人主义的法律理念，崇尚所有权神圣、契约自由和自己责任三大民法原则，没有认识到公司法作为商事主体法的特殊性，仍然照搬民法上的抽象的契约自由原则，主张公司的主要事务都需要所有投资人一致表决通过。这种方式，表面上是平等保护所有投资人的利益和意志，但实际上严重降低了公司决策的效率，使公司很容易陷入僵局。举个例子，一家公司共有100股，持股99%的股东都赞成某项公司提案，仅1%的股东不赞成；按照一致决的表决原则，决议不能获得通过。这种表决方式表面上是尊重了每一位股东的契约自由，但如果把契约自由放到公司法的背景下考虑，就不难发现问题之所在：虽然保护了持股1%股东的契约自由，但另外持股99%股东的意思不能得到张扬，被持股1%股东所绑架。这必然导致公司经常难以形成决议、进行决策；即使勉强形成决议，背后可能是多数派股东耗费大量的精力或者其他资源游说少数派股东。这必然导致公司决策和行动的低效率，难以适应瞬息万变的市场环境，最终导致公司在市场竞争中落败。相反，多数决的表决原则扬弃了不适应公司团体性和效率性要求的一致决，规定实行少数服从多数原则，只要多数派股东赞成，即视为股东会决议已经形成。这降低了股东会决议形成的难度，大大提高了公司的决策效率，降低了公司的决策成本，有利于公司快速适应市场。❶

效率成为资本多数决的核心价值，与马克思关于正义的观点也是相吻合的。

---

❶ 李小军.公司多数决原则的法理分析[J].商事法论集，2007，1（12）：71-86.

因为在马克思看来,并不存在衡量何为正义的绝对的和抽象的标准,当事人之间的交易只要与生产方式相适应,就是正义的;如果相反,当事人之间的交易与生产方式相矛盾,就是非正义的。❶❷ 公司是商事主体,以营利作为其存在的价值和目的,资本多数决是股东会决议的主要形成机制,效率当然应当成为资本多数决的核心价值。

资本多数决有利于效率的提高还可以从认识论的角度进行解释。个人的认识往往带有局限性,而实行多数决原则有利于集中众人的经验、知识、智能与理性,克服个人认识的局限性和偏见性,更有利于形成正确的决策。❸

关于效率意识,需要明确两点:第一,效率并不是单纯强调经济利益,更不是唯利是图,而是一项涵盖正义、公平等多重含义的概念,正如著名法学家孙国华教授所言:"总的看,人们倾向于把对社会的衣、食、住、行最有效益的观念和措施认为是正义的、公平的。"❹ 第二,效率并不是一项与诚实信用相并列的民法基本原则,而是一种指导人们思考方式和行为倾向的民商法学思维模式,无论是阐释民法基本原则,还是建构民事法律制度,又或者是解决民商法实际问题,都需要将效率意识作为指导思想。❺

效率是商法区别于民法的独特原则之一。商业的根本属性是营利性,对于效率存在特别的需要。商法应商业实践的需要而产生,作为法律,应该对商业

---

❶ 中共中央马克思恩格斯列宁斯大林著作编译局.马克思恩格斯文集:第 7 卷 [M].北京:人民出版社,2009:379.

❷ 伍德.马克思反对从正义出发批判资本主义 [J].李义天,译.中国社会科学,2018(6):193-203.

❸ 李志刚.公司股东大会决议问题研究——团体法的视角 [M].北京:中国法制出版社,2012:127.

❹ 冯玉军.法经济学范式 [M].北京:清华大学出版社,2009.

❺ 熊丙万.中国民法学的效率意识 [J].中国法学,2018(5):82-101.

实践的这种需求作出适当响应，效率自然成为商法最独特的价值。❶ 公司法是商法中重要的主体方面的法律，公司成为人类社会最重要的发明之一，原因就在于公司极大地改进了生产的组织方式，极大地促进了效率的提高。公司之所以能够极大地促进效率的提高，在于公司通过一定的行为规则，将不同股东的财产和意志聚集在一起。其中最重要的行为规则，就是股东会决议的行为规则。股东会决议的行为规则存在两种不同的表现形式，一种是具体化的规则，另外一种是抽象化的规则，即价值理念。总之，商业、商法、公司法和股东会决议的性质都要求股东会决议及股东会决议诉讼坚持效率的价值理念。本书也因此认为，效率是股东会决议诉讼应当追求和维护的首要价值。

2. 资本多数决与股东平等

所谓股东平等，是指在股东与公司之间、股东与股东之间，所有股东根据其所持股权的形式、内容和数量享受平等的权利，并免受不合理的不平等待遇。❷ 平等原则自从诞生之日起，就是一股不可逆转的力量，成为全部社会生活的价值追求。❸ 股东平等是一个很常见的名词，但不同的学者对其有不同的解读。有学者认为是指不同的股东享有相同的待遇。❹ 另有学者则从法律关系的角度将股东平等原则界定为"股东在与公司的法律关系中，平等地享有权

---

❶ 蒋大兴.《商法通则》《商法典》的可能空间？——再论商法与民法规范内容的差异性 [J]. 比较法研究，2018（5）：51.

❷ 刘俊海. 股份有限公司股东权的保护（修订本）[M]. 北京：法律出版社，2004：100.

❸ 布尔. 价值观溯源：信念的哲学与社会学追问 [M]. 邵志军，译. 南京：江苏凤凰教育出版社，2014：46.

❹ 李志刚. 公司股东大会决议问题研究——团体法的视角 [M]. 北京：中国法制出版社，2012：66.

利。"❶其实,"人生而平等"只是一句激动人心的口号,与社会现实并不相符。所有人自从出生起,首先表现在身体素质、智力水平、身高、外貌、是否健全等自然条件方面是有差别的,其次表现为家庭环境、所受教育等社会因素也是不同的。不平等是现实,平等是理想。平等是一个具有多重含义的抽象概念。❷为了达成平等的理想,可以采取两种形式的平等,一种是机会上的平等,一种是结果上的平等。结果上的平等是一种平均主义,但这种平等否认个人努力对于生活质量改善的影响,容易纵容人的惰性。到社会物质极大丰富的时代,可以更加偏重于结果上的平等,北欧福利国家从社会理论基础看就是优先考虑结果的平等。在我国当前社会发展阶段,经济实力仍然不够雄厚,法律上的平等主要是指机会的平等。❸民法上平等的主要内容,是指民事主体的地位平等、民事主体的权利能力平等,并且平等地受到法律的保护。❹前两个方面的平等比较容易理解,平等地受到法律的保护则存在机会的平等与结果的平等的协调问题。例如,随着近代社会化大生产的发展,法律及司法给予了消费者和劳动者更多的关怀,具体表现就是更多地关注结果的平等,或者称为实质的平等。与此同步,在《公司法》领域,特别是在资本多数决的前提下,少数派股东的利益和要求的保障逐渐成为《公司法》关注的焦点,这也体现了《公司法》更多地追求对于实质的平等。

---

❶ 李哲松.韩国公司法[M].吴日焕,译.北京:中国政法大学出版社,2000:222.
❷ 博登海默.法理学——法律哲学与法律方法[M].邓正来,译.北京:中国政法大学出版社,1999:286.
❸ 王伟,戴杨毅,姚新中.中国伦理学百科全书·应用伦理学卷[M].长春:吉林人民出版社,1993:369.
❹ 李志刚.公司股东大会决议问题研究——团体法的视角[M].北京:中国法制出版社,2012:68.

股东平等是一项原则,股东平等的前提往往是同等地位或者同等条件,主要代表性国家或者地区的《公司法》均有相似的规定。❶与同等地位或者同等条件下的同等对待相对应,不同条件下即应当区别对待。公司是建立在股东出资基础上的,股东之间最大的区别往往体现为出资额的不同,因而股东出资额的不同往往成为区别对待的根据,资本多数决由此产生。可见,资本多数决不仅与股东平等原则不相违背,而且正是股东平等原则的具体体现。正是因为这个原因,"资本多数决"与"同股同权""同股同利"等一样,成为公司法学的常识性公理。❷资本多数决在股东会决议中体现了资本的平等,而非股东身份的平等,股东出资不同则在股东会决议中享有不同的权利。正是股东会决议过程中体现了资本的平等,使得股东会决议机制和董事会决议机制区别开来。董事会决议机制通常采用成员人数多数决。

但是,如果控股股东滥用资本多数决原则,视公司整体利益和中小股东利益于不顾,对中小股东进行压榨,则偏离了"同股同权""同股同利",不符合股东平等原则,属于资本多数决的异化。通过考察国外立法,可以发现,无论英美法系国家,还是大陆法系国家,均对滥用资本多数决原则的行为予以明确禁止。❸《公司法》需要对于这种行为进行干预和规制。❹

依照《公司法》的规定,股东权利包括资产受益、参与重大决策和选择管

---

❶ 例如,欧洲公司法指令规定,成员国法律应当平等对待处于同等地位的所有股东;德国1978年《股份法》第53a条也规定:"股东们必须在同等条件下被同等对待"。转引自张闽.资本多数决的滥用与纠正[M].济南:山东大学出版社,2014:44.

❷ 哈特.法律的概念[M].张文显,郑成良,桂景义,译.北京:中国大百科全书出版社,1996:157.

❸ BARAK. A comparative look at protection of the shareholders' interest variations on the derivative suit [J]. Int'l & Comp. L.Q., 1971, 22 (20): 26-30.

❹ 张闽.资本多数决的滥用与纠正[M].济南:山东大学出版社,2014:45.

理者三个方面。根据股东权利类型的不同,股东平等分别存在两种不同的表现形式,一种是绝对平等,一种是比例性平等。绝对平等的权利只与股东资格相关,只要是股东,所享有的权利是完全平等的,例如股东所享有的信息知情权、质询权、代位诉讼权、提起股东会决议撤销诉讼的权利。❶比例性平等的权利与股东所持有的出资或者股份的比例相关联,表现为同股同权、同股同利,例如表决权、盈余分配权、剩余财产分配请求权。在适用股东平等原则时,需根据不同的权利类型适用不同的平等原则。❷股东在股东会上的表决权,在历史上曾经属于绝对平等权,在当代公司法上则属于比例性平等股东权。这是本书在研究股东会决议时需要明确的理论基础。

在理解资本多数决与股东平等的关系的时候,有一个问题特别值得研究:我国《公司法》一方面规定了股东表决权的分配实行比例性平等,同时又允许公司章程作出不同的规定。❸从字面含义理解,根据该条规定,有限责任公司可以采取公司章程的方式规定不同于《公司法》的表决权分配方式,如实行一人一票的表决权分配方式,或者不按照持股比例而按照另行确定的比例的表决权分配方式。但对于该条所规定的公司章程自治空间的范围,不同的学者仍然存在不同的解读。著名公司法学者钱玉林教授认为,如果不对"公司章程另有规定"进行限缩解释,很容易引致资本多数决的滥用,背离股东平等原则。具体而言,应当从两个方面对于公司法的以上规定进行限缩解释:一是仅初始章

---

❶ 当然,有的国家的公司法对于股东代位诉讼权、股东提起股东会决议撤销诉讼也规定了持股比例和持股时间的限制。——作者注

❷ 李哲松.韩国公司法[M].吴日焕,译.北京:中国政法大学出版社,2000:223.

❸ 2018年《公司法》第四十二条:"股东会会议由股东按照出资比例行使表决权;但是,公司章程另有规定的除外。"

程或者全体股东一致表决通过的公司章程修正案有权规定不按持股比例分配表决权，多数决通过的公司章程修正案无权规定不按持股比例分配表决权，因为这违背了股东平等原则；二是不同的表决权分配基础仅适用于不同类别的股东，例如无表决权股和优先股，不能针对单个股东作出特别的规定，否则即属于歧视性规定，应该被认定为无效。❶ 另外有学者对此持针锋相对的立场，认为多数决原则是目前世界通行和公认的股东表决权行使规则，是适应公司特点的决策机制，也为我国《公司法》所吸收和明文规定，部分学者持片面立场，以合意原则否定多数决原则，在理论上和在实践上都是一种倒退。❷ 从美国资本多数决的发展历史来看，早期公司实行一致决原则，结果导致股东会决议很难形成，公司僵局很容易发生，严重影响了公司运行的效率。理想的方式是允许资本多数决的存在，同时规定股东、特别是控股股东一项原则性的义务：应当为全体利益相关者的最优利益投票，而不能滥用表决权。❸

与其他法律领域的平等一样，股东平等也包括抽象的股东平等与具体的股东平等。抽象的股东平等就是股权平等，体现为"同股同权""同股同利"等，这是股东平等最直观和最显然的体现，股权平等意味着按照出资或者股份分配权利或者利益，意味着资本多数决。具体的股东平等则承认各位股东持股和表决权的差异性，并力图消除这种差异，达到股东之间实质的平等。长期以来，我国公司法理论和实务将股东平等简单地等同于股权平等，虽然注意到了股东平等中最核心的内容，但将股东平等过于简单化，导致我国股东实

---

❶ 钱玉林. 公司法实施问题研究 [M]. 北京：法律出版社，2014：53-54.
❷ 吴建斌. 公司冲突权利配置实证研究 [M]. 北京：法律出版社，2014：112-130.
❸ 伯利，米恩斯. 现代公司与私有财产 [M]. 甘华鸣，等，译. 北京：商务印书馆，2003：220.

质平等的理念长期缺失，容易纵容资本多数决的滥用和股东压榨，导致股东实质的不平等。❶ 股权平等是近代民法理论法律人格抽象化的产物，这种法律人格抽象化的理论将人的个性差异全部抽取掉，将所有的人（包括自然人和法人）视为完全平等的法律主体，忽略掉这些"人"在能力和财产上的事实差异，均赋予同等的权利，给予同等的法律保护。可见，股权平等是一种处于"平等对待"层面的平等，这种平等属于形式上的平等，主张对不同股东实行无差别的对待。与平等对待相呼应的概念是平等结果，平等结果承认不同的人的高低不同，并针对这种高低不同给予相应的不同对待，通过不同的对待以期达到结果上的平等。近代民法向现代民法转型的一个标志性的理念变化就是，从承认抽象的平等到承认具体的平等的转变。例如，承认消费者、劳动者的弱势地位，给予更多的关爱和保护，通过过程的不平等或者对待的不平等以期达到实质的平等。不仅重视形式平等，而且更加重视实质的平等，成为当代民法区别于近代民法的特点之一。表现在股东平等和资本多数决方面，近代公司法强调股权平等，实行绝对的资本多数决，经常导致少数股东的表决权成为陪衬，资本多数决的效果往往是多数派有权实际决定全部公司事务，少数派股东的决定权等于零。如果不对于这种现象进行矫正，股东的实质平等将荡然无存，必将损害中小股东和利益相关人的利益，最终导致公司运行受到影响。❷ 现代公司法则认识到实质平等对于股东权利保护和公司和谐发展的重要意义，主张赋予中小股东更多的权利和权利救济手段，同时规

---

❶ 罗志坚，危晓美. 从股权平等到股东平等：试论股份有限公司股东平等原则 [J]. 中国律师，2004（7）：59-60.

❷ 张闽. 资本多数决的滥用与纠正 [M]. 济南：山东大学出版社，2014：45-47.

定控股股东更多的义务。❶ 例如，西方公司法历史上，曾经实行阶梯表决法，持股越多，则需要更多的股份才能享有一个单位的表决权，这就是典型的通过不平等对待的方式力图达到实质的平等。又例如，规定不仅公司董事承担信义义务，而且规定控股股东与董事一样，也承担信义义务，这也是典型的承认各股东具体情况的不同，给予不平等的对待，目的是最终达到实质公平。从某种意义上说，从近代到现代法律完善的过程，就是从抽象的平等到具体的平等的转变的过程；从股东权利的角度考察，则是从抽象的股东权利到具体的股东权利的转变的过程，越来越重视大小股东的差异，通过差别对待，进行精准扶持，最终达到实质平等的目的。不仅较发达国家公司立法开始规定股东的具体平等问题，一些国际经济组织也逐渐明文规定了股东实质平等，例如2004年的《OECD公司治理原则》，即将股东实质平等规定为公司治理的重要原则。❷

抽象平等与具体平等相对，在判断一项经由资本多数决而形成的股东会决议的时候，相应地也存在两种不同的判断标准。一种是程序优先的判断标准，另一种是实质优先的判断标准。就程序优先标准而言，主要是考虑到股东会决议涉及复杂的商业环境及专业的商业决策，法律对于这种决策的实质内容是否平等，难以作出客观中立并且符合实际的判断。既然公司的决议是股东在坚持资本多数决的基础上形成的，审查决议的过程及其结果是否遵循了公正合理的程序，就成为更加可行的判断标准。只要决议的过程遵循了正当程序原则，其

---

❶ 罗尔斯.正义论[M].何怀宏，等，译.北京：中国社会科学出版社，1998：25.
❷ OECD即"经济合作与发展组织"，简称"经合组织"，是西方国家政府间的经济联合组织。根据1960年1月在巴黎召开的大西洋经济会议决定，于1961年9月成立，以取代欧洲经济合作组织。组织目标是稳定会员国的财政金融，促进经济增长，提高人民生活水平和扩大贸易等。

结果就被推定为是正当的，对于股东是平等的。实质优先判断标准的观点则认为，资本多数决的表决方式之下，只有在各股东持股比例相当、股东地位对等的情况下，遵循正当程序才与结果的正当产生紧密的联系；如果各股东持股比例悬殊、地位不对等，按照资本多数决的原则，即使程序上完全合法合规，也很难指望达到结果的公正和股东的实质平等。这显然是符合实际的。持实质优先判断标准的学者由此认为，在持股比例悬殊的公司中，仅仅考察股东会议的程序是远远不够的，还需要对决议内容进行实质性的审查。美国法院在审查关联交易时，既需要对交易过程进行审查，又需要对交易价格进行审查。交易过程的审查，包括交易的时机、交易的开始、交易信息的披露与批准等。交易内容的实质审查，主要是指交易对价是否公允。美国法院对关联交易的审查的基本原理，也可以借鉴到对基于资本多数决而形成的股东会决议的审查中。在我国现阶段法院对于股东会决议的审查案件中，重点往往是关注股东会决议的程序，较少涉及决议所确定的对价是否公允。反思我国现实生活中股东压榨情况时有发生的事实，本书认为不宜将程序优先绝对化，在存在股东压榨等特定情况下，不能将形式审查绝对化，不能完全抛弃对于公司决议实体内容的审查。特别是针对持股悬殊公司的股东会决议的审查，需特别关注决议内容的公平性，以防止多数决的滥用，避免股东压榨，促进股东的实质平等。因为，股权平等或者资本平等是资本多数决的基础，离开具体的平等而讨论抽象的平等往往会背离股东平等的实质。❶

平等是民法的基本原则，是一个容易引起广泛共鸣的词汇。然而，现实生活中的不平等广泛存在。可能正因为如此，平等才弥足珍贵。基于对效率

---

❶ 李小军.公司多数决原则的法理分析[J].商事法论集，2007，1（12）：71-86.

价值的追求，股东会决议将资本多数决作为其基本意思形成机制。然而，由于股东间关系契约和不完全契约的性质，由于资本多数决本身固有的缺陷和股东个人逐利性等因素的存在，以资本多数决为主要形成机制的股东会决议难免会滋生股东压榨，纵容股东之间的不平等，包括形式上的不平等和实质上的不平等。平等是民法的基本原则，也是商法的重要原则。总之，在股东会决议和股东会决议诉讼当中，由于股东间关系契约和不完全契约的性质，由于资本多数决的存在，由于效率价值的突出地位，由于股东压榨的极大概率，平等需要被给予特别的重视，所以本书主张将平等作为股东会决议诉讼的三大价值之一。

3. 资本多数决与合理期待

合理期待原则起源于美国联邦与各州的判例，初期广泛应用于行政法和保险法领域，后被移植到公司法领域。[1]公司法上的合理期待是指股东应当以诚实、符合理性和公平的方式经营公司以及基于股东之间的这种义务而存在于股东之间和股东与公司之间的符合一般人认识的企盼和愿望，这种企盼和愿望可能产生于公司成立之初，也可能产生于公司经营过程之中。[2]

基于共识与信任，股东通过签订或者承认股东协议或者章程的形式成立或者加入公司。从契约的角度理解，公司也是一种契约，但与普通契约不同，存在于公司之中的股东之间关系是一种长期契约，是一种关系契约，是一种不完全契约。公司经营的内部和外部环境不断发生变化，公司只能适应这种变化，

---

[1] CROSKEY. The doctrine of reasonable expectations in california : a judge's view [J]. Connecticut Insurance Law Journal, 1998, 5（1）: 452-453.

[2] 杨署东. 合理期待原则下的美国股东权益救济制度及其启示 [J]. 法律科学, 2012（2）: 122.

不断调整经营策略,才能在激烈的市场竞争中生存和发展下去。公司成立之时或者股东加入公司之初的股东协议或者公司章程显然无法完全预见到未来的一切情事,更无法进行全面约定,只能通过股东会来决议这些事项。❶❷❸❹股东会的决议原则上实行资本多数决的形成机制,按照持股多数股东的意见来确定公司的行动方案;为了使公司决议机制顺利运行,少数股东的意志和利益可能被漠视。如果不存在股东压榨,法律原则上承认这种资本多数决的结果;反之,如果存在股东压榨,违背股东的合理预期,法律将可能对这种经由资本多数决机制形成的股东会决议的效力进行否定。否定的依据,就是合理期待原则。❺

股东之间的合理期待具有如下几个方面的特征:第一,这种期待必须是重要的、根本性的,一般的期待不能成为法律所保护的合理期待的内容;第二,这种期待必须具有合理性,并为其他股东所知悉或者合理理解;第三,这种期待的体现形式,可能为书面形式,如股东会决议、股东协议、公司章程,也可能为口头形式,但必须是可以被公司成立和发展的过程所证实的;第四,期待的形成时间,可能是公司成立之时或者股东加入公司之时,也可能是在公司经

---

❶ CATEA. Practical aspects regarding the claim for the annulment of the resolutions of the general meeting of shareholders, from a substantial and procedural perspective [J]. Lex ET Scientia Int'l J, 2017, 15 (24): 16.

❷ 伊斯特布鲁克,费希尔. 公司法的经济结构 [M]. 2 版. 罗培新,张建伟,译. 北京:北京大学出版社,2014:23-36.

❸ 麦克尼尔. 新社会契约论 [M]. 雷喜宁,等,译. 北京:中国政法大学出版社,2004:4-9.

❹ GROSSMAN, HART. The costs and benefits of ownership: a theory of vertical and lateral integration [J]. Journal of Political Economy, 1986, 94: 691-719.

❺ 冯果,段丙华. 公司法中的契约自由——以股权处分抑制条款为视角 [J]. 中国社会科学,2017 (3):116-136.

营过程中，合理期待的具体内容也可能随着时间的变化而产生变化。❶

　　合理期待原则适用的领域，主要是有限责任公司。因为有限责任公司规模不大、人合性较强，股权流动性受限，股东的进入和退出往往存在一定的限制。在这类公司中，股东"用脚投票"的能力往往受到较大的限制。如果法律对股东的合理期待不予特别保护，往往就违背了股东投资的初衷，违背了诚实信用原则，不利于中小股东利益和意志的保护，最终不利于公司的发展。虽然合理期待原则适用的主要领域是有限责任公司，也不否认该原则在股份有限公司乃至上市公司中也有适用的余地。但在上市公司，股东退出机制一般比较顺畅，在适用合理期待原则时往往更加慎重。

　　美国公司法认为，合理期待原则起源于股东之间的信义义务。一般认为，仅控制股东对于非控制股东承担信义义务。当然，在美国的部分州公司法（例如马萨诸塞州公司法）中，不仅控制股东需承担信义义务，非控制股东也需要承担信义义务。❷❸本书赞同这种观点。因为在股东会决议诉讼中，不仅存在控制股东违背信义义务的情况，也存在非控制股东违背信义义务的情况。不少非控制股东恶意挑起股东会决议诉讼，阻挠股东会决议的开展和公司治理的有序推进。由此，本书认为，合理期待原则适用于所有类型股东之间的股东会决议，既包括有限责任公司，也包括股份有限公司；既针对控制股东，也针对非控制股东。

　　合理期待是为了弥补民事主体的理性不足而创造出来的法律理念。在合同

---

❶ 张学文.英美法中的股东合理期待原则 [J]. 比较法研究，2011（4）：49-51.
❷ SIEGEL. Fiduciary duty myths in close corporate law [J]. Delaware Journal of Corporate Law，2004（29）：380.
❸ 王建文.论我国引入公司章程防御性条款的制度构造 [J]. 中国法学，2017（5）：144-145.

法上，已经具体化为情势变更制度。在股东会决议诉讼中，由于股东之间关系契约和不完全契约的性质，合理期待原则显得更为重要。合理期待是诚实信用原则的具体化，在美国司法实践中被解释为股东信义义务的延伸，在英国公司法中被理解为源于"不公平妨碍"理论。该价值的存在，给资本多数决划定了范围，决定了资本多数决不可漫无边际，更不可以资本多数决之名行股东压榨之实。

（二）股东会决议诉讼各项价值理念相互之间的关系

效率、平等和合理期待三项价值目标是一个相互联系、相互制衡、不可分割的统一体，可以从如下几个方面理解。

第一，效率在各项价值目标中处于优先的地位。理由是：首先，效率是股东会决议主要形成机制最具特色的价值，也是股东会决议诉讼的根本价值。其次，效率是贯穿股东会决议诉讼制度的各项具体制度的设计、解释、运作和法律适用等全过程的价值理念。最后，部分具体制度直接体现了效率优先的理念。例如，股东会决议诉讼的救济时效制度、限缩股东会决议撤销之诉的审理范围的制度、股东会决议撤销之诉的裁量驳回制度。

第二，平等在各项价值目标中处于基础性的地位。平等是全部民商法的基本原则之一，当然也是股东会决议和股东会决议诉讼应当坚持的原则。如果说效率是整个股东会决议诉讼价值体系中的动力系统，平等则属于其中的安全系统；动力系统很重要，但安全系统永远是基础，所谓"基础不牢、地动山摇"，没有良好的安全系统，动力系统再好，最终也将归于零。具体而言，如果只重视效率，只尊重多数意见，漠视少数人的利益和意见，股东压榨横行，将违背平等原则,股东之间最终必将矛盾激化,难以形成合力,公司最终将分崩离析,走向衰败与没落,效率价值也将无法实现。

第三,合理期待价值在整个价值体系中处于关键性的地位。合理期待的地位和发挥作用的特点在于:第一,该价值是诚实信用原则的具体化,该价值在股东会决议诉讼制度中的地位取决于股东间关系契约和不完全契约的特点,主要是为了矫正资本多数决的不足而产生的。第二,虽然合理期待价值具有根本性,但该价值的实际适用具有劣后性,是在适用具体规则将发生显著不当结果时才予以适用。例如,法院在审理股东会决议撤销之诉时,原则上只需要依据《公司法》第二十二条的规定,审查股东会决议的召集程序和表决方式是否符合法律法规和公司章程以及股东会决议的内容是否符合公司章程;但在股东会决议违背股东信义义务、滥用资本多数决和存在股东压榨,严格适用前述审查规则将导致股东合作的基础动摇时,法院才能援引合理期待价值,适当扩大审理范围。

二、股东会决议诉讼价值体系与资本多数决的关系

公司是股东为了盈利目的而共同出资组成的法人组织。作为公司,也可以理解为是一种股东间的契约;但这种契约与法律上传统的契约或者合同不同,是一种关系契约和不完全契约。关系契约的性质说明,股东之间除了交易,还有"关系"。公司中的契约中也有传统合同法中通过邀约和承诺机制而形成的明确约定的内容,但这不构成其主要组成部分;公司中契约更重要的因素在于基于信任、习惯、习俗和其他内化于股东之间的,难以用语言和文字描述的股东

之间的相互关系。❶不完全契约的性质说明，人的理性是有限的，交易费用应当受到节制，当事人之间的契约条款和内容是不完全的，因而需要采取合适的机制应对该问题。❷为了应对契约的关系性和不完全性可能引致的缺憾，务必引入一定的弹性机制来缓解或者化解其中可能出现的紧张关系。采取一致决的形式最能体现平等原则，但由于一致决违反效率原则，在股东会决议中往往不可行，这导致多数决成为公司民主决策的主要表现形式。多数决是一种民主的决策方式，是由集体中的多数确定目标并作出决策。在公司法领域，通过引入资本多数决机制来解决决策的效率问题。❸

对股东平等和合理期待的保护平衡了资本多数决的局限性。多数决的实质是将多数意见拟制为集体的意见，而对少数意见予以忽略。民主的决策方式是为了避免专制独裁而创造的一种治理方式，在今日之世界，已经深入人心，为世人所普遍认可。然而，多数决的方式往往不可避免地存在以下几个方面的局限性。首先，多数决的方式容易忽略少数派的意见，从而形成"多数人的暴政"。资本多数决作为多数决的一种，除了具有多数决普遍存在的缺陷之外，还有自身独特的缺陷。资本多数决往往是一种"恒定多数决"，缺乏互换性。在"恒定多数决"的前提下，一般来说，控股股东在任何表决事项上均属于多数派，不用担心自己被他人控制。"恒定的多数决"条件下，宽容、妥协精神难以养成。资本多数决局限性的最终克服，仍需要借助一定的抽象原则和司法的主观能动性。

---

❶ 麦克尼尔. 新社会契约论[M]. 雷喜宁，等，译. 北京：中国政法大学出版社，2004：4-9.
❷ GROSSMAN, HART. The costs and benefits of ownership: a theory of vertical and lateral integration [J]. Journal of Political Economy, 1986, 94: 691-719.
❸ 屈茂辉，张红. 继续性合同：基于合同法理与立法技术的多重考虑[J]. 中国法学，2010（4）.

同时，作为法律所认可的主要的股东会决议形成机制，"资本多数"并不是少数资本的意见当然被忽略、少数资本的利益当然被牺牲的借口，否则与强权与暴力无异；资本多数决的机制要想获得正当性，务必具有自我克制的秉性，股东平等和股东合理预期保护价值理念平衡了资本多数决的局限性，为股东会决议及股东会决议诉讼提供了相同的价值理念支撑。

三、股东会决议诉讼价值体系与股东会决议诉讼的关系

（一）股东会决议诉讼是价值理念的纠偏机制

资本多数决在股东会决议形成过程中体现了效率、平等和合理期待的价值理念。但是基于每个公司股份构成的不同，大股东行为方式的差异，可能导致股东会决议本身是违背效率、平等和合理期待等价值理念的，因而，股东会决议诉讼为该上述价值理念的最终实现提供了司法救济方式，是价值理念的纠偏机制。

股东会决议诉讼是股东会意思形成的纠偏机制，这种机制与股东会决议本身相比较而言，属于外力（司法）对于公司自治的介入，具有中立性、谦抑性和补充性等特点。效率、平等和合理期待作为核心价值，股东会决议本身应该贯彻执行，每一位股东都应该将之作为强制性行为准则。当股东行为出现失范，没有按照以上行为准则行事的时候，股东会决议诉讼作为外力救济机制即可能被启动。诉讼机制的启动，目标不是干涉和干扰公司自治和股东会的正常秩序，而是为了纠正股东的失范行为，校正股东会的航线，监督

股东会遵循效率、平等和合理期待的价值理念行事。由于股东认识水平存在差异，且容易受到利益的驱使，加上价值理念具有抽象性，股东之间往往对于股东会决议是否符合基本价值理念存在不同的理解、各执一词。股东会决议诉讼借助法官的居中裁判，可以弥补这一缺陷。股东会决议诉讼由专业法官进行居中裁判，法官对效率、平等和合理期待这些抽象的价值理念具有职业的敏感性，有能力对具体情形下的股东行为是否符合这些抽象的价值理念作出恰当的判断。相对于对具体规则是否得到遵守进行判断不同，对于价值理念的判断更需要发挥法官的主观能动性，股东会决议诉讼是彰显效率、平等和合理期待的价值理念的有效方式。

（二）价值体系对股东会决议诉讼承担指引功能

由效率、平等和合理期待所组成的价值体系在股东会决议诉讼的立法、司法和公司治理实践中都具有广泛而权威的指引功能。

价值体系指引着股东会决议诉讼制度的立、改、废。在设计与构建相关制度的时候，需要遵循以上基本价值体系；在制度制定之后，需要结合制度实施状况及时进行评估，对于其中不符合基本价值体系要求的制度，需要及时进行修改或者废止。例如，本书的研究表明，股东会决议诉讼担保制度过于倚重效率价值，违背了股东平等价值，漠视股东合理期待，剥夺了股东平等参与公司治理并平等地受到司法救济保护的权利，动摇了公司治理的基础，因而建议废止该制度。

价值体系指引着股东会决议诉讼制度的司法工作。法律最终、最直接的体现是诉讼。股东间关系属于关系契约和不完全契约，其权利义务关系无法事先确定，而需要在公司运行的过程中逐渐确定，确定的方式主要是股东会决议，所采用的机制主要是资本多数决。为了保障主要经由资本多数决机制确定的股东会决议符合股东合作的初衷，法律需要对股东会决议进行规制。规制的可能方式，一方面是对实体内容进行具体规范，另一方面是确立股东会决议及其诉讼所需要遵循的抽象价值。由于公司所面临的内外部世界具有复杂性和多变性，结合股东会决议的性质，前者不可能成为主要的规制手段，只能更多地依赖抽象价值。对于抽象价值的理解，大股东和小股东基于不同立场往往仁者见仁、智者见智，当利益产生冲突之时，法官的居中裁判成为定纷止争的最佳和终局的选择。所有这些情况决定了对股东会决议的规制更多地依赖于股东会决议诉讼，在进行股东会决议诉讼之时，最基本的遵循，不是具体规则，而是以效率、平等和合理期待为内容的基本价值体系。

同样，基本价值体系对于公司治理也具有指引作用。效率、平等和合理利益期待应当成为每一位公司治理参与者的基本行为准则。具体而言，包括但不限于如下几个方面：对于股东会决议及其诉讼制度相关规定、公司章程的理解，对于股东会程序和内容的合适安排，对于相关分歧的妥善解决。

第三章 股东会决议诉讼的原告

第一节 股东会决议诉讼原告范围的法律意义

诉讼作为社会争议解决方式中的一种，与其他社会争议解决方式如人民调解、信访等相比，有一个显著的特点，就是诉讼只为符合法律规定的原告资格的人敞开大门、提供救济。股东会决议诉讼原告范围的法律意义在于以下方面。

一、限定司法介入股东会决议的范围

作为诉讼，无论是从理论角度还是从实务角度，首先要解决诉权的问题，即谁有资格提起诉讼。这个问题涉及谁有资格走进诉讼之门，因而是任何诉讼必须首先解决的问题，当然十分重要。依照英国上议院的解释，如果 B 对 C 造成了损害，只能由 C 对 B 提起诉讼，而不能由 A 代替 C 对 B 提起诉讼，这就

是适格原告原则,这是任何理性法律体系的基础。❶在股东会决议诉讼中,更不例外。《公司法司法解释(四)》第一条规定了无效或者不成立的股东会决议诉讼的原告资格问题,第二条规定了可撤销的股东会决议诉讼的原告资格问题。从条文数目上看,该司法解释关于股东会决议诉讼方面的条文共六条,关于原告资格的规定占据了的1/3,可见最高人民法院对该问题的重视,也反映出股东会决议诉讼原告资格问题在司法实践中的重要性。❷

我国《民事诉讼法》对被告主体资格采取表示主义,而对原告主体资格则采取适格主义。❸所谓被告主体资格采取表示主义,是指原告应当在诉状上载明明确的被告和相关信息,达到能够明确和确定案件被告、不与案外第三人相混同的程度。对原告不能明确指明被告的,法院应该不予受理。与此相对应的是,就原告主体资格,法律则采取适格主义,不仅要求原告身份的明确和确定,而且要求原告在民事法律关系的诉讼形成过程中享有诉讼实施权,并可接受本案判决结果。原告是否适格属于案件实体审理的范围,因为原告是否适格与作为争讼基础的民事实体法律关系具有不可分割的联系。❹

我国《民事诉讼法》第一百一十九条规定原告应当"与本案有直接的利害

---

❶ Prudential Assurance Co. Ltd. V. Newman Industries Ltd.(No. 2),[1982],Ch 204 : 210.

❷ 《最高人民法院关于适用〈中华人民共和国公司法〉若干问题的规定(四)》(法释〔2017〕16号)
第一条 公司股东、董事、监事等请求确认股东会或者股东大会、董事会决议无效或者不成立的,人民法院应当依法予以受理。
第二条 依据公司法第二十二条第二款请求撤销股东会或者股东大会、董事会决议的原告,应当在起诉时具有公司股东资格。

❸ 此处的原告是广义概念,包括有独立请求权的第三人、第三人撤销之诉的原告、必要共同诉讼的原告、变更当事人的原告等。——作者注

❹ 陈刚.民事实质诉讼法论[J].法学研究,2018(6):128-144.

关系"。但何为"与本案有直接的利害关系",在不同的专业诉讼领域,有不同的理解。例如,在民事公益诉讼领域,原告与本案之间的直接利害关系就具有其自身的特点,应该更多地被理解为是一种基于法律专门规定而产生的拟制的直接利害关系。同样,在股东会决议诉讼领域,原告的主体资格除了需遵循一般民事诉讼规则之外,还需遵循一系列符合股东会决议本质特点的特殊规则。这就是本章研究的意义所在。

对比最高法院2016年4月12日公布的《公司法司法解释四征求意见稿》(以下简称《征求意见稿》),可以发现,《征求意见稿》中,除了跟正式司法解释一样赋予公司股东、董事、监事以决议无效或者不成立之诉原告资格之外,还赋予"与股东大会、董事会决议内容有直接利害关系的公司高级管理人员、职工、债权人等"原告资格。❶

在公司法之外,我国现实民事诉讼法的运行主要基于"四道装置"来确定民事诉讼案件的范围:第一是正面规定,即《民事诉讼法》第一百一十九条所规定的四个受理条件,基于该规定,将与案件无直接利害关系的人排除在民事诉讼之外;第二是负面规定,体现为《民事诉讼法》第一百二十四条规定的其中不予受理的情形和《最高人民法院关于人民法院登记立案若干问题的规定》第十条规定的六种不予登记立案的情况❷;第三是以政策的形式规定一些不予受理或者暂时不予受理的案件,例如我国曾经以一定的形式规定人民法院对于涉

---

❶ 《最高人民法院关于适用〈中华人民共和国公司法〉若干问题的规定(四)(征求意见稿,2016年4月12日发布)》(2016年)第一条(确认之诉的原告) 公司股东、董事、监事及与股东会或者股东大会、董事会决议内容有直接利害关系的公司高级管理人员、职工、债权人等,依据公司法第二十二条第一款起诉请求确认决议无效或者有效的,应当依法受理。

❷ 该两规定所涉及的部分情形有重合和交叉的情况。——作者注

军案件、涉及某些类型的金融稳定的案件、因企业改制而引发的案件不予受理；第四是以内部通知或者内部把握的形式，规定法院不受理某些类型的案件，例如法院对于重大敏感案件、涉及历史遗留问题的案件、易于引发群体性事件的案件，一般是口头不予受理。❶

由此，本书认为：第一，司法介入公司治理受到多方面的限制，限制原告范围是方式之一；第二，《公司法司法解释（四）》对有权诉请确认股东会决议无效或者不成立的原告资格范围进行过反复权衡，最终才确定现行条款；第三，在《民事诉讼法》第一百一十九条对民事诉讼的原告资格范围已经作出明文规定的情况下，《公司法》及其司法解释仍然对股东会决议诉讼的原告进行了缩限性规定。通过规定股东会决议诉讼的原告范围，实际上限定了司法介入股东会决议的范围，界定了股东会决议司法救济的入门条件，既保持了司法的谦抑精神，又尊重了公司自治。

二、限定以股东会决议诉讼方式参与公司治理的主体范围

《公司法》及其司法解释对股东会决议诉讼的原告资格进行专门规定的原因，应该从股东会决议诉讼本身的特点及其发展历史中分析。股东会决议诉讼是一种民事诉讼，作为股东会决议诉讼的原告，应当符合普通民事诉讼原告资格的一般要求，就是原告应当与诉讼所争议的法律关系具有直接的利害关系。另外，股东会决议诉讼也是公司自治的一种补充形式，是资本多数决发展到一定阶段的产物。本书第一章的研究表明，资本多数决经历了从绝对的资本多数决到有

---

❶ 张嘉军．立案登记背景下立案庭的定位及其未来走向 [J]．中国法学，2018（4）：217-237．

限制的资本多数决的发展过程。绝对的资本多数决的显著特征就是股东会决议具有绝对的效力，法院对涉及股东会决议效力的争议不予受理；而有限制的资本多数决的显著特征就是认为股东会决议虽然具有较大的自治效力，但也应当接受司法的审查。但司法对股东会决议效力的审查不是无限制的，而应当尊重以资本多数决为主要表现形式的公司自治。这就要求保持公司自治与司法干预的平衡。

因为现代社会司法救济具有终局的效力，不受司法救济的权利难言真正的权利；只有受司法救济终局保护的公司治理参与权，才是最本质的公司治理参与权。可见，公司法对于股东会决议诉讼原告范围的规定，不仅界定了股东会决议司法救济的入门条件，而且限定了以股东会决议诉讼方式参与公司治理的主体范围，间接地界定了以资本多数决参与股东会决议和公司治理的主体范围。

第二节 我国股东会决议无效之诉原告范围分析

《公司法》第二十二条规定了股东会决议无效的实体要件，《公司法》没有规定股东会决议无效确认之诉的原告范围。因此，股东会决议无效之诉原告范围如何确定成为一个需要严肃讨论的议题。

一、不同的法理观点及其评析

关于股东会决议无效确认之诉的原告范围，在起草《公司法司法解释（四）》

的过程中,形成了三种不同的分歧意见:第一种观点是从窄论,认为与股东会决议撤销之诉一样,只有股东有权提起股东会决议无效之诉,其他任何主体包括公司董事、监事等均无权提起;第二种观点是从宽论,认为不仅公司内部人员,连公司外部人员也有权提起股东会决议无效确认之诉,这种观点显然借鉴了任何人均可主张无效民事法律行为无效的逻辑路径;第三种观点为折中论,认为仅公司内部人员有权提起股东会决议无效确认之诉,将提诉权人限制为公司内部人员。❶

关于第一种观点,本书认为,这种观点漠视了不同瑕疵程度的股东会决议的不同特点,混淆了可撤销股东会决议与无效或者不成立股东会决议的根本区别。所谓可撤销股东会决议,是指股东会决议的内容违反公司章程,或者股东会决议的程序违反了法律行政法规或者公司章程。这种类型的股东会决议,瑕疵程度较轻,对于社会经济和当事人的影响不是特别重大,法律对于这种较轻瑕疵的股东会决议,采取比较宽容的态度。例如,采取短期时效制度,规定对于可撤销的股东会决议,撤销权人主张撤销的期限是60日,而且主张撤销的方式仅限于诉讼,对超过该期限起诉的案件不予受理,该60日在性质上属于除斥期间,不可中止、中断和延长。通过一系列的制度,尽量维持股东会决议的效力,尽管这些决议可能存在这样或者那样的瑕疵。之所以规定股东会决议撤销诉讼的原告仅限于股东,不仅将公司外部人员排除在外,而且将公司内部人员例如公司董事、监事等也排除在外,主要的考虑在于以下几点:通过限制原告范围,避免股东会决议撤销之诉被其他主体甚至

---

❶ 理喻.涉公司股东权益司法实务问题答疑——专访最高人民法院民二庭负责人[J].法律适用,2013(7):85-87.

是别有用心的主体任意提起，干扰公司的正常决策，影响相关法律关系的稳定，增进公司运行的效率，同时也符合《公司法》第二十二条第二款关于股东会决议撤销之诉原告资格的规定。❶但是，前述第一种观点，将股东会决议无效确认之诉的原告主体也界定为公司股东，没有注意到股东会决议无效的原因是其内容违反了法律行政法规的强制性规定，国家法律对于无效股东会决议的态度是根本性否定的，不存在尽量继续维持其法律效力的逻辑前提，因而也无须尽量限制原告主体的范围，而是允许合适的主体作为原告提起诉讼，以维护法律的正确实施和公司治理的科学有序，因而，本书认为，第一种观点是不恰当的。

第二种观点对于股东会决议的无效之诉的原告持开放性的立场，认为关于股东会决议诉讼的原告主体资格，《公司法》并未作出限制性规定，故无论是公司内部人员，还是公司外部人员，只要对股东会决议存在诉的利益，就有权提起股东会决议无效确认之诉。❷我国学者周友苏教授也认为，凡有诉益者，包括股东、公司机关、公司、公司职工，都有权诉请确认股东会决议无效。❸基于股东会决议一般仅对内产生法律效力，不对公司之外的第三人直接产生法律效力，故公司之外的第三人对于股东会决议并无法益，无权提起诉讼以确认股东会决议无效。但如果股东会决议成为公司与第三人之间法律关系的成立或者生效要件时，此时该第三人与股东会决议之间产生法律上的利益，该第三人可以成为股东会决议无效确认之诉的原告。本书认为，第二种观点正确地论证了

---

❶ 杜万华.最高人民法院公司法司法解释（四）理解与适用[M].北京：人民法院出版社，2017：63.
❷ 李哲松.韩国公司法[M].吴日焕，译.北京：中国政法大学出版社，2000：423-425.
❸ 周友苏.公司法学理与判例研究[M].北京：法律出版社，2008：99-100.

"法律上的利益"或者"法益"这个概念，给判断股东会决议诉讼原告资格的问题提供了一个理论抓手，具有较大的指导意义。唯感不足的是，法律上的利益包括直接及间接性的法律上的利益，若不做类型化分析，就不能准确理解"法律上的利益"或者"法益"，一定程度上有可能扩大原告的范围，所以存在进一步精细化和精准化的必要。

第三种观点，认为仅公司内部人员有权提起股东会决议无效确认之诉，但对公司内部人员的范围界定不明确。一般来说，公司董事、监事属于内部人员，但公司员工是否属于内部人员？公司债权人是否属于公司内部人员？特别的情形，例如股东会决议的内容直接关涉公司员工的利益时，或者股东会决议影响到可转换公司债券债权人的利益的时候，公司内部人员与公司外部人员二者的界限就不是特别清楚，会产生一些分歧，因而上述"折中说"也存在继续研究的必要。

二、高级法院、最高法院的司法裁判观点及启示

所有的法律都是法官创造的，因而法学研究离不开对实际司法案例的研究。[1] 笔者在最高法院代理过一件股东会决议诉讼二审诉讼案件。该案件中，最高法院以起诉人不具备原告资格为由，驳回了起诉人的起诉。该案件审结于《公司法司法解释（四）》之前，与《公司法司法解释（四）》的第一条和第二条的内容关联性很大。本书拟分析研究该案例，希望对股东会决议诉讼原告资格的研究有所启示。

---

[1] 凯尔森. 法与国家的一般理论 [M]. 沈宗灵, 译. 北京：商务印书馆, 2014：226-232.

案例简介❶及简要评析：广东中顺公司注册资本1000万元，有三个股东，周某持股20%，王某持股50%，广东城协公司持股30%。成都中顺公司注册资本500万元，广东中顺公司是成都中顺公司的唯一股东。2011年1月26日，广东中顺公司以成都中顺公司唯一股东身份作出《股东决定》，同意引进新股东兰某对成都中顺公司增资2.4亿元。广东城协公司以广东中顺公司、成都中顺公司、周某、王某为被告，诉至四川省高级人民法院，要求确认2011年1月26日广东中顺公司以成都中顺公司唯一股东身份作出的《股东决定》无效。四川省高级法院认为，公司法上，考察股东有无起诉权，主要看两个方面的法律规定：一是公司法上有无特别规定，例如公司法上的股东会决议诉讼、股东知情权、分红权诉讼、股东代表诉讼，如果在公司法上有特别规定，相关主体当然有原告资格；在公司法上无特别规定的场合，需要考察是否符合《民事诉讼法》第一百一十九条关于"原告是与本案有直接利害关系的公民、法人、其他组织"的规定。就本案而言，广东城协公司的起诉无公司法规定的依据，引进兰某入股的股东决定直接影响的是广东中顺公司在成都中顺公司的持股比例，广东城协公司与该公司决定无直接的利害关系，不符合《民事诉讼法》第一百一十九条规定的起诉条件，故裁定驳回广东城协公司的起诉。最高法院二审认为，作为民事案件的起诉条件，当事人与案件所具直接利害关系，应理解为案件事实径行对当事人主张的权益产生影响，当事人可作为争议法律关系的一方主体。如争议事实借助其他事实、行为方与当事人所主张的法律关系发生实际联系，则不属于"直接利害关系"。就广东城协公司的股东权益而言，广东城协公司与

---

❶ 广东城协公司与广东中顺公司、成都中顺公司、周某、王某股东会决议效力纠纷（最高人民法院〔2014〕民二终字第15号《民事裁定书》）。

案件各方当事人均不能形成直接的权利义务关系。最高法院认定一审裁定正确,最高法院二审裁定予以维持。

一审裁定书给本书的启示在于:公司法上,考察股东有无起诉权,一是看公司法上有无特别规定,二是看是否符合《民事诉讼法》第一百一十九条关于"原告是与本案有直接利害关系的公民、法人、其他组织"的一般性规定。二审裁定书的主要启发意义在于:阐明和解读了《民事诉讼法》第一百一十九条"直接利害关系"的含义,强调"径行影响",排除"借道第三方发生联系"。认真分析领会该案一、二审裁判要旨,对本章分析相关法律理论和实际问题,无疑具有十分重要的指导意义。

三、对法理与实务观点的分析

人民法院针对个案所作的裁判文书体现了司法实践的裁判思路,但这仅为因解决个案争议而作出,相应的,缺乏抽象的、普世的指导作用,司法解释是为解决审判实践中的一般性问题而作出的。我们不应苛求二者的绝对一致,但对于二者的不同点进行分析,探求其原因及优劣,无疑是一种有益的尝试。

(一)是否有直接利害关系是股东会决议无效之诉原告资格确定的关键因素

在《征求意见稿》中,规定了"与股东会或者股东大会、董事会决议内容有直接利害关系的公司高级管理人员、职工、债权人等",有权起诉请求确认决议无效或者有效。正式司法解释删除了该规定，不再明文规定公司高级管理人员、职工、债权人的股东会决议诉讼原告资格。之所以作出这样的修改，根据最高人民法院负责起草《公司法司法解释（四）》的法官介绍，该条的修改，并不否定有直接利害关系的公司高级管理人员、职工、债权人等的原告资格，其中的"等"属于不完全列举，实际上涵盖了上述直接利害关系，是基于民事诉讼法的一般起诉规则而进行的规定。❶ 部分学者则认为应当将公司职工排除在公司决议诉讼原告的范围之外，而将公司债券持有人涵盖在公司决议诉讼原告范围之内。❷

本书认为，一般而言，高级管理人员、职工、债权人并不属于与股东会或者股东大会、董事会决议内容有直接利害关系的人。法理上分析，股东会决议的内容可能为免除高级管理人员的职务，股东会决议降低职工的劳动待遇，股东会决议逃废债务。在举例的这些法律关系中，股东会决议免除高级管理人员的职务之后，一般还需要以公司的名义向免职对象发出一份任免通知或者决定，对免职对象发生法律效力的，是公司的任免通知或者决定，而不是股东会决议；股东会决议降低职工的劳动待遇之后，一般也会以公司的名义发一份通知或者公告，对职工发生法律效力的，是公司的通知或者公告，也不是股东会决议；同样，股东会决议逃废债务之后，一般也是以公司的名义对债权人作出一定的作为或者不作为，对债权人发生法律效力的，是公司的对外作为或者不作为，也不是股东会决议。

司法实践上分析，回归最高法院在前述二审个案上的裁判观点，《民事诉讼

---

❶ 杜万华.最高人民法院公司法司法解释（四）理解与适用[M].北京：人民法院出版社，2017：28.
❷ 石少侠.对《公司法》司法解释（四）若干问题的理解与评析[J].当代法学，2017（6）：99-105.

法》第一百一十九条"直接利害关系"的含义，强调"径行影响"，排除"借助其他因素发生联系"。前述举例的若干情形，都不是"径行影响"，而是"借助其他因素发生联系"。正如最高法院二审裁定书所论，如争议事实借助其他事实、行为方与当事人所主张的法律关系发生实际联系，则不属于"直接利害关系"。故一般而言，公司高级管理人员、职工、债权人等公司法之外的主体，与股东会或者股东大会、董事会决议是不存在直接利害关系的，都是借助股东会决议之后的公司对外行为或者事实，而与股东会决议发生间接的联系，二者之间是间接利害关系。

当然，在特定情况下，高级管理人员、职工、债权人也可能成为与股东会或者股东大会、董事会决议有直接利害关系的人。在公司法实践中，高级管理人员、职工、债权人与股东等公司成员往往存在处于过渡状态、边界模糊、甚至身份重合的情况，例如期权、管理股、员工股、优先股、可转换债券持有人，这些主体依据公司法、公司章程或者合同约定，享有对公司经营管理的参与或者监督权。❶❷ 本书认为，高级管理人员、职工、债权人是否应被认定为股东会决议诉讼的适格原告，仍需要运用"直接利害关系"原理：如果这些权利主体是通过公司法或者公司章程与股东会决议联系在一起，说明这些主体是公司治理的直接参与者，则可以赋予其原告资格。例如，可转换公司债的债券持有人，相关的转换条件往往被记载在公司章程之中。又例如，根据中国《公司法》第七十条，国有独资公司监事会成员中职工代表不得低于总数的1/3，这些职工代

---

❶ 沈四宝. 西方国家公司法原理 [M]. 北京：法律出版社，2006：291-293.
❷ 杜万华. 最高人民法院公司法司法解释（四）理解与适用 [M]. 北京：人民法院出版社，2017：28-29.

表由职工代表大会选举产生。如果国有独资公司的监事会成员不符合以上规定，公司职工应该对此享有诉的利益，具有直接的利害关系，有权以原告的身份起诉否定相关决定的效力。❶ 相反，如果这些主体仅仅是通过合同关系与股东会决议联系在一起，则不宜赋予其原告资格。

（二）股东、董事、监事等具有股东会决议无效的诉讼主体资格是否与"直接利害关系"原则冲突

《公司法司法解释（四）》第一条明确规定，公司股东、董事、监事有权提起确认股东会决议无效的诉讼。这里我们回归到《民事诉讼法》第一百一十九条，回归到最高人民法院在个案中对于"直接利害关系"的解读，就会发现股东、董事、监事并不总是、也并不当然是与股东会决议有直接的利害关系的人。因为并不是所有的股东会决议，都会径行对股东、董事、监事的权益产生影响，有时甚至连间接影响都不会发生。例如，董事会决议与外部某公司签订一重要合同，一般地说，只是会影响到公司的利益，就股东、董事、监事个人权益而言，一般来说不会产生直接的影响。

股东会决议诉讼中原告的利益，有可能是公司股东、董事、监事自身的利益，也可能是公司的利益。从这方面看，股东会决议诉讼与股东代表诉讼有不少共同点：第一，都是起源于公司的利益受到直接的损害；第二，都是为了

---

❶ 2018年《公司法》第七十条 国有独资公司监事会成员不得少于五人，其中职工代表的比例不得低于三分之一，具体比例由公司章程规定。监事会成员由国有资产监督管理机构委派；但是，监事会成员中的职工代表由公司职工代表大会选举产生。监事会主席由国有资产监督管理机构从监事会成员中指定。监事会行使本法第五十三条第（一）项至第（三）项规定的职权和国务院规定的其他职权。

直接维护公司的利益，可能间接的具有维护股东个人利益的客观效果；第三，法律效果和利益归属都是直接地归属于公司。当然，股东会决议诉讼与股东代表诉讼的区别也是十分明显的：第一，股东代表诉讼的诉讼请求是追究董事、监事、高级管理人员的赔偿责任，股东会决议诉讼的诉讼请求是与股东会决议的效力相关；第二，股东代表诉讼的被告往往涉及与公司的董事、监事、高级管理人员内外勾结的公司外部人员，而股东会决议诉讼的被告只能是公司本身，公司股东、董事、监事等可能被列为案件第三人。

《公司法司法解释（四）》第一条的规定与《民事诉讼法》第一百一十九条是否相互冲突？本书认为，二者并不冲突。因为公司股东、董事、监事具有个人身份和职务身份两种不同的身份：就个人身份来看，当股东会决议涉及公司股东、董事、监事个人利益时，此类股东会决议与公司股东、董事、监事具有直接的利害关系，自不待言；就职务身份而言，公司股东、董事、监事是公司机关组成人员，是参与公司治理的重要主体，具有维护公司正常运行和公司合法权益的法定职责。股东会、董事会和监事会作为法人机关，不具有独立的民事主体地位，不能作为民事诉讼的主体，在需要进行诉讼时，由股东、董事、监事以个人的名义开展诉讼，是一种可行的办法。虽然不是为了维护自己的利益，但股东、董事、监事在进行股东会决议诉讼时，这些主体也具有维护自己利益同等的权利义务。❶这类似于公益诉讼。在公益诉讼中，公益诉讼的代表人也是为了某种特定范围公益而提起诉讼，法律也视其为公益的代表，而特别规定其具有原告的资格。所以，股东、董事、监事等虽然自身可能并不是与股东会决议有直接的利害关系的人，但法律将其拟制为与股东会决议有直接的利

---

❶ 当然，这些主体在和解、调解等方面受到一定的限制。——作者注

害关系的人，具有诉的利益，在理论上和实践中都是适当的。部分学者对此提出不同意见，认为股东大会决议撤销之诉是公司内部"公益之诉"的功能定位值得商榷，应定位为维护原告股东个体权利的诉讼制度，从而对原告主体资格进行限缩。❶ 本书认为，这种认识是不恰当的，因为公司是一种典型的团体法人，股东会决议是团体自治的形式，股东会决议诉讼的目的，除了保护股东的个人利益之外，更重要的是保障股东会议的正常进行，脱离公司团体性进行制度的理解和适用是不合适的。

（三）股东会决议无效之诉与撤销之诉原告范围差异的原因分析

《公司法司法解释（四）》第一条规定确认股东会决议无效之诉的原告是公司股东、董事、监事等，《公司法司法解释（四）》第二条规定撤销股东会决议之诉的原告应当在起诉时具有公司股东资格，后者比前者的范围小。

从《民事诉讼法》第一百一十九条的规定和前述最高法院在个案裁判中的观点来看，都是强调的直接利害关系。单纯就直接利害关系的角度来看，很难解释《公司法司法解释（四）》第一条和第二条区别规定的合理性。因为，同是股东会决议或者董事会决议，就法律关系的直接性来讲，并不会因为瑕疵程度的不同，而影响到利害关系的直接性或者间接性这类质的区别。部分学者也认为，股东会决议效力确认纠纷与股东会决议效力撤销纠纷的原告范围是一致的，只有公司的股东才有权提起股东会决议无效之诉。❷ 本书认为，股东会决议诉讼原告范围的确定，实际上影响到了司法对于公司自治的介入深度，也关系到股

---

❶ 丁勇.股东大会决议撤销之诉功能反思[J].法学，2013（7）：105-115.
❷ 俞志凌.公司决议效力确认纠纷的形式及原告资格[J].人民司法·案例，2010（16）：95-98.

东等权利人能够在多大程度上参与公司治理。针对瑕疵程度不同的股东会决议，应当根据瑕疵的轻重程度，确定相应范围的原告。决议撤销之诉所涉及的瑕疵程度较轻，对该类诉讼的原告范围宜进行限制，以维护公司运行的效率；而决议无效之诉所涉及的决议瑕疵则相对较严重，有权起诉的原告范围应较大。因此，对股东会决议无效之诉与撤销之诉原告范围进行差异性规定，符合两类诉讼各自不同的特点，是合适的。

第三节　股东会决议诉讼原告范围的比较法研究

关于股东会决议诉讼的原告范围，存在如下几种代表性立法模式。

一、依公司及决议类型分别规定为特色的英国公司法模式

英国属于判例法国家，不同于大陆法系国家和地区，其立法没有类似于大陆法系民商立法那样严谨的概念和严密的逻辑体系。在英国公司法中，没有严格区分股东会决议的无效与可撤销，英国公司法上的撤销股东会决议，等同于日常语言意义上的否定股东会决议的效力，包括大陆法系国家和地区公司法上的股东会决议的无效与可撤销。

在英国公司法中，区别公众公司与私人公司以及股东会决议的内容的不同，规定不同的股东会决议诉讼的原告资格。例如，在公众公司通过内容为将本公司变更为私人公司的股东会决议时，股份公司持股比例不低于5%的股东、非

股份公司不低于5%的成员或者不低于50名成员，具有申请撤销股东会决议诉讼的原告资格（2006年《英国公司法》第98条）。又如，私人公司如果通过回购股份的方式减资时，任何公司成员及任何公司债权人均有权起诉申请撤销股东会决议（2006年《英国公司法》第721条）。可见，英国公司法在股东会决议诉讼的原告问题上，一是坚持限定的立场，例如对于持股比例的限制；二是根据不同的情况，确定只有在股东会决议的内容影响到提诉权人的法益的时候，相关提诉权人才是适格原告。❶

关于原告资格，我们再次重温英国的著名案例——1843年英国上诉法院审理的福斯诉哈伯特一案。在该案中，法院认为，未经股东多数同意，两原告作为少数派股东，无权宣称为了公司的利益起诉公司董事。公司与股东不是一回事，股东不是适格的原告，适格的原告是公司。按照该案主审法官詹姆士爵士（James Wigram）的意见，如果B损害了C，A未经C授权，不能代表C起诉B，即任何私人的利益只能由自己维护，这是"任何法律体系的基础"。❷ 在思考中国公司股东会决议诉讼原告资格的制度构建和法律适用问题的时候，福斯诉哈伯特一案所阐明的思考方式仍值得我们学习借鉴。

二、以类型化细分为特色的德国公司法模式

德国公司法上的决议诉讼也区分为决议撤销之诉和决议无效之诉。就股东

---

❶ 杜万华.最高人民法院公司法司法解释（四）理解与适用[M].北京：人民法院出版社，2017：39-40.

❷ Prudential Assurance Co Ltd v. Newman Industries Ltd（No.2），[1982]，Ch 204：210. 转引自：钱玉林.英国的股东派生诉讼：历史演变和现代化改革[J].环球法律评论，2009（2）：120.

会决议撤销而言，首先规定董事会及董事、监事具有原告资格，而股东则不当然有权提起股东会决议撤销之诉，是否出席股东会、没有出席股东会的原因将影响到利益关系的认定，并进而影响到该股东是否有权提起股东会决议撤销之诉。另外，在股东会会议上的投票情况也影响到股东是否有权诉请撤销股东会决议，投反对票的股东有权申请撤销，而投赞成票和弃权票的股东则无权提起该类诉讼。❶ 在股东会决议无效确认之诉中，首先规定公司股东、董事会及董事、监事具有原告资格。另外由于德国公司法中注重工会的作用，还规定企业顾问委员会或者职工代表有权就选举监事会成员的股东会决议提起无效确认之诉。❷ 可以看出，德国法对于股东会决议诉讼原告主体资格的规定比较精细，原告资格的赋予与实体上的权利义务紧密相关，基本做到了只要一民事主体享有实体权利，程序上就赋予该主体相应的诉讼救济权利。德国法这方面的经验非常好，值得我们在理论研究和法制实践中学习借鉴。❸

三、以明确化为特色的日韩模式

日本公司法师从德国公司法，同时受到美国公司法的影响；而韩国公司法则较多地从日本公司法移植，在股东会决议诉讼的原告资格方面，二者均体现出明确化的特征。具体而言，就股东会决议无效确认之诉而言，日韩两国对于原告资格均无特别的限制。理论上认为，对于股东会决议主张无效有利害关系

---

❶ 张凝.日本股东大会制度的立法、理论与实践 [M]. 北京：法律出版社，2009：283.
❷ 《德国股份公司法》第 249 条、第 250 条、第 245 条
❸ 杜万华.最高人民法院公司法司法解释（四）理解与适用 [M]. 北京：人民法院出版社，2017：45-46.

者均可作为原告起诉。同时，日韩两国均规定，公司股东、董事、监事均有权提起股东会决议撤销之诉。作为例外，被解任的董事、清算人、监事对于所涉及的股东会决议，也享有起诉权。对作为股东的原告，并未从持股数量、是否出席公司会议、是否投反对票等方面进行限制。❶❷ 可见，日韩立法简洁、明确，操作性较强，这方面值得我们学习。

四、以严格限制为特色的中国台湾地区"公司法"模式

我国台湾地区"公司法"中，对股东会决议无效确认之诉的原告无明文规定，理论上可解释为任何具有利害关系的人均可作为原告起诉。但在股东会决议撤销诉讼的情形，台湾地区"公司法"规定仅股东有权起诉，没有对股东作为原告的资格条件作进一步的界定。（台湾地区"公司法"第一百八十九条）。❸ 台湾地区"公司法"的这种规定，虽然明确具体，但缺点也是显而易见的，表现在精细化不够，理论上，即使在股东会上投赞成票的股东，也有权起诉，违背了禁反言原则和诚实信用原则；同时，也不当剥夺了部分公司治理主体的起诉权，使得相关主体的法定职权职责无法通过诉讼的途径行使，例如公司董事、监事在面对程序严重瑕疵的股东会决议时，不能通过诉讼的途径进行救济，权责不一致或者有责无权，缺陷是明显的。我国《公司法》关于股东会决议撤销诉讼的原告主体资格，采取了与台湾地区"公司法"基本相同的规定，也是值得检讨的。

---

❶ 前田庸.公司法入门[M].12版.王作全,译.北京:北京大学出版社,2012:299-307.
❷ 李哲松.韩国公司法[M].吴日焕,译,北京:中国政法大学出版社:423-426.
❸ 李志刚.公司股东会撤销决议之诉的当事人:规范、法理与实践[J].法学家,2018（4）:84.

第四节 股东会决议诉讼原告资格的界定

经过前文的分析和论证，著者认为，关于股东会决议诉讼原告范围的界定，需要遵循如下几个方面思路。

一、有必要对股东会决议诉讼原告的范围进行限缩性规定

《公司法》第二十二条明确规定只有股东有权提起股东会决议撤销之诉，而《公司法司法解释（四）》将股东会决议无效之诉的主体明确为公司股东、董事和监事等。显然，二者都对于股东会决议诉讼的原告进行了一定的限定。关于是否应该对股东会决议诉讼的原告进行缩限，我国商法学界目前主要有两种观点：一种观点认为不应该对股东会决议诉讼的原告范围进行限定，另外一种观点认为应该对股东会决议诉讼的原告范围进行限定。

主张不应限定说的主要理由是：法院应该体现镇定和节制的氛围，在股东会决议诉讼原告资格问题上也是如此。❶对无效的法律行为，任何人均可采取包括诉讼在内的任何方式主张其无效，对股东会决议的无效，也应作相同的理解。《公司法》第二十二条对股东会决议无效确认之诉的原告范围未作明确规定，未必是一个法律漏洞，可能是一个有意的立法留白，正好体现了法律的镇定与节制。《公司法司法解释（四）》对此进行更细化的主体限定，未必是一个更好的选择。

---

❶ 赞恩.法律的故事[M].于庆生，译.北京：中国法制出版社，2014：390.

从实证考察的角度来看，在过去十年的司法实践中，并未出现股东会决议诉讼的滥诉现象，所以通过立法或者司法解释对股东会决议诉讼原告范围进行限定性规定以防止股东会决议滥诉，其前提是假想的。基于以上理由，不赞成对于股东会决议诉讼原告资格进行限定。❶

主张应该进行限定解释的主要理由是：股东会决议是公司形成团体意思的过程。股东会决议形成之后，将成为公司开展内外经营活动的依据，公司将以此为基础不断形成各种法律关系。股东会决议诉讼将影响到股东会决议的效力，使公司依据股东会决议所产生的各种法律关系的稳定性受到影响，危及交易安全和效率。为了最大限度减少诉讼对公司法律关系稳定性的影响，提高公司运行的安全与效率，有必要对股东会决议诉讼的原告范围进行限定。❷

本书认为，股东会决议诉讼具有自身的特点，体现在诉的利益方面具有专业化的特色，不同于普通的民事诉讼，这些特色难以在《民事诉讼法》的框架内予以界定，也很难依据民事法律行为的一般原理进行解释。司法实践中未发现股东会决议之诉的滥诉现象，可能源于我国法院在立案环节对于立案标准进行了法外限定、将不具有相应法益的提诉人拒之门外。与其将这种限制留待立案法官的法外限制，不如在法律及其司法解释之中将相关的限制条件予以明确规定。为了增强以股东会决议为基础的法律关系的稳定性，提高公司运行的安全与效力，本书赞成在《公司法》及其司法解释中对股东会决议诉讼的原告资格进行限定。

---

❶ 赵玉：《司法观察下〈公司法解释四〉第 1 条的检讨》，中国民商法第二届新锐学者论坛暨中国商法冬季论坛（海南）股东会决议效力之诉专题研讨会上的发言。
❷ 李志刚.公司股东会撤销决议之诉的当事人：规范、法理与实践[J].法学家，2018（4）：84.

二、根据效力瑕疵类型分别确定原告范围

关于股东会决议诉讼原告的范围，不同国家和地区的规定有所不同。我国台湾地区的"公司法"规定，股东会决议撤销之诉的原告只能是公司股东，而对于股东会决议无效之诉的原告则无专门规定，理论上认为应该适用民事诉讼法的一般规定。❶这种规定，与我国《公司法》的规定基本一致，但我国《公司法司法解释（四）》从一定程度上缩限了股东会决议无效之诉原告的范围。德国《股份公司法》则没有区分决议无效之诉和决议撤销之诉，统一规定公司股东、董事、监事有权提起股东会决议诉讼，并没有区别规定。日本《公司法》的规定则更细致，具体而言，股东会决议无效之诉需要根据决议的具体内容确定不同的原告范围，股东会决议撤销之诉的原告则统一规定为公司股东、董事、监事、清算人。❷❸

可见，各国和地区公司立法中，不乏针对股东会决议无效和股东会决议可撤销分别规定不同原告范围的立法例。这样规定的原因，我们可能需要从两种公司瑕疵的不同点上寻找原因。股东会决议无效，瑕疵程度往往比较严重；而股东会决议的可撤销，往往属于程序瑕疵或者内容违反公司章程。公司法作为商法之典型代表，特别强调维护商事交易的稳定、效率，尽量维持商事行为的效力，尽量促成交易。就股东会决议撤销之诉而言，中国《公司法》规定了60天的除斥期间，超过该期间的，股东丧失撤销权，可撤销的股东会决议的效力

---

❶ 王泰铨.公司法争议问题研究[M].2版.中国台湾：五南图书出版有限公司，2010：199-205.
❷ 近藤光男.最新日本公司法[M].7版.梁爽，译.北京：法律出版社，2016：202-207.
❸ 王林清.公司诉讼裁判标准与规范[M].北京：人民出版社，2012：144.

经由时间的经过自然得到治愈，不得再被诉请撤销，与有效的股东会决议效力等同。限制股东会决议的撤销权人及其原告的范围，应该也是出于尽量维护股东会决议的效力，进而促进商事交易的效率，是一种立法政策的具体考虑。而股东会决议无效之诉，属于比较严重的股东会决议瑕疵，属于法律对于商事行为较强的否定性评价，该类诉讼的原告范围宜规定得较为宽泛。所以，《公司法司法解释（四）》第一条和第二条对确认股东会决议无效之诉与股东会决议撤销之诉原告范围区别规定，具有一定合理性。

股东会决议是公司治理的主要方式，股东会决议效力诉讼是公司治理诉讼的主要类型。❶公司治理模式，从一定程度上可以理解为公司权力配置，即公司治理权力的具体类型及其相互关系。

在世界代表性国家公司法的发展历程中，在公司权力配置方面，经历了从股东会中心主义向董事会中心主义的变迁，曾经发生过或者仍然存在"公司是谁的"之争。学说方面，众说纷纭，出现过以佛兰克·H.伊斯特布鲁克和丹尼尔·R.费希尔为代表的"公司契约论"，以戴维·米伦为代表的"公司小区理论"，以玛格丽特·M.布雷尔和林恩·A.斯托特为代表的"团体生产理论"，以斯蒂芬·波特姆利为代表的"公司宪政论"。❷第一部《公司法》颁布至今只有20多年，笔者观察，《公司法》的实践其实总体上仍然处于股东会中心主义的阶段。《公司法司法解释（四）》所面临的大背景和主要矛盾，仍然是投资者保护不足；《公司法司法解释（四）》的主要目标，仍然是健全公司治理、加强股东权利保护，而不是学术界从国外搬回的"股东会中心主义"和"董事会中

---

❶ 杜万华.最高人民法院公司法司法解释（四）理解与适用[M].北京：人民法院出版社，2017：14.
❷ 伊斯特布鲁克，费希尔，等.公司法的逻辑[M].黄辉，编译.北京：法律出版社，2016：1-25.

心主义"之类的"洋"问题。❶

在上述背景下,《公司法司法解释(四)》将提起股东会决议撤销之诉的主体规定为股东,而将董事和监事排除在外,从一定程度上,可能是源于"公司是股东的公司"的思维。正如毛泽东在《目前形势和我们的任务》等多篇经典文献中所阐明的,要在认真分析当前形势的基础上,确定需要解决的主要问题,据此制定政策策略。❷因而,从我国公司实践发展的当前阶段来看,将公司治理的主体和股东会决议诉讼的主体局限于公司股东,具有一定的合理性。

但董事和监事作为公司机关的成员,具有参与公司治理的职权职责,如果将该两类主体排除在股东会决议撤销之诉的适格原告之外,实际是将其排除在公司治理之外,存在将公司治理结构倒推回合伙企业倾向。笔者认为,从《公司法》理论和实践的科学性以及《公司法》的未来发展来看,随着公司实践的发展,股东会决议撤销之诉的原告范围有必要扩展到董事和监事。

三、一般规定与特殊规定的适用

从以上分析可以看出,我国股东会决议诉讼原告资格的法律渊源,有一般性规定和特殊性规定两种类型:一般性规定是《民事诉讼法》第一百一十九条,该条进行质的界定,确定原告应该是与案件争议具有直接利害关系的人;特殊

---

❶ 杜万华.最高人民法院公司法司法解释(四)理解与适用[M].北京:人民法院出版社,2017:11.
❷ 毛泽东.毛泽东选集:第四卷[M].2版.北京:人民出版社,1991:1243-1263.

的规定是《公司法》第二十二条和《公司法司法解释（四）》第一条和第二条。二者构成一般规定与特别规定的关系。当《公司法》及其司法解释有明确的特别规定的时候，应该优先适用特别规定。例如，关于股东会决议撤销之诉的原告，目前应该适用《公司法司法解释（四）》第二条，明确只有公司股东才有权提起该类诉讼。对于《公司法》及其司法解释四的条文含义应作正确的理解，关于《公司法司法解释（四）》第一条，其中的"等"字，属于不完全列举，对于未明确列举的其他主体起诉的，宜根据《民事诉讼法》第一百一十九条，重点把握"直接利害关系"；对于根据公司法和公司章程享有参与和监督公司治理的高级管理人员、职工、债权人，可以根据案件具体情况，有条件地承认此类主体的起诉资格。

四、股东会决议诉讼原告资格中价值原则的平衡

确定股东会决议诉讼原告资格的范围涉及效率和平等价值原则的权衡和考虑。如果限制原告的范围，可能减少股东会决议受到不当干扰的机会，提高公司决策的效率，但有可能侵犯股东的平等权利；如果任意扩大原告的范围而不加限制，可能看起来保障了股东的平等权利，但可能纵容滥用诉讼甚至恶意敲诈的行为，影响公司运行的正常推进，影响效率价值的实现。

具体而言，本书认为：

（1）基于前文分析，由于公司董事会、监事会是基本公司机关，董事、监事是公司治理的基本主体，对公司治理承担法定和章定的职权职责，参照学者观点和域外立法例，笔者建议将股东会决议撤销之诉的原告予以扩大，目前至

少扩大到公司股东、董事、监事。这样的制度设计，符合正常的公司治理秩序，符合有权利必有救济的法律理念，也符合效率与平等协调共生的理念。

（2）是否赋予某一主体以股东会决议诉讼的原告资格，主要考虑因素有两个：首先是该主体是否是公司治理主体，原因是股东会决议诉讼是公司治理的一种方式，当然只有公司治理主体才有权提起此类诉讼；其次还需要考虑争议股东会决议是否侵犯该主体自身或者所代表的利益。以上两个方面因素的关系，以前者为主要考虑因素，而以后者为次要考虑因素。如果属于公司治理主体，一般可以考虑赋予其股东会决议诉讼的原告资格；如果仅仅符合后一个条件，则需要考虑是否符合第一个因素，或者是否属于公司治理事项，而不属于公司与第三人的外部法律关系。公司决议撤销之诉当事人的列置具有公司法和诉讼法的双重基础。公司决议体现的是作为团体成员与团体之间的关系，而不仅仅是股东之间的平等关系。科学设计公司决议诉讼的程序性规范，有利于实现保护个体利益和维护决议稳定性的平衡，有利于公司自治和司法必要干预的平衡。❶

（3）对于公司治理主体范围的界定，实际上与资本多数机制决对于平等与效率的考虑有关：如果更优先考虑平等和相关主体利益保护，可能将原告主体资格界定得较为宽泛；相反，如果更多考虑资本多数决的效率，可能对于原告主体资格进行较严格的缩限。

我国现行立法的规定显得比较粗线条化，这是改革开放初期"宜粗不宜细"立法理念的后遗症，也与我国现阶段公司法的实践和公司法理论发展阶段有关。相比较而言，英国、德国、韩国、日本的某些具体制度十分精细化，

---

❶ 李志刚.公司股东会撤销决议之诉的当事人：规范、法理与实践[J].法学家，2018（4）：80-95.

往往规定了许多细分情形下的不同处理方式,符合公司治理的实际,值得我们学习。今后我国《公司法》的理论研究和立法完善宜朝着精细化的方向不断完善,以便在股东会决议诉讼制度中更好地贯彻效率、平等和合理期待价值原则体系。

第四章 股东会决议诉讼担保制度

我国股东会决议诉讼担保制度,与股东会决议诉讼同时出现在 2005 年《公司法》修正案中,具体为《公司法》第二十二条第三款。❶ 股东会决议诉讼担保制度在民事诉讼中属于比较独特的诉讼制度,本章就该制度产生的原因、制度的意义、存废的分析及建议等多个问题展开讨论。

第一节 我国股东会决议诉讼担保制度概况

根据《公司法》第二十二条的规定,股东提起诉讼的,人民法院可以应公

---

❶ 2018 年《公司法》第二十二条第三款 公司股东会或者股东大会、董事会的决议内容违反法律、行政法规的无效。股东会或者股东大会、董事会的会议召集程序、表决方式违反法律、行政法规或者公司章程,或者决议内容违反公司章程的,股东可以自决议作出之日起六十日内,请求人民法院撤销。股东依照前款规定提起诉讼的,人民法院可以应公司的请求,要求股东提供相应担保。

司的请求，要求股东提供相应的担保。这种制度，无论是在公司法中，还是在民事诉讼中，都属于比较独特的制度设计。

一、研究我国股东会决议诉讼担保制度的意义

在普通的民事诉讼中，原告与被告处于平等的诉讼地位，双方均无须因为诉讼本身而提供担保；除非原告申请诉讼保全（包括财产保全和行为保全），法律才要求申请人提供诉讼保全担保。诉讼保全担保制度存在的意义在于：由于诉讼保全的发起，申请人打破了原被告原本相对平衡的法律状态，导致被申请人因诉讼保全的实施而可能被置于非常不利的地位，或者可能遭受较大的损失；法律为了避免诉讼保全权被滥用，平衡保护双方的利益，维护双方平等的诉讼地位，规定诉讼保全申请人需提供诉讼担保。当然，被申请人也有可能通过提供反担保的方式以对抗原告申请的诉讼担保。

《公司法》所规定的股东会决议诉讼担保制度，似乎可以理解为，担保是提起股东会决议诉讼的前置性要件之一，原告仅因为提起股东会决议诉讼和被告要求两个方面的要件事实，就可能被法院要求提供担保。被告基于与原告诉讼的对抗性，要求原告提供担保的可能性非常大，这就形成了股东会决议诉讼担保制度客观上可能阻却股东会决议诉讼的发起，这就是股东会决议诉讼担保制度的特点。

股东会决议诉讼担保制度的以上特点决定该制度的实施可能成为原被告围绕股东会决议诉讼重要的博弈工具，其不当的制度设计可能会引致一些不平等的后果。在"宝万之争"中，两名小股东袁女士和张先生（分别持有10000股

和11100股))向深圳市盐田区人民法院提起诉讼,要求撤销万科"6.17董事会"决议。万科公司针对两名小股东的起诉,以该董事会决议的搁浅可能导致公司数百亿元的损失为由,要求两名小股东各缴纳保证金6亿元。万科公司主张6亿元诉讼担保金的计算方式是:该董事会决议所涉及的交易总额456亿元,预期收益280亿元,按银行同期利率(4.35%)核算,如果交易被推迟6个月,万科的损失为6.09亿元,且万科已经支出前期费用3850万元,故请求担保金额6亿元。在2016年10月9日的庭前会议上,合议庭驳回了万科公司要求两名小股东各提供6亿元保证金的请求,理由是两名小股东并未向法院提出禁止实施保全申请,而只是合法行使诉权。❶

深圳市盐田区人民法院虽然对案件所涉及的公司决议诉讼担保问题作出了处理,驳回了被告要求两原告提供巨额担保金的请求;但其给出的理由是两名小股东并未向法院提出禁止实施保全申请,而只是合法行使诉权,所援引的法律依据完全与《公司法》第二十二条无关;或者也可以理解为法院从根本上否定了《公司法》二十二条第三款,认为只有原告申请保全时才需要提供担保,在原告没有申请保全、仅提起公司决议诉讼时,不需要提供担保。可见,法院给出的理由并没有结合事实和股东会决议诉讼担保制度方面的法律进行有理有据的说理,实际上难以使人信服。

这个案中案,不及"宝万之争"本身的社会影响大,但对公司决议诉讼制度来讲,涉及一个比较生僻的制度——公司决议诉讼担保,因而特别值得研究。❷

---

❶ 搜狐新闻.股东诉万科案 驳回12亿担保金要求[EB/OL].(2018-12-03)[2018-12-15]. http://www.sohu.com/a/121524216_561616.

❷ 该案是关于董事会决议诉讼担保的问题,本书研究的主题是股东会决议诉讼,但该案例比较典型也比较知名,且在该问题上二者具有相通之处,本书仍借用该案例引出本章的研究。

因此，对股东会决议诉讼担保制度进行研究，具有非常重要的理论意义和现实意义。

二、股东会决议诉讼担保制度中效率与平等价值的关系

前文分析表明，股东会决议诉讼担保制度具有从实质上限制股东提起股东会决议诉讼的功能，违反平等的价值原则。与对股东会决议诉讼原告的范围进行限定一样，股东会决议诉讼担保制度客观上也可起到限制权利人诉权的作用。因为，该制度所规定担保的提供主体仅为原告，担保的引发条件仅为原告起诉的事实本身，担保金额规定不明确；股东会决议往往涉及利益巨大，如果以可能造成的损失为担保金额标准，可能导致需提供担保的金额过于巨大，超出了原告的承受能力。加上股东相互之间的关系缺乏互换性，起诉否定股东会决议效力的往往是中小股东。所以，股东会决议诉讼担保制度的实施效果往往是限制了中小股东的起诉权。本书第二章的研究表明，起诉权往往与司法介入公司自治的限度有关，往往与股东能否平等参与公司治理相关。可以说，股东会决议诉讼担保制度一方面限制了司法对中小股东权益受损提供救济的渠道，另一方面也限制了中小股东以股东会决议诉讼的形式参与公司治理的权利。

从大股东和公司的角度来看，股东会决议诉讼担保制度可以有效避免一些滥用诉权的行为，将一些恶意诉讼乃至敲诈公司的行为阻拦在法院的大门之外，使股东会决议能够得到有效贯彻，客观上使公司免遭不当诉讼的干扰。间接上，从公司的角度看，可以认为这有利于公司决策效率的提高。

民法正是通过赋予特定的主体以权利、并规定其他主体都应尊重该权利的

方式来维持私法的秩序的；法律对于该权利的行使如何进行限定，关涉私法秩序的根基。因此，对于权利的范围及其限定进行科学的界定，在法律上非常必要。❶ 与公司法对于股东会决议诉讼原告范围进行限定一样，股东会决议诉讼担保制度中要求起诉人提供担保也需要遵循一定的标准，并且务必符合效率与平等和谐统一的价值原则。本章后续内容将主要围绕如何按照这个价值原则进行股东会决议诉讼担保制度的设计与适用。

第二节 股东会决议诉讼担保制度的比较法研究

股东会决议诉讼担保制度来自域外，只有对域外股东会决议诉讼担保制度作全面的了解及法理分析，才能结合我国的司法实践作出更合理的制度设计和法律适用建议。因此，本节首先对该制度的域外法进行比较研究。

一、制度概况

德国是公司决议诉讼制度的发源地。1937年德国的《股份法》第199条第4款规定，针对原告的诉讼，如果作为被告的公司能说服法官确信其享有或者将来会产生对原告的赔偿请求权，则法院可依被告公司的申请要求原告股东提供担保。❷

---

❶ 我妻荣.我妻荣民法讲义Ⅰ：修订民法总则[M].于敏，译.北京：中国政法大学出版社，2008：29.
❷ 丁勇.公司决议瑕疵诉讼担保制度检讨及立法完善[J].法学，2014（5）：91-92.

《日本公司法》第 836 条规定，股东提起确认公司决议不存在、无效或者撤销公司决议的诉讼的，如果被告可以证明原告提起诉讼是出于恶意，法院可根据被告的申请要求原告提供担保，如果作为原告的股东同时担任董事、监事、执行官或者清算人的除外。❶

《韩国公司法》第 377 条、第 380 条所规定的公司决议诉讼担保制度与日本基本相同。❷

二、作为担保前提条件的"恶意"的认定及评析

关于什么是股东会决议诉讼中的"恶意"，根据日本判例和通说的观点，与民商法中"恶意"的一般含义不同，即并不是指原告明知诉讼可能给公司带来损失，而是指"害意"，即原告提起诉讼是以损害公司利益为目的，而不是为了维护公司和自身的利益。就原告的主观心理状态而言，是否胜诉并不重要，重要的是让公司为难。

在日本，对"害意"的认定是十分谨慎的，因为一旦认定了"害意"的存在进而要求原告提供担保，原告往往没有经济能力提供法院所要求的担保，这等于从一定程度上禁止了股东会决议诉讼。❸ 根据韩国学理的观点，"恶意"指明知无取消、无效、不存在事由而提起诉讼。❹ 本书认为，无论是日本学理和判例的观点，还是韩国学理观点，均没有清楚地界定"恶意"如何认定的问题。

---

❶ 近藤光男.最新日本公司法 [M].7 版.梁爽，译.北京：法律出版社，2016：202-207.
❷ 李哲松.韩国公司法 [M].吴日焕，译.北京：中国政法大学出版社，2000：428.
❸ 张凝.日本股东大会制度的立法、理论与实践 [M].北京：法律出版社，2009：292-293.
❹ 李哲松.韩国公司法 [M].吴日焕，译.北京：中国政法大学出版社，2000：428.

事实上,"恶意"属于主观认识的问题,基于人类认识水平和语言能力等各方面的局限性,很难对何为"恶意"作出准确而清晰的界定。实际上,对股东程序权利的保护是公司法上一切良法善治的基础。❶既然法律赋予了股东针对公司股东会决议提起诉讼的权利,这种权利与一般权利相比,难以体现出特别容易被滥用方面的特殊性,以至于需要专门建立一种具体的制度来对其可能被滥用进行规制。故本书认为,只需要援引普通民事诉讼中的诚实信用原则来规范股东进行股东会决议诉讼,不需要设立一个难以实际操作的制度用以规制股东的行为,因为这样可能会导致公司或大股东滥用权利,也容易置法官于为难的境地。

三、股东会决议诉讼担保制度的担保对象与担保金额

股东会决议诉讼担保制度中担保对象和担保金额的确定是一个更加关键也更加棘手的问题。关于这个问题,有三种立法例或者学理观点。

第一种观点,以德国公司法为代表,德国1937年的《股份法》明确规定担保对象是公司享有或者可能享有的对股东的赔偿请求权。❷韩国学者也认为,该制度担保的对象为因股东提起公司决议诉讼而遭受或者可能遭受的损失,具体价格以公司将要遭受的损失为限,并以法院酌定为准。❸

第二种观点认为,该制度所担保的对象是诉讼费用,甚至有学者将这种制

---

❶ GOWER. Gower's principles of modern company law [M]. London : Sweet & Maxwell, 2003 : 662.
❷ 丁勇. 公司决议瑕疵诉讼担保制度检讨及立法完善 [J]. 法学, 2014 (5): 91-92.
❸ 李哲松. 韩国公司法 [M]. 吴日焕, 译. 北京: 中国政法大学出版社, 2000: 428.

度称为诉讼费用担保制度。❶实际上，股东会决议诉讼的无效或者撤销往往不具有明确的金额，大多数情况下作为非财产案件收取诉讼费用，收费很低，难以起到遏制诉权滥用的立法目的。并且，在民事诉讼过程中，往往是原告先行预缴了诉讼费用，再另行要求原告额外提供诉讼费用担保于理不合；如果该制度的担保对象是诉讼费用，由于原告已经预缴诉讼费用，担保作用已经具备，此时担保金的支付主体应该是作为被告的公司才符合逻辑。仔细分析，诉讼费用担保说自然不能成立。

由于以上两种对于担保对象和担保金额的解释方式都存在局限性，有学者提出第三种解释方式，就是将担保对象和担保金额完全留待法官根据个案具体情形进行酌定。❷这种观点同样不能解决法律适用模糊的问题，反而使得相关的法律适用标准更加模糊，并不适合我国当前的司法和法官整体状况。

四、股东会决议诉讼担保豁免的条件

日本公司法规定，如果提起股东会决议诉讼的原告股东同时担任公司的董事、监事、执行官或者清算人的，无须提供担保。❸韩国公司法也规定了担保豁免制度，但法律所明文规定的享有担保豁免权的股东任职范围有所缩限，仅规定担任董事和监事的股东享有担保豁免权。❹之所以规定这类豁免义务，原因在于担任这些职务的股东同时具有维护公司利益的法定职权，同时这些职务

---

❶ 刘俊海.现代公司法[M].北京：法律出版社，2008：272.
❷ 蔡立东，杨宗仁.论股东会决议撤销权的主体及其行使[J].当代法学，2008（5）：87.
❸ 近藤光男.最新日本公司法[M].7版.梁爽，译.北京：法律出版社，2016：202-207.
❹ 李哲松.韩国公司法[M].吴日焕，译.北京：中国政法大学出版社，2000：428.

身份要求这类股东同时需要承担忠实与勤勉义务，足以对股东滥用诉权的行为形成规制。

第三节　股东会决议诉讼担保制度的实证考察

法律的真谛是实践，一项制度的有效运作，不仅需要立法者的理性设计，更需要司法实践经验的广泛参与和验证。通过司法实践不断对法律进行打磨与砥砺，磨去其中的棱角峥嵘，实现制度的包容和圆润。❶ 那么，作为一项与一般诉讼制度不同、显得比较突兀的舶来制度，在我国司法实践中的实际运行情况怎样呢？为此，笔者进行了实证考察。

一、实证考察情况

截至 2018 年 12 月 5 日，笔者多次在"中国裁判文书网"通过"高级检索"方式进行裁判文书检索。第一次设定的检索条件是：全文检索"担保"，文书类型"通知书"，法律依据"《中华人民共和国公司法》第二十二条"，得到的检索结果为 0 份。第二次设定的检索条件是：全文检索"担保"，文书类型"决定书"，法律依据"《中华人民共和国公司法》第二十二条"，得到的检索结果为 0 份。第三次设定的检索条件是：全文检索"担保"，文书类型"裁定书"，法律依据"《中华人民共和国公司法》第二十二条"，得到的检索结果为 30 份。经人工阅

---

❶ 彭中礼. 司法判决中的指导性案例[J]. 中国法学，2017（6）：129-148.

读所搜索到的 30 份《裁定书》的内容，排除与股东会决议诉讼担保制度无关的《裁定书》26 份，最后得到与研究主题有关的《裁定书》4 份。

针对这 4 份《裁定书》，笔者通过"中国企业信用信息网"调查了被告公司的注册资本、原告持股比例、出资金额等相关信息。

笔者搜集到的 4 份裁定书，全部是法院应被告要求责令原告提供相应担保，原告未按法院通知交纳保证金，最后法院均驳回原告的起诉。具体情况如下：

案例一：陈玉和与江阴联通实业有限公司（以下简称"联通公司"）、江阴颖鸿投资企业公司（以下简称"颖鸿公司"）决议效力确认纠纷中，江阴联通实业有限公司注册资本 6245.12 万人民币，原告出资 585.48 万元，持股 9.375%（根据企业信用信息系统 2016 年报告）。陈玉和向江苏省无锡市中级人民法院诉请：确认联通公司 2017 年 3 月 10 日将所持 4600 万股转让给颖鸿公司的股东会决议和转让协议无效。联通公司要求原告提供担保，担保金额为 75936800 元，理由是本次交易对价为 75936800 元，且为全国股转公司（新三板）挂牌企业的股票，本次诉讼对联通实业公司存在重大影响。陈玉和答辩称，《公司法》第二十二条第三款仅规定前款所规定的公司决议撤销诉讼的，法院可以应公司申请，要求原告提供担保。本案诉讼请求是确认公司决议无效，不属于法院可以责令原告提供担保的范围。故被告要求原告提供担保没有法律依据，请求驳回其请求。法院按照该股东会决议所涉及股票交易金额 75936800 元的 30%，酌定要求原告陈玉和提供担保金额为 22781040 元。陈玉和未按法院指定的期限提供担保。法院经审理认为，股东会决议诉讼担保制度的目的是为了保证公司运行的效率、避免股东恶意诉讼。本案公司决议涉及新三板挂牌企业的股权交易，其涉诉可能引起公司股价波动，无论是请求确认公司决议无效还是诉请撤销公司决议，都有可能对股权交易双方利益产生不利影响，故《公司法》第二十二条的"前款"，应该解释为既包括该条第二款，也包括该条第一款。因陈玉和未按法院指定期限提供担保，故裁定驳回原告陈玉和的起诉。❶

案例二：在高玉柱与河北金丰诺辉锅炉制造有限公司（以下简称"金丰公司"）公司决议撤销纠纷案件中，金丰公司注册资本1000万元，原告出资5万元，占股0.2%（根据企业信用信息系统2016年报告）。审理过程中，被告申请根据诉争股东会所涉及的交易金额2800万元的50%责令原告提供担保金额1400万元。法院根据原告所持股份比例、股东会所涉及的交易金额，酌定原告需提供价值70万元的担保。原告未在法院通知的期限内提供担保，一审法院裁定驳回了原告的起诉，二审维持一审裁定。❷

案例三：盛延利与科达集团股份有限公司（以下简称"科达公司"）公司决议纠纷案件中，科达公司注册资本132557.382万元人民币，原告盛延利持流通股科达股份100股。审理过程中，法院根据被告的申请，通知盛延利提供保证金3200万元，盛延利未按通知缴纳。法院裁定驳回原告起诉。在该案裁定书中，未见保证金金额如何确定的表述。❸

案例四：在李青与瑞金市宏源郡置业有限公司（以下简称"宏源郡公司"）

---

❶ 陈玉和与江阴联通实业有限公司、江阴颖鸿投资企业公司决议效力确认纠纷，江苏省无锡市中级人民法院〔2017〕苏02民初522号。
❷ 高玉柱与河北金丰诺辉锅炉制造有限公司公司决议撤销纠纷，河北省石家庄市中级人民法院，〔2015〕石民立终字第00145号。
❸ 盛延利与科达集团股份有限公司公司决议纠纷，山东省广饶县人民法院，〔2016〕鲁0523民初1800号。

公司决议撤销纠纷一案中,宏源郡公司注册资本3000万元,原告李青出资1200万元,持股40%。被告要求原告提供担保金额2872万元,法院酌定要求原告提供担保金500万元。原告未依通知提供担保。法院裁定驳回了原告的起诉。在该案裁定书中,未见保证金金额如何确定的表述。❶

二、基于实证考察的分析

根据以上实际案例,分析如下。

在我国司法实践中,特别是在公开可查的裁判文书中,涉及股东会决议诉讼担保的案例并不多,目前仅找到4份裁判文书。目前在我国,裁判文书公开是一项法定制度,无法定事由并履行法定程序,裁判文书必须在"中国裁判文书网"上公开。结合商事案件总数及我国商事活跃程度,所查到的涉及股东会决议诉讼担保的裁判文书数量非常少,案件之外的原因可能有:第一是检索方法的局限性导致未能穷尽检索;第二可能源于案件数量确实很少;第三可能源于法院自身认为案件不宜在互联网公开。❷但是,基于股东会决议诉讼担保案件本身也有诸多原因导致案件数量少:第一,发起股东会决议诉讼的基数本来就小,我国现阶段司法介入公司治理的意识还未觉醒。第二,司

---

❶ 李青与瑞金市宏源郡置业有限公司公司决议撤销纠纷,江西省瑞金市人民法院,〔2016〕赣0781民初2035号。

❷ 《最高人民法院关于人民法院在互联网公布裁判文书的规定》(法释〔2016〕19号)第四条 人民法院作出的裁判文书有下列情形之一的,不在互联网公布:(一)涉及国家秘密的;(二)未成年人犯罪的;(三)以调解方式结案或者确认人民调解协议效力的,但为保护国家利益、社会公共利益、他人合法权益确有必要公开的除外;(四)离婚诉讼或者涉及未成年子女抚养、监护的;(五)人民法院认为不宜在互联网公布的其他情形。

法实践中已经体现出发起股东会决议诉讼的难度非常大,因此部分原告在评估后放弃诉讼。第三,股东会决议诉讼担保的制度设计一定程度上阻碍了该类诉讼的发生。

与域外法和理论上的难点不同,在我国4份公开可查到的裁判文书中,原告是否构成恶意,并不是一个争议焦点。也就是说,在我国司法实践中,法院对于是否责令原告提供担保的考虑因素,并不包括考虑原告是否存在主观恶意,更不包括像日本司法判例中那样对于原告是否存在"害意"的考虑。

法院责令原告股东所提供的担保金额普遍较高,在已查到的4份裁判文书中,被要求提供的担保金额分别是22781040元、70万元、3200万元和500万元;作为原告股东,又全都是自然人。至于是怎样确定金额的,大部分裁判文书语焉不详,难以确切地了解法官是基于何种考虑将金额确定得如此之高。这种现象的原因可能是,我国没有类似韩国设计精准的制度,韩国制度规定制度担保的对象为因股东提起公司决议诉讼而遭受或者可能遭受的损失,具体价格以公司将要遭受的损失为限,并以法院酌定为准。

从金额上看,法院所要求原告提供的担保金额,确实超出了普通人的承受能力。实际上,在这4个案件中,4名原告确实未能按照法院要求的金额提供保证金,法院也因此裁定驳回了原告的起诉。

关于可能的损害后果,4份裁判文书大部分语焉不详。仅陈玉和与联通公司决议效力确认纠纷案中,简单论证了可能的损害后果:交易对象为全国转股公司(新三板)挂牌企业的股票,本次诉讼对联通公司存在重大影响。但本书认为,这样的论述未能充分论证可能的损害后果的概率与大小。在其他3个案件中,则完全没有提及可能的损害后果;似乎在审理法院看来,责令原告就其起诉提供担保完全无须考虑该诉讼是否可能给被告公司造成损失。

在原告担保责任的豁免方面，已经搜集到的4份裁判文书完全没有论及。这说明，域外法上所普遍存在的原告股东担保豁免制度，在我国司法实践中完全没有被作为争议问题。其原因，应该是我国《公司法》中根本没有规定担保豁免，所以即使作为原告的股东，即使同时担任公司的董事、监事，原告股东也没有想到援引担保豁免制度来免除自己的担保义务。

就裁判结果来看，4份裁判文书全部要求原告提供巨额担保金，因原告未能按要求提供，法院均驳回了原告的起诉。可见，股东会决议诉讼担保制度的实际效果，一定程度上起到了排除原告股东提起股东会决议诉讼之诉权的实际效果。

关于股东会决议诉讼担保制度所适用的诉讼类型，是仅适用于股东会决议撤销之诉，还是也适用于股东会决议的无效或者不成立确认之诉，我国《公司法》第二十二条规定确有不明确之处。关于《公司法》第二十二条第三款的用词"前款"，从字面含义来看，本书更倾向于理解为是指前一款。陈玉和与联通公司决议效力确认纠纷中，法官从立法目的的角度，将其解读为前两款，既包括股东会决议撤销之诉，也包括股东会决议无效确认之诉，也具有一定的合理性，而且与域外代表性立法例的规定相吻合。当然，从立法目的的角度看，应该进一步将股东会决议不成立确认之诉也纳入到该制度之中，因为股东会决议无效之诉与股东会决议不成立确认之诉在法律效果上相似，在股东是否应当提供担保的解释上应当相互一致。

第四节 我国股东会决议诉讼担保制度存废的分析与建议

根据前文的研究,股东会决议诉讼担保制度存在逻辑上不能完全自治、制度执行标准模糊、执行中容易偏离制度初衷、沦为限制乃至剥夺股东提起股东会决议诉讼权利的"恶法"。那么,在我国《公司法》上,是继续坚持这一制度并进行完善,还是废止这一制度。这是一个需要综合考虑各方面利弊得失的重要问题,本节拟围绕此问题,从如下几个方面继续展开研究。

一、我国股东会决议诉讼原则上不阻却股东会决议的执行

在德国公司法上,只要有股东提起股东会决议诉讼,与该次股东会相关的公司组织变更登记即不被允许,而公司组织变更需经登记才生效。由于德国公司法上股东会决议诉讼具有阻却公司组织运行的实际效果,所以不少公司容易受到恶意股东会决议诉讼的敲诈。在德国公司法上,股东会决议诉讼担保制度是为了防范少数股东恶意行使诉权,通过提起股东会决议诉讼来影响公司运营,迫使公司支付高额的赔偿金。

在我国,并无法律规定一旦存在股东会决议诉讼,决议所涉及的内容即暂停执行。只是客观上,股东会决议诉讼往往暴露了股东会决议可能存在一些瑕疵,使得股东会决议的效力处于有争议的状态,为了避免在决议执行之后造成无法挽回和无法承受的损失,公司往往在综合权衡之后,决定暂缓决议的执行,

或者通过支付一定金额的和解款，换取原告撤回公司决议诉讼。

在我国，如果股东所提起的股东会决议诉讼纯属吹毛求疵，甚至无中生有，公司完全可以正面迎击，通过诉讼证明股东会决议的合法性。同时，即使公司决议存在轻微瑕疵，法院也可以援用裁量驳回制度，裁量驳回原告股东的诉讼请求，维持公司决议的效力。

除了基于股东会决议效力可能存在瑕疵之外，诉讼对于上市公司股价的影响也可能是公司受到侵扰的一个方面。例如，在前述陈玉和与联通公司决议效力确认纠纷中，联通公司要求原告提供担保的理由是本次交易对价75936800元，且为全国股转公司（新三板）挂牌企业的股票，本次诉讼对联通实业公司存在重大影响。但仔细分析不难发现，联通公司的上述主张实际上难以成立。第一，如果联通公司认为原告的诉讼请求不成立，其完全可以一方面积极认真应诉，另一方面并不停止决议的执行，继续进行相关的交易。实际上，可能是由于联通公司对于涉诉股东会议决议的效力并不十分确信，担心如果不顾已经存在的股东会决议诉讼而径行进行相关股权交易，之后公司决议被撤销或者被认定为无效之后，公司内部相关主体需要承担责任，经济损失不可预估。不得不说，联通公司动用《公司法》第二十二条第三款所规定的股东会决议诉讼担保制度，要求起诉的股东提供担保，因原告不能提供如此巨额的财产担保，法院裁定驳回了原告的起诉，客观上起到了阻却原告提起股东会决议诉讼的效果。第二，联通公司依据本次交易所涉及的股权是新三板公司的股权，可能对公司产生重大影响为由，要求原告提供担保，理由并不充分。因为根据前文分析，联通公司本次股东会决议也有可能是有效的，联通公司依据股东会决议所做的股权变更没有效力瑕疵，不存在因诉讼必然导致重大影响。公司法既然已经规定股东有权就公司股东会决议的效力提起诉讼,已经赋予其权利,就不宜在制度执行层面再设置障碍,事实上又剥夺了股东的起诉权。本书认为,若设置股东会决议诉讼担保制度,至少该制度不应当是必然适用的,应当提供原告免于提供担保的救济渠道,方显公平。

根据以上分析可知,由于我国公司法上没有规定诉讼本身即可发生阻却决议执行的效力,故我国并不存在如德国公司法上股东会决议诉讼担保制度同样的制度背景。也就是说,从制度背景的角度看,我国公司法并无建立股东会决议诉讼担保制度的客观需要。❶

二、我国股东会决议诉讼担保制度违背了平等原则

民事诉讼是为解决平等主体之间的争议而设立,平等原则也是民事诉讼需遵守的基本原则。民事诉讼法上的平等原则,第一层含义就是原被告地位平等。就普通民事诉讼制度而言,不存在要求原被告中的一方就其诉讼本身提供担保,而另外一方不提供担保的情况,因为这种做法根本上违背了平等原则,是对一方当事人的歧视。就股东会决议诉讼而言,在判决之前,制度设计上对双方应该是平等的,应该是假设双方都有胜诉与败诉的可能,即法院既可能支持原告的诉讼请求,判决决议无效或者撤销决议,也可能支持被告的抗辩意见,驳回原告的诉讼请求。这就意味着,如果认为原告的诉讼有可能构成任意打乱公司治理的负能量,则被告被诉的行为也可能成为公司治理同股同权的负能量。如果《公司法》规定原告需因诉讼本身提供担保,则应该同时也规定被告也需就

---

❶ 丁勇.德国公司决议瑕疵诉讼滥用问题研究及启示[J].比较法研究,2013(4):35-48.

该诉讼提供担保，因为原告存在败诉的风险，被告也同样存在败诉的风险。同样问题同样对待，否则就违背了原被告诉讼地位平等原则，暗含了原告可能败诉、而被告可能胜诉的假设前提。

部分学者认为，为对抗滥诉而规定的公司决议诉讼担保制度违背了民事诉讼的基本原理，未能触及滥诉的根源，应当予以摒弃。应重视股东个体利益、商事交易的效率和安定性及公司整体利益的平衡。如果需要预防滥诉行为，可以采取限制原告的持股比例、规定起诉期间、限制和解金的金额等方式。❶ 从公司治理的当代发展来看，股东参与公司治理的权利实际上在逐渐加强，也应当逐渐加强。按照美国著名公司法学者罗伯特·克拉克（Robert Clark）的观点，投票表决权、股份转让权和起诉权是股东的三大默认权利，对于股东来说至关重要。❷ 因此，我国现行股东会决议诉讼担保制度的制度设计，实际上是股东会决议诉讼原告担保制度，违背了民事诉讼的平等原则，不符合民事诉讼的法理基础。

三、我国股东会决议诉讼担保制度的实施效果不佳

法治是使人类行为服从规则治理的事业。❸ 法律生命力的关键不仅在于制定良好的法律，而且在于将这些法律应用于审判实践，将纸面的规则变成实际的权利义务关系，从而沟通法律理念与法律现实。研究一项制度，离不开对该

---

❶ 丁勇. 公司决议瑕疵诉讼担保制度检讨及立法完善 [J]. 法学，2014（5）：90-101.
❷ ALLEN, KRAAKMAN, SUBRAMANIAN. Commentaries and cases on the law of business organization [M]. 4th ed. [S.l.] : Wolters Kluwer, 2007 : 153.
❸ FULLER. The morality of law [M]. Rev.ed. New Haven : Yale University Press, 1961 : 96.

项制度实施效果的考察。❶

　　从实证考察角度看，股东会决议诉讼在我国的实施效果并不理想，表现在如下几个方面。

　　第一，股东会决议诉讼担保制度的制度价值落空。通过多次查询，截至目前笔者仅搜索到直接适用该制度的裁判文书4件，这相对于我国庞大的公司总量、数量庞大的股东会决议效力争议诉讼案件，数量对比非常悬殊。法律是一门调节社会争议的实践科学，一项制度所对应的实际案件非常少，说明该制度不能解决公司治理中的问题，不符合司法实践的需要，甚至有可能被司法实践中的其他方法规避、跨越、架空，导致立法资源的浪费及法律的公信度降低。从具体制度看，已知的四个案件也暴露出我国《公司法》中的股东会决议诉讼担保制度在运行具体制度细节上不够完善。例如，没有规定担任董事、监事职务的股东的担保义务豁免，《公司法》第二十二条第三款的"前款"的表述也不够明确，容易发生歧义。

　　第二，股东会决议诉讼担保制度实质上限制了原告的诉权。从已知的4份裁判文书来看，在法院审理相关案件时，基本上是只要被告提出要求，法院即要求原告提供高额担保金，没有将原告起诉是否存在恶意或者是否违反诚实信用原则作为考虑原告是否需要提供担保的因素。虽然，恶意属于主观的范畴，认定起来比较困难，在我国现有的司法环境下，将认定恶意的权力赋予法官，实际上给法官一种难以承受的责任。但是，将主观恶意或者违反诚实信用原则剔除出去却是制度设计的失误。

　　在保证金的确定上，法律没有明文规定，法官的自由裁量空间比较大，但

---

❶ 彭中礼.司法判决中的指导性案例[J].中国法学，2017（6）：129-148.

法官所确定的保证金往往偏高，超出了原告的承受范围，原告基本上完全没有支付能力，法院由此驳回了原告的起诉。从结果上看，股东会决议诉讼担保制度执行的实际后果往往是剥夺了原告的诉权，导致股东对于公司决议的起诉权沦为纸上的权利，不能落实。可以说，股东会决议诉讼担保制度实际上是在《公司法》明文规定的原告主体资格和《民事诉讼法》对于民事诉讼案件范围的"四道装置"（分别是正面规定、负面规定、政策规定、内部规定）之外，通过诉讼担保制度的形式，对提起股东会决议诉讼又增加了一道限制。❶

第三，该制度实施的结果，实际上背离了资本多数决的原则。资本多数决原则的含义，除了表明股东会的运行需遵循一定的程序按照持股多数股东的意见确定之外，还有一个不可忽略的因素，就是少数派股东也享有程序参与权和司法救济权。如果少数派股东的程序参与权没有得到保障，股东会决议就是有瑕疵的，轻则构成可撤销的股东会决议，重则为不成立的股东会决议。同样，有权利则必有救济，无救济则无权利，如果股东认为在公司治理中其权利未能得到尊重，或者对股东会决议的效力存有异议，希望能通过诉讼的方式得到救济或者讨个说法，到法院起诉之后，却因无法缴纳天价的保证金而被排斥于法院审理之外，这无疑就是实质上剥夺了股东以股东会决议诉讼的方式参与公司治理的权利。

根据以上分析，结合笔者所考察到的4份裁判文书，本书认为，股东会决议诉讼担保制度一定程度上架空了股东的诉权，实际上也背离了资本多数决原则。

---

❶ 张嘉军.立案登记背景下立案庭的定位及其未来走向[J].中国法学，2018（4）：217-237.

四、我国股东会决议诉讼担保制度的替代性制度研究

前文的分析已经基本表明,我国现行股东会决议诉讼担保制度的设置缺乏科学性,在司法实践中所体现的效果也不够理想,应被废止。那么,如果该制度真的被废止,是否存在替代性制度达到有效防止滥用诉权介入公司自治的目的,进一步起到维护微观经济平稳顺畅发展的作用?本部分拟对这个问题进行探讨。

(一)诚实信用原则

诚实信用原则不仅是民商事活动的基本原则,而且同时也是民事诉讼应该遵循的基本原则。我国2012年修改《民事诉讼法》时,在该法第十三条第一款增加了民事诉讼应当遵循诚实信用原则的规定。❶股东会决议诉讼担保制度的立法宗旨,在于遏制恶意诉讼、滥用诉权的行为。可见,股东会决议诉讼担保制度的制度功能与诚实信用原则具有功能上的一致性。

诚实信用原则在我国民事诉讼法中经历了从僵尸条款到逐渐被启动的过程。例如,管辖权异议制度在早期经常被滥用,一些民商事案件的被告往往在明知异议不成立的情况下,仍然提出管辖权异议,管辖权异议被驳回之后还继续上诉。其目的,并不在于真的希望将案件移送到其他法院管辖,而在于拖延时间。虽然法律规定了诉讼费用由败诉方承担,但是管辖权异议的申请费用微乎其微,对于滥用权利的异议行为完全起不到遏制作用。法院早期对这种滥用管辖

---

❶ 《中华人民共和国民事诉讼法》第十三条 民事诉讼应当遵循诚实信用原则。当事人有权在法律规定的范围内处分自己的民事权利和诉讼权利。

异议权的行为束手无策，浪费了大量宝贵的司法资源用于处理管辖权异议。后来，一些法院对部分显而易见的管辖权异议行为，适用诚实信用的民事诉讼法基本原则，对异议人进行司法处罚。例如，在原告叶某与被告周某离婚纠纷一案中，法院查明，因被告虚构原告户籍地和管辖理由，为拖延诉讼进程而提出管辖权异议，浪费了司法资源，妨害了民事诉讼的正常进行，决定对被告周某罚款2000元。❶

虽然诚实信用的民事诉讼原则在2012年即已经被写入《民事诉讼法》，但实际上法院在适用该原则时一般采取比较谦抑的态度。原因是违反诚实信用原则往往表现为当事人的恶意或者不诚信诉讼行为，恶意或者不诚信属于主观的范畴，在认定上往往证据不够充分，难以认定。应当赋予法院更大的自由裁量权，不得轻易以证据不足为由认为法官认定当事人恶意的证据不足，否则会极大地限制诚实信用民事诉讼原则功能的发挥，纵容更多的滥用民事诉讼权利的行为。

本书认为，对股东滥用股东会决议诉讼诉权的行为，也可以参照法院应对恶意提起管辖异议的方式，援引《民事诉讼法》上的诚实信用原则，由法官充分行使自由裁量权，进行司法处罚，起到部分遏制滥用诉讼权利行为的作用。

---

❶ 原告叶某与被告周某离婚纠纷，江苏省玄武区人民法院，（2017）苏0102司惩字4号《决定书》。

(二) 行为保全制度

行为保全制度也是 2012 年《民事诉讼法》新规定的制度。[1] 行为保全制度是为了及时阻断侵害行为、避免损失的扩大、减少判决难以执行的风险,法院在判决生效之前责令案件当事人为一定行为或者不为一定行为的民事诉讼法律制度。

行为保全制度,一般是法院依原告的申请而作出,一般需要原告提供相应的担保。在股东会决议诉讼中,如果原告认为股东会决议的执行可能有损公司或者股东的利益,可以向法院提出行为保全的申请,在法院作出生效裁判之前,禁止被告执行诉争的股东会决议。行为保全制度在制度设计上,遵循诉讼主体平等原则,给予原告和被告基本对等的权利义务配置。具体而言,原告如申请被告承担行为保全义务,原告一般应当提供相应的担保。虽然法律也规定了法院可以依职权采取行为保全措施;但一般认为,在商事纠纷中,法院不宜依职权采取行为保全措施,在股东会决议诉讼案件中,也应遵循这一规则。

由于我国《公司法》上所规定的股东会决议诉讼原则上不停止决议的执行,所以股东会决议诉讼对公司运行的影响难以确证,法律以不干预为宜。如果原告认为股东会决议的效力不仅存在瑕疵,而且应当立即停止执行,否则将造成

---

[1] 《民事诉讼法》第一百条 人民法院对于可能因当事人一方的行为或者其他原因,使判决难以执行或者造成当事人其他损害的案件,根据对方当事人的申请,可以裁定对其财产进行保全、责令其作出一定行为或者禁止其作出一定行为;当事人没有提出申请的,人民法院在必要时也可以裁定采取保全措施。

人民法院采取保全措施,可以责令申请人提供担保,申请人不提供担保的,裁定驳回申请。

人民法院接受申请后,对情况紧急的,必须在四十八小时内作出裁定;裁定采取保全措施的,应当立即开始执行。

难以弥补的损失或者导致损失进一步扩大甚至今后判决难以执行，有权依据《民事诉讼法》第一百条所规定的行为保全制度，申请法院发出禁令，禁止在法院作出生效裁判之前执行诉争的股东会决议。此时作为法定要件，原告需要提供相应的担保。司法实践中，有部分公司决议诉讼已经运用了行为保全制度，例如股东李勤诉成都市路桥工程股份有限公司股东会决议诉讼案件中，李勤即申请行为保全，并取得了四川省武侯区法院的支持，法院裁定暂缓执行成都路桥公司2016（一次）、2016（二次）和2017（一次）临时股东大会决议的执行，并且裁定未经武侯区法院许可，成都路桥公司不得召开股东大会。❶

可见，与股东会决议诉讼担保制度相比，行为保全制度在股东会决议诉讼中的应用价值更大，对实际公司运行更有针对性，在司法上更具有可操作性，也符合民事诉讼主体诉讼地位平等的原则，行为保全制度是一种更优的制度选择。

（三）限制提起股东会决议诉讼的原告主体范围

股东会决议诉讼担保制度的制度缘起之一，在于防止股东滥用诉讼权利。因为某些持股比例极低的股东为了牟取个人非法利益，可能恶意提起股东会决议诉讼，破坏公司的正常运营。为了达到这个目的，部分观点认为应该采取限制提起股东会决议诉讼原告主体资格的办法，例如规定提起该种类型诉讼的股东务必持股达到一定的比例，持股时间务必达到一定的周期，必须是有表决权

---

❶ 李兴彩.成都路桥控制权争夺继续 股东大会决议被判暂缓执行[EB/OL].（2018-12-08）[2018-12-20]. http://www.sohu.com/a/126924120_119038. 该份《裁定书》的全文无法获得，只能从相关新闻报道中获悉。

的股东,已经出席了股东会决议并参与了表决。❶采取法律明文限定提起股东会决议诉讼的股东资格的方式,在法律的执行方面更具有明确性,相对于抽象性条款而言具有显然的优势。最终我国《公司法》并没有采取限制股东会决议诉讼原告股东的资格的方式,实际上是赋予每一位在册股东提起股东会决议诉讼的权利。这种规定,与资本多数决制度的应有之义相符,因为每一位在册股东都是公司的投资者,有权参与公司治理,参与多数决的形成。既然《公司法》已经赋予所有股东平等的程序参与权,不宜再专门确立一个制度,通过一个原则性的条款,从实际执行的角度限制股东的起诉权。

可见,提起股东会决议诉讼是每一位股东的权利,这符合股东平等原则。限制提起股东会决议诉讼的股东资格与股东平等原则存在相冲突之处,故不宜对提起股东会决议诉讼的股东资格予以限制,更不宜以该方式作为股东会决议诉讼担保制度的替代性制度。

本节的研究表明,股东会决议诉讼担保制度,难以达到其制度初衷,且违背了民事诉讼法上的平等原则和资本多数决原则,制度的实施效果也不尽如人意,与法律已经明文规定的全体股东平等享有股东会决议诉讼的原告资格相冲突,笔者建议废除该制度,可以以诚实信用原则、行为保全制度等替代。

---

❶ 杜万华.最高人民法院公司法司法解释(四)理解与适用[M].北京:人民法院出版社,2017:59-64.

第五章　股东会决议诉讼的救济时效

本书第三章"股东会决议诉讼的原告",实际上是研究什么人有权提起股东会决议诉讼。本书第四章"股东会决议诉讼担保制度",实际上是研究提起股东会决议诉讼需不需要附加担保的前提条件,本书主张废止股东会决议诉讼担保制度,切实保障股东有权实际提起股东会决议诉讼。本书第五章拟研究股东会决议诉讼的救济时效。可以说,本书第三章、第四章、第五章分别从起诉权人、起诉的附加条件(担保)和起诉的时效三个不同的侧面研究股东会决议诉讼,综合起来就是解决股东会决议诉讼"审什么"的问题。

第一节　股东会决议诉讼救济时效概述

时效,是指在某种情形下,经一定期间行使或者不行使而发生权利的产生或者消灭之效果的法律制度。正如法国民法典第 2219 条之规定："时效是法定的经过一定期间而取得权利或者免除义务的方法。"❶

一、民法时效制度

（一）民事救济时效制度的法理依据

民法的救济时效在理论上，可以分为取得时效和消灭时效。取得时效是指非权利人（第三者）长时间行使原权利人之权利，原权利人长时间放任这种状态，经过一定的时间，由非权利人（第三者）取得该种权利的制度。消灭时效则是指因权利人在法律规定的期间不行使某种请求权，法律规定权利人丧失该请求权。可见，取得时效与消灭时效，出发点和原理相同，只是一个站在原权利人的角度进行界定，一个站在新的权利人的角度进行界定。❷

法律应该具有保障自由、秩序、安全、公平与效率等价值，时效制度规定主要因一定时间之经过，而导致原权利人丧失权利、非权利人取得权利。这对于原权利人颇为不利，于非权利人而言，则属于不劳而获，这与普通的道德观念相悖。时效制度作为一种长期存在的民事法律制度，一定是在宣示某种特定的价值取向。一般认为，时效制度的意义主要体现在如下几个方面：第一，维护交易秩序和交易安全。权利人虽有行使或者不行使权利的自由，但如果权利人长期不行使权利，并且存在第三人较长时间行使权利的事实，必然以该事实为基础相继发生一系列法律关系。如果经过较长时间甚至时隔多年之后，允许

---

❶ 邹海林.抵押权时效问题的民法表达 [J].法学研究，2018（1）：53.
❷ 芮沐.民法法律行为理论之全部（民总债合编）[M].北京：中国政法大学出版社，2003：156-157.

原权利人继续行使原权利，将不仅对于事实上的权利行使人不利，而且将推翻基于以上事实状态而形成的一系列法律关系。为了维护交易秩序和交易安全，有必要建立时效制度。❶第二，有利于敦促权利人及时行使权利。权利人如果长期不行使权利，该权利又长期为第三主体所事实享有，真正的权利人，实际为权利上的睡眠者，真正的权利人对于自己的权利漠不关心，造成社会财富的闲置和浪费。通过时效制度的设计，规定权利人如果不及时行使权利，将导致权利丧失或者不受法律保护，这有利于促使权利人尽快行使权利，充分发挥权利的利用价值，使资源流向更加需要和珍视它的人，可促进物尽其用，加快经济活动的活力。❷第三，有利于诉讼举证的顺利进行。一项权利如果久未行使而不消灭，权利相对人往往因时间长而不能很好地进行诉讼举证，导致不公平的诉讼结果，这对于交易安全将产生负面影响。规定权利行使的期限，可以有效避免这种情况。❸第四，有利于遏制权力滥用的行为，宣扬诚实信用原则。权利滥用的表现形式之一，就是矛盾行为。❹如果权利人长期不行使权利，将使他人相信权利人不再行使权利；这种状态持续经过相当期间之后，如果权利人再次主张权利之行使，将构成法律上的矛盾行为，是滥用权力的表现形式之一。❺法律规定权利不行使经一定期间，不得再行使权利，将有利于遏制权利滥用行为，宣扬诚信精神。❻

---

❶ 郑玉波. 民法总则 [M]. 北京：中国政法大学出版社，2003：18-20.
❷ 杨立新. 民法总则重大疑难问题研究 [M]. 北京：中国法制出版社，2011：11-14.
❸ 芮沐. 民法法律行为理论之全部（民总债合编）[M]. 北京：中国政法大学出版社，2003：157.
❹ 王泽鉴. 民法总则（最新版）[M]. 北京：北京大学出版社，2009：533.
❺ 施瓦布. 民法导论 [M]. 郑冲，译. 北京：法律出版社，2006：183.
❻ 王泽鉴. 民法学说与判例研究（最新版）：第1册 [M]. 北京：北京大学出版社，2009：157.

（二）我国诉讼时效制度的相关规定及分析

我国自《民法通则》开始，法律上既没有规定取得时效，也没有规定消灭时效，而是规定了诉讼时效。不同于消灭时效，诉讼时效的经过并不导致请求权的丧失，而只是导致义务人获得时效经过的抗辩权。如果义务人提出时效经过的抗辩，则该请求权将得不到法律的保护；如果义务人不提出时效经过的抗辩，法律对于该权利仍然予以保护，并可以进行强制执行。一项请求权经过了诉讼时效之后，其法律效果具有以下几个方面的特点：权利人仍然可以要求义务人履行，要求的方式，可以是诉讼或者仲裁之外的方式，也可以是诉讼或者仲裁的方式；义务人也可以自愿履行债务，义务人自愿履行债务之后，不得主张请求权人的受领属于不当得利而要求返还；义务人也可以自愿放弃时效利益，一旦义务人自愿放弃时效利益，该请求权也就变回为未经过时效的请求权，义务人事后无权主张该请求权已过诉讼时效。❶ 一项已过诉讼时效的债权，如果在诉讼程序之中，法官不能向被告释明已过诉讼时效、法律不予保护，如果被告不知诉讼时效法律制度或者出于其他任何原因不提出诉讼时效的抗辩，则法院不得以诉讼时效经过为由驳回原告的诉讼请求。对已经过了诉讼时效的债务，如果原被告双方就债务的履行达成调解，在调解协议不存在其他违反法律法规禁止性规定的情形下，法院应当确认调解协议的效力，而不能以诉讼时效已经经过为由而不予确认该调解协议的效力。即使在债务人已经资不抵债的情况下，对于已经过诉讼时效的债权予以保护，会减少其他债权人的清偿率，从而减损其他债权人的利益，但这种减

---

❶ 《最高人民法院关于审理民事案件适用诉讼时效制度若干问题的规定》（2008年）第十一条。

损是符合法律规定的，不属恶意串通损害第三人合法权益的情形，其偿债行为是合法有效的。

可见，我国的诉讼时效制度与大陆法系国家和地区的消灭时效相比，具有较大的特殊性。正如前文所述，时效制度往往与法律所宣扬的一定的价值观相关联。我国的诉讼时效制度所呈现的特殊性，源于法律和法律文化的继受。中华人民共和国的法律最早主要是向苏联学习的，苏联当年作为社会主义国家的老大哥，践行按劳所得、多劳多得、各尽所能的理念，反对不劳而获的剥削阶级思想。取得时效制度，彰显的不是因劳动而取得权利，而是因时间的经过即可享有权利，这与当时的社会主义的主流价值观不符。故而，苏联对时效制度进行改造，发明了诉讼时效制度。由苏联所首创的诉讼时效制度，缓和了传统法律理论与现实价值观和道德观的紧张关系，具有相当的进步性，也适合我国的法律和经济文化国情，最早为我国《民法通则》所继受，后在实践中不断更新进步，最新的立法成果体现在《民法总则》之中。❶

（三）除斥期间制度与诉讼时效制度的比较分析

所谓除斥期间，是指权利预定存续的期间，亦称预定期间。❷关于诉讼时效与除斥期间的相互关系与比较分析，传统理论主要从以下几个方面展开：第一，诉讼时效主要适用于请求权，除斥期间主要适用于形成权。第二，诉讼时效可以中止、中断和延长，该期间可因一定的事由而发生变化；而除斥期间属于不变期间，不存在中止、中断和延长的问题。第三，法律效果不同，诉讼时效的

---

❶ 张鸣起.《中华人民共和国民法总则》的制定[J].中国法学，2017（2）：5-24.
❷ 王泽鉴.民法总则[M].北京：北京大学出版社，2009：493.

经过，丧失的是胜诉权，或者更准确地界定为义务人的时效抗辩权；而除斥期间的经过，将直接导致权利本身的丧失。第四，除斥期间的立法精神是在于维护原有秩序，除斥期间的经过，导致第三人无权改变原权利状态；诉讼时效的立法精神在于维护现有秩序，诉讼时效的经过，导致第三人有权针对原权利人提出时效抗辩，导致原权利人丧失胜诉权。❶❷❸第五，法院对于二者适用的主动性不同。法院不得主动援引诉讼时效，也不得就诉讼时效问题向当事人释明，而除斥期间属于法院须主动依职权查明的对象。❹

二、股东会决议诉讼的救济时效

股东会决议诉讼的救济时效，是指法院支持股东会决议无效或者不成立之诉、股东会决议撤销之诉的时间界限，超过该时间点，法院不再支持变更或者确认股东会决议效力的诉讼请求。本章主要研究股东会决议撤销之诉的救济时效和股东会决议无效之诉的救济时效。

股东会决议的救济时效，实际上是从时间的角度界定了司法介入股东会决议的规定性。在一定的期间之内，在符合股东会决议诉讼其他条件的前提下，法院对于股东会决议诉讼纠纷的相关权利主张予以审查；超过该一定的期间，即使符合股东会决议诉讼其他条件，法院对股东会决议诉讼纠纷的相关权利主张也不予支持。对于已过救济时效的股东会决议的效力，司法采取不介入的态度，

---

❶ 佟柔：中国民法[M].北京：法律出版社，1990：606.
❷ 魏振瀛.民法[M].4版.北京：北京大学出版社、高等教育出版社，2010：204-206.
❸ 朱育庆：民法总论[M].北京：北京大学出版社，2013：533-534.
❹ 梅仲协.民法要义[M].北京：中国政法大学出版社，1998：155.

实际上是在有限时间内司法介入公司自治的一种制度安排，在一定的时间界限之内敦促权利人行使权利。经过救济时效之后，司法不再介入公司自治。其法律效果，类似于资本多数决制度的早期发展阶段，资本多数决具有绝对的效力，不再受到司法审查。时效制度的细节及其实施状况，实际上反映了司法对资本多数决的认可与尊重。

同时，股东会决议救济时效制度与资本多数决一样，作为一种商事制度安排，更加注重满足商事交易的快捷化要求，与商事交易的效率价值不谋而合，也完全符合股东会决议的效率价值。商法产生之初，就对于纠纷处理时限提出了特别的要求。例如，中世纪商人法中，在集市法院，要求审判应该在"商人脚上的尘土未掉"时就终结审判流程；在海事法院，要求在"潮汐之间"就终结审判流程。[1] 公司不仅是私人间多个契约的综合体，其存在的意义更多地在于这种组织形式可以对社会进步产生影响。[2] 股东会决议救济制度作为一种典型的商事制度，无论在实体法还是在程序法层面，均要求时效制度的准确、高效才能起到定纷止争、促进商事交易和经济发展的作用。

综上所述，本研究首先对股东会决议诉讼的救济时效制度的现状进行全面梳理，然后基于商事纠纷的现实需求提出完善与构建股东会决议诉讼救济时效制度的建议，以期待该制度更加符合商事交易的本质需要，顺应商法发展的客观规律，有利于提高经济运行的效率。

---

[1] 周林彬，官欣荣. 我国商法总则理论与实践的再思考 [M]. 北京：法律出版社，2015：53.

[2] MILLON. Communitarians, contractarians, and the crisis in corporate law [J]. Washington and Lee Law Review, 1993（50）：1375-1376.

第二节　股东会决议撤销之诉的救济时效

《公司法》第二十二条第二款规定，股东会决议的程序存在瑕疵，或者股东会决议的内容违反公司章程的，股东有权申请撤销的期间是"自决议作出之日起六十日内"。一般认为，申请撤销股东会决议的期间在理论上属于除斥期间，自决议作出之日起算，为不变期间，不存在中止、中断和延长的情况。这个结论在理论上似乎是可以自圆其说的，但应用到实际案例中是否妥适，下文将具体研究。

一、股东会决议撤销之诉救济时效的实证分析

股东会决议撤销之诉的救济时效，在理论中被认为是不变期间，不可中止、中断和延长。但是，笔者经过实证考察发现实务中存在不同判例，下文拟以案例研究的方法展开分析论证。

案例一：2016 年 6 月 5 日，许某霞以北京市天祥耀业投资管理有限公司（以下简称"天祥公司"）为被告，公司股东石现会、巴明、韩红为第三人，向北京市朝阳区法院提起该案一审诉讼，案号是（2015）朝民（商）初字第 67646 号，要求撤销天祥公司于 2015 年 5 月 16 日形成的《天祥公司增资协议书》。主要理由是：会议通知时间未提前 15 天，通知内容未告知会议议程及表决内容，且决议的基础事实即公司亏损 160 万元不存在。天祥公司及公司股东

石现会、巴明、韩红的主要抗辩观点是：股东会决议形成的时间是2015年5月16日，至许某霞2016年6月5日起诉之时，已经超过法定的60天的起诉期间，请法院驳回原告的诉讼请求。一审中，许某霞主张，其曾经于2015年7月14日起诉撤销本案诉争决议，故本案不属于超过60日的情形，并提交了2015年7月14日起诉书和（2015）朝民（商）初字第38215号《民事裁定书》。起诉书印刷字体显示案件被告是天祥公司，第三人是石现会、巴明、韩红，诉讼请求是撤销2015年5月16日形成的《天祥公司增资协议书》，案由是股东会决议撤销纠纷。起诉状经手写修改部分内容：将第三人修改为被告，将案由修改为与公司有关纠纷。（2015）朝民（商）初字第38215号《民事裁定书》认为：股东会决议撤销纠纷的被告应该是公司，许某霞将公司股东石现会、巴明、韩红作为被告，不符合法律的规定，裁定驳回许某霞的起诉。本案一审法院认为，根据《公司法司法解释（一）》第三条的规定，原告申请撤销股东会决议的，超过了法律规定的60天，故驳回起诉。许某霞不服一审裁定上诉认为：前一次诉讼原告本来是将天祥公司作为被告的，但立案法官要求修改起诉状，后将天祥公司修改为第三人，而将公司股东作为被告；原告已经在60日内提起诉讼，不存在怠于行使权利的情形。《公司法》所规定的60日的起诉期间，并不是要求在60日内将争议解决完毕，只要原告在60日内起诉，即取得了主张实体权利的资格。二审法院认为，《公司法》规定申请法院撤销股东会决议的期间是60日，该期间是除斥期间，并未规定可以因一定的事由发生中止、中断或者延长。故一审认定正确，裁定维持原裁定。❶

---

❶ 许某霞与北京市天祥耀业投资管理有限公司股东会决议纠纷（北京市第三中级人民法院〔2016〕京03民终2051号）。

案例二：2015 年 9 月 18 日，原告隋某丽向北京市昌平区法院起诉，案号是（2015）昌民（商）初字第 15762 号，称隋某丽是凯必盛公司股东，2015 年 8 月 28 日之前，担任凯必盛公司董事长。2015 年 9 月，原告隋某丽无意中发现凯必盛公司董事长已经变更为吴小立。原告隋某丽既是公司的股东，又是公司的董事长，未被通知参加任何会议，请求确认公司变更董事长等的决议无效。一审庭审中，即 2015 年 10 月 22 日，经法院释明，原告隋某丽变更诉讼请求为：请求撤销凯必盛公司于 2015 年 8 月 20 日形成的董事会决议。该案的争议焦点也是原告的起诉是否超过了 60 天的起诉期间。一审法院认为，《公司法》第二十二条第二款规定的起诉期间是除斥期间，逾期不行使导致该权利丧失，该制度的目的在于督促权利人及时行使权利，维持公司运营的稳定性。本案中，虽然原告在决议作出之日起 60 日内提起的诉讼是请求确认股东会决议无效，后经法院释明，原告才在决议作出之日起 60 日后将其诉讼请求变更为请求撤销股东会决议。但原告提起股东会决议无效确认之诉应该视为其已经及时行使了诉讼权利，不应该因为原告的诉讼请求不当而认为其没有及时行使权利，一审法院认为原告起诉并未超过 60 天的起诉期间。最后一审法院认为诉争董事会决议的召集方式违反法律和公司章程的规定，判令撤销诉争董事会决议。凯必盛公司不服一审判决提起上诉主张，申请撤销股东会决议的期间 60 日属于除斥期间，原告是在决议作出之日起 60 天后才变更诉讼请求为股东会决议撤销之诉的，之前的股东会决议无效确认之诉不是股东会决议撤销之诉，一审认定原告起诉撤销股东会决议未过 60 天没有法律依据。二审法院认为，原告隋某丽起诉主张确认董事会决议无效以及此后变更诉讼请求为撤销董事会决议，其目的都是为了否定董事会决议的效力，其提起本案诉讼的时间是在董

· 175 ·

事会决议作出 60 日内，应该认为隋某丽在法定除斥期间内主张了权利。二审判决驳回上诉，维持原判。❶

以上两个案例，都属于当事人在法定期间已经行使了权利，但因主观或者客观的原因，行使权利的方式没有符合或者没有完全符合法律的要求。根据传统民法关于除斥期间的一般理论，除斥期间具有不变性，不适用中止、中断和延长的规定。在案例一许某霞诉天祥公司案件中，原告已经正确或者基本正确行使了权利，但因为法院的错误释明或者错误裁决，导致原告在法定撤销期间之后重新起诉申请撤销股东会决议。法院坚持认为申请撤销股东会决议的 60 日期间属于除斥期间，不存在中止、中断或者延长，认定原告的重新起诉超出了法定起诉期间，对于原告的诉讼请求不予支持。

就案例一，本书认为：法院如此处理对于权利人来说非常不妥，有失公允，没有保护权利人的诉权。该案主要是法院的错误释明和错误裁判导致权利人耽误了法定起诉期间，权利人不存在怠于行使权利的行为，股东会决议撤销之诉已过除斥期间的主要责任不在权利人，如果在此种情况下权利人也失权，与时效制度的立法目的相悖。

在案例二原告隋某丽诉凯必盛公司案件中，原告首先起诉请求确认股东会决议无效，开庭时变更诉讼请求为申请撤销股东会决议，但此时已经是形成股东会决议的 60 日后。该案两审法院不同于案例一中法院的观点，认为无论是诉请确认股东会决议无效，还是诉请撤销股东会决议，其目的都是在于否定股东会决议的效力，都是权利人主张权利的方式，认定申请撤销股东会决议的起诉期间未经过，并判决支持了原告关于撤销股东会决议的诉讼请求。两个案例，

---

❶ 隋某丽与凯必盛公司股东会决议效力纠纷（北京市第一中级人民法院〔2016〕京 01 民终 343 号）。

相似的案情，不同的判决结果，给我们提出下列问题：申请撤销股东会决议的起诉期间是否为绝对不变期间？客观原因是否可以导致申请撤销股东会决议的期间存在中止、中断和延长的情形？

二、合同撤销之诉救济时效对股东会决议撤销之诉的影响

除斥期间是一个学理概念，我国狭义的法中没有出现过这一词汇，更没有规定除斥期间能否中止、中断和延长。申请撤销股东会决议的起诉期间是否为除斥期间，是否为绝对不变期间？

《合同法》第五十四条，规定了重大误解、显失公平、因受欺诈、胁迫或乘人之危而形成的合同的撤销权问题，享有撤销权的一方当事人有权申请人民法院或者仲裁机构撤销合同。申请撤销的方式，只能是诉讼或者仲裁，不能是其他方式，如不能是撤销权人向合同对方单方面发送函件的方式；但根据合同自愿原则，如果双方经协商一致而变更或者解除合同，则不在法律所禁止之列，但这已经是合同的协商解除或者变更的问题，而不属于合同的撤销了。❶一般认为，《合同法》第五十四条所规定的合同撤销权是一种典型的形成权，而且是一种形成诉权，除斥期间所针对的对象就是形成权。

《合同法》第五十五条则进一步规定了合同撤销权的消灭问题，规定一般合同撤销权自撤销权人知道或者应当知道撤销事由之日起一年内没有行使而消灭，

---

❶ 1999年《合同法》第五十四条　下列合同，当事人一方有权请求人民法院或者仲裁机构变更或者撤销：（一）因重大误解订立的；（二）在订立合同时显失公平的。一方以欺诈、胁迫的手段或者乘人之危，使对方在违背真实意思的情况下订立的合同，受损害方有权请求人民法院或者仲裁机构变更或者撤销。当事人请求变更的，人民法院或者仲裁机构不得撤销。

或者撤销权人在知道撤销事由之后明确表示或者以自己的行动表示放弃撤销权而消灭。该条仍然没有规定行使合同撤销权的除斥期间是否可以中止、中断和延长。❶

在司法解释层面，对于合同撤销权的行使期间则作出了更进一步的规定。《合同法司法解释（一）》第八条明文规定合同撤销权的行使期间是不变期间，与诉讼时效不同，不可以中止、中断和延长。❷ 该规定没有直接将行使合同撤销权的期间界定为就是除斥期间，但正面规定了合同撤销权的行使期间是不变期间，这对于澄清实践中的一些模糊认识，具有重要的意义。最高人民法院《关于审理民事案件适用诉讼时效制度若干问题的规定》第七条，则直接将合同撤销权的性质直接界定为是除斥期间，首次将学理上的"除斥期间"概念引入到司法解释之中，改变了我国以往法律规定或者司法解释一般是就事论事，一般不轻易启用抽象学理概念的风格传统。❸

《公司法》第二十二条第二款所规定的股东会决议撤销权的行使期限是60天，该期限的起算点是决议作出之日，并没有规定该期间能否像诉讼时效那样中止、中断和延长。另外，《公司法司法解释（一）》第三条规定，超过公司法

---

❶ 1999年《合同法》第五十五条 有下列情形之一的，撤销权消灭：（一）具有撤销权的当事人自知道或者应当知道撤销事由之日起一年内没有行使撤销权；（二）具有撤销权的当事人知道撤销事由后明确表示或者以自己的行为放弃撤销权。

❷ 《最高人民法院关于适用〈中华人民共和国合同法〉若干问题的解释（一）》（法释〔1999〕19号）第八条 合同法第五十五条规定的"一年"、第七十五和第一百零四条第二款规定的"五年"为不变期间，不适用诉讼时效中止、中断或者延长的规定。

❸ 《最高人民法院关于审理民事案件适用诉讼时效制度若干问题的规定》（法释〔2008〕11号）第七条 享有撤销权的当事人一方请求撤销合同的，应适用合同法第五十五条关于一年除斥期间的规定。对方当事人对撤销合同请求权提出诉讼时效抗辩的，人民法院不予支持。

规定期限起诉要求撤销股东会决议的，人民法院不予受理。❶

为什么实务和理论上的主流观点都是认为诉请撤销股东会决议的起诉期限60日是除斥期间，是不变期间，不适用诉讼时效中止、中断和延长的规定？本书推理认为，可能有两方面原因：实务上，相关司法解释比较清晰地将合同法上的合同撤销权界定为除斥期间，不发生中止、中断和延长的情形；股东会决议撤销之诉也是撤销法律行为其中的一种，很容易产生类推适用，认为股东会决议的撤销也可以参照合同的撤销的一些规定和理论。另外，理论上大多数人也主张股东会决议的撤销也是一种形成诉权，形成诉权所对应的是除斥期间，除斥期间是不变期间。但是本书认为，关于股东会决议撤销之诉的救济时效，应当针对司法实务的现实需求展开更为深入的研究。

三、股东会决议撤销之诉救济时效是否可变的比较研究

关于股东会决议撤销之诉救济时效是否为可变期间，代表性观点有如下几种。

（一）股东会决议撤销之诉的救济时效为绝对不变期间

大部分学者认为，股东会决议撤销权行使期间是除斥期间，不同于诉讼时效，不会像诉讼时效那样可以中止、中断和延长。❷ 在日本的公司法司法实践中，为了尽力维持股东会决议的效力，增大被撤销的难度，对于撤销权行使

---

❶ 《最高人民法院关于适用〈中华人民共和国公司法〉若干问题的规定（一）》（法释〔2006〕3号）第三条　原告以公司法第二十二条第二款、第七十五条第二款规定事由，向人民法院提起诉讼时，超过公司法规定期限的，人民法院不予受理。

❷ 李建伟. 公司诉讼专题研究[M]. 北京：中国政法大学出版社，2012：207.

期间的限制非常严格，规定撤销权人不仅只能在撤销权行使期间内行使撤销权，而且一旦该期间经过，撤销权人不得重新主张或者追加之前未主张过的新的主张撤销权的事由。❶

（二）股东会决议撤销之诉救济时效绝对不变的缓和

股东会决议撤销之诉救济时效绝对不变的观点过于僵化，可能会导致个案的不公平。针对这种情况，日本有司法判例认为，当某一事由曾被作为主张股东会决议无效的事实之后，如果此后权利人变更诉讼请求为撤销诉争股东会决议，则原被主张过的事由可以在新的股东会决议撤销诉讼中被重新援引，并且提起股东会决议无效确认之诉的时间可以视为提起股东会决议撤销之诉的时间。因此，只要在法定的股东会决议撤销权行使期间内提起了诉讼，无论该诉讼的主张是请求确认股东会决议无效，还是请求撤销股东会决议，均被认为没有超过股东会决议撤销之诉的起诉期间。❷

为了保障和维护被故意不通知或者被遗漏通知的股东的股东会决议撤销权，有学者主张提出两种方案：第一种方案是，将股东会决议撤销权行使期间的起算时间从"自决议作出之日"修改为"知道或者应当知道股东大会决议作出之日"；第二种方案是，将故意不通知或者遗漏通知部分股东参加的股东会决议定性为不成立的股东会决议，与无效的股东会决议一样，不受撤销权行使期间的限制。❸

---

❶ 日本最高裁判所判决昭和 51 年（1976 年）12 月 24 日，载《民集》第 30 卷第 11 号，第 1076. 转引自李建伟. 公司诉讼专题研究 [M]. 北京：中国政法大学出版社，2012：207.

❷ 同❶。

❸ 同❷。

四、股东会决议撤销之诉救济时效不是绝对不变期间

基于前述研究,本书认为,我国《公司法》第二十二条所规定的申请撤销股东会决议的60日的起诉期间,不应理解为绝对不变的期间。本书认为,该60日起诉期间原则上不变,以增进效率价值;但在不可归责于权利人的特定情况下,该起诉期间可以据实延长,以平衡效率与平等。

主要理由是如下几个方面。

第一,从规范分析的角度理解,我国现行法律并未规定股东会决议撤销之诉救济时效为绝对不变期间。关于该法律问题,我国目前的法律规定集中于《公司法》第二十二条第二款和《公司法司法解释(一)》第三条的规定。两个规定虽然都没有规定该60日起诉期间可以中止、中断和延长,但也没有规定该60日起诉期间不可以中止、中断和延长。虽然《公司法司法解释(一)》第三条规定对于超过60日起诉申请撤销股东会决议的,人民法院不予受理,但对于前述案例中已经在60日的期间内起诉,因为法院的不当释明,或者因为法院的不当裁判行为,导致权利人在60日的期间内不能起诉的,根据法律规定的文义解释结合立法目的,应该允许权利人在超过60日的期间之后再行起诉。

第二,从价值分析的角度理解,针对不可归责于权利人的原因而导致的救济时效经过的,应当预留权利人以救济途径,如此的制度安排有利于效率、平等和合理期待的平衡。建立时效制度的立法初衷之一,是促使权利人尽快行使权利,加快经济运行的速度,提高经济运行的效率。在权利人已经向法院主张权利,但由于法院工作人员的不当释明的影响,导致权利人将正确的诉讼请求

修改为错误的诉讼请求的情况下，权利人已经在法定的期间行使了自己的权利，对其权利进行保护符合时效制度的本意。权衡权利人的利益和公司及利害关系人的利益，对于权利人的利益予以保护不会导致双方利益不平衡和不公平的局面，有利于平等保护权利人的利益，不至于严重损害公司运行的效率，有利于宣扬和彰显诚实信用原则。

就法院错误释明事实的举证责任来看，此时，法院有关工作人员应当积极承担证明责任，就自己的错误释明行为承担相应的补救义务，法院工作人员至少应当积极就自己的错误释明的事实进行作证，还原案件经过。就法院释明权的工作改进来看，建议今后法院在行使释明权的时候，借鉴《德国民事诉讼法》第139条第4款，采取书面的形式进行记录，处处留痕，对案件当事人负责，提高司法公信力。❶ 这样的制度设计，不仅有利于维护法院的公正权威形象，而且有利于促进权利人积极和正确行使权利，并免除其后顾之忧。

以上观点也得到部分司法实务审判意见的支持。例如，北京市高级人民法院曾经在2008年4月作出审判指导意见，认为权利人只要在决议作出之日起60天内提出了诉请确认股东会决议无效的诉讼请求的，并且经法院释明，变更诉讼请求为撤销股东会决议的，可以认为权利人已经在法定除斥期间内行使了股东会决议撤销权。❷

第三，基于股东会决议诉讼专业性强的特点，应当对权利人主张否定股东

---

❶ 丁启明.德国民事诉讼法[M].厦门：厦门大学出版社，2016：37.
❷ 《北京市高级人民法院关于审理公司纠纷案件若干问题的指导意见》（京高法发〔2008〕127号）第十一条 股东会、董事会决议存在撤销原因，而当事人请求确认无效时，人民法院应查原告是否在决议作出之日起60日内提起诉讼，如已超过此期限，则判决驳回诉讼请求；如在此期限内，则告知原告变更诉讼请求，原告同意变更的，按撤销之诉审理；原告不同意变更的，判决驳回其诉讼请求。

会决议效力的案件做细致全面的审查，体现商事审判的专业性。在权利人已经以诉讼的方式主张否定股东会决议的效力，但所提出的诉讼请求不当的情况下，也应该对于主张撤销股东会决议的除斥期间做出较为宽松的理解。❶ 因为，股东会决议纠纷是一类专业性非常强的纠纷类型，学说林立，不同学者的观点往往针锋相对；法院的裁判方式不一，针对同一类股东会决议纠纷，不同的法院或者不同的法官往往做出不同甚至是截然相反的裁判结论；法律的规定也非常不明确。在这样的法律环境下，权利人或者律师对股东会决议的性质及其效力往往存在不同的理解，再加上不同律师的水平往往高低不等、参差不齐，不宜对于原告诉讼请求做出超出社会客观现实的要求，以免权利人动辄得咎、寸步难行。

这里所讲的诉讼请求不当，宜作较宽泛的理解，具体问题具体分析，体现商事审判的专业性，以实质大于形式的原则分析问题，包括将本应诉讼撤销股东会决议的诉讼请求写成诉请确认股东会决议无效的，也包括错列被告或者第三人的情形。正如前文案例二原告隋某丽诉凯必盛公司股东会决议效力纠纷案件两审裁判文书的裁判要旨所述，只要权利人在60日内以诉讼的方式向法院提起了诉讼，并且该诉讼的目的是在于否定股东会决议的效力，即应当认定权利人已经在法律规定的期间内行使了权利，就不应当以除斥期间已过为由，对权利人的诉讼请求不予支持。❷

---

❶ 任重.我国民事诉讼释明边界问题研究[J].中国法学，2018（6）：217-238.
❷ 隋某丽与凯必盛公司股东会决议效力纠纷（北京市第一中级人民法院〔2016〕京01民终343号）。

第三节　股东会决议无效之诉的救济时效

与合同无效之诉的诉讼时效一样，股东会决议无效之诉是否受到救济时效的限制也是一个存在争议的问题。本节拟对该问题展开研究。

一、股东会决议无效之诉救济时效的理论与实务

关于请求确认股东会决议无效是否适用诉讼时效，理论和实务中存在如下几种不同的代表性观点。

（一）认为请求确认股东会决议无效不适用诉讼时效

持这种意见的理由一般有：

（1）诉讼时效制度仅适用于债权请求权，请求确认股东会决议无效不属于请求权的范畴，而是一种确认之诉，因而不适用诉讼时效。

（2）诉讼时效制度的适用对象是实体性权利请求权，确认法律行为无效等属于程序性权利请求权，对于程序性权利请求权，法律往往另外规定除斥期间予以规制。

（3）股东会决议无效与法律行为无效一样，属于自始无效、绝对无效、当然无效，无论是否有人提起股东会决议无效确认之诉讼，本来无效的股东会决议的效力并不会因时间的经过而变得有效。武汉市中级人民法院在审理武汉中英集团股份有限公司与武汉中英实业有限公司确认股东会决议无效纠纷一案中，

即是持这种观点。❶

（二）认为股东会决议无效纠纷应受诉讼时效限制

持这种意见的理由一般有：请求确认股东会决议无效不同于请求撤销股东会决议，不受60日的除斥期间的限制，权利人认为股东会决议无效且侵害其合法权益的，应当在法定的诉讼时效期间内行使权利，诉讼时效应当从权利人知道或者应当知道股东会决议之日开始起算。法院在审理顾某江等九人与凯里市利达食品有限责任公司股东会决议效力确认纠纷中，在审理李某某与成都宏明股东会决议效力确认纠纷中，均是持这种观点。❷

二、股东会决议无效之诉救济时效的域外立法例

关于股东会决议无效之诉是否适用诉讼时效，主要有如下两类域外立法例。

（一）未作规定的立法例

关于股东会决议无效确认之诉的诉讼时效或救济时效，韩国、日本都没有规定，就体系解释来看，应该理解为在这些法域，诉请确认股东会决议无效不受时效限制，任何时间均可起诉。本书认为，该类立法例未适应商事纠纷的现实需求，该类立法例会影响到以股东会决议为基础的法律关系的稳定性。

---

❶ 武汉中英集团股份有限公司与武汉中英实业有限公司股东会决议效力纠纷（武汉市中级人民法院〔2011〕武民商终字第00782号）。
❷ 顾某江等九人与凯里市利达食品有限责任公司股东会决议效力确认纠纷（贵州省黔东南苗族侗族自治州中级人民法院〔2014〕黔东民商再终字第5号）；李某某与成都宏明股东会决议效力确认纠纷（贵州省黔东南苗族侗族自治州中级人民法院〔2014〕成华民初字第1290号）。

（二）规定明确而短期救济时效的立法例

值得注意的是，在《德国股份有限公司法》中，规定了股东会决议无效确认之诉与撤销之诉一样，均适用一个月的起诉期间。德国公司法之所以并不区分两类案件的起诉期间，首先源于德国公司法对于公司瑕疵决议的分类不同。在德国公司法上所谓的股东会决议无效，不仅包括决议内容违反法律的情形，而且还包括股东会决议的法定程序被违反的情形。也就是说，德国公司法上的股东会决议无效，不同于我国《公司法》上的股东会决议无效的概念，而是既包括我国法律语境下的股东会决议无效，又包括我国语境下的部分股东会决议可撤销的情形。基于对股东会决议瑕疵分类的特有规定，继而产生第二个方面的立法理由，那就是为了维护团体法律关系的稳定，均需在一个比较短的时效期间内主张权利，否则继续维护决议的效力。在德国公司法上，该起诉期间被界定为除斥期间，不能中止、中断和延长。❶

三、合同无效与股东会决议无效时效制度的比较

请求确认合同无效之诉是否受诉讼时效限制在法学理论中研究得较为全面，该问题的研究路径可以为本书研究请求确认股东会决议无效是否受诉讼时效限制提供借鉴意义。

（一）合同无效之诉诉讼时效的主要观点

合同无效与诉讼时效的关系，也是一个长期争论、至今无定论的问题。这

---

❶ 谢文哲.公司法上的纠纷之特殊诉讼机制研究[M].北京：法律出版社，2009：115.

个问题可以细分为两个小问题：第一个小问题是，请求确认合同无效是否受诉讼时效规制，对于这个问题，通说认为，民法上的诉讼时效仅适用于债权请求权，请求确认合同无效是形成权，不受诉讼时效的规制。❶第二个小问题是，合同被确认为无效之后，权利人返还财产、赔偿请求权的诉讼时效从什么时间开始起算？关于这个问题，目前主要有三种代表性的观点：第一种意见认为，因无效合同而产生的请求权的诉讼时效应该从签订合同之时计算。第二种意见认为，因无效合同而产生的请求权应当从合同被人民法院或者仲裁机构确认为无效之时开始计算。最高人民法院在审理广西北生集团有限公司与北海市豪威房地产开发公司、广西壮族自治区畜产进出口北海公司土地使用权转让合同纠纷一案中即认为，虽然法律原则性地规定了何种情况下属于合同无效，但具体到个案，千差万别，不同的人往往有不同的理解，不能苛求合同当事人在签约之时即知道合同无效，合同到底是有效还是无效，需要法院或者仲裁机构做出权威性的认定，因而基于合同无效而产生的请求权，只有在合同被法院或者仲裁机构认定为无效之后才方便行使，其诉讼时效自此时起才开始计算。❷第三种意见认为，因无效合同而产生的请求权应当自合同约定的履行期限届满之日开始计算，最高人民法院在审理中国五金交电化工公司与中国光大银行合肥分行借款合同纠纷一案中，即是采纳这种观点。❸

---

❶ 陶恒河，胡四海．无效合同诉讼时效起算点的确定 [J]．人民司法，2014（22）：104.
❷ 广西北生集团有限公司与北海市豪威房地产开发公司、广西壮族自治区畜产进出口北海公司土地使用权转让合同纠纷（最高人民法院〔2005〕民一终字第 104 号）。
❸ 中国五金交电化工公司与中国光大银行合肥分行借款合同纠纷（最高人民法院〔2003〕民二终字第 38 号）。

（二）合同无效诉讼时效的研究结论不应直接适用于股东会决议无效之诉

在关于请求合同无效的问题上，虽然目前的主流观点认为不适用诉讼时效，但本书认为，在请求确认股东会决议无效的诉讼中，不宜套用合同法的制度和理念。

公司法的规制对象不同于合同法的规制对象，其规制的对象往往不是单一的合同，而是一系列合同组成的合同束；一份股东会决议作出之后，往往会以此为基础而形成一系列的法律关系。❶虽然在公司法领域，设置了股东会决议效力瑕疵与对外法律关系效力隔离规则，试图通过该种规则的设置防范法律行为效力瑕疵的多米诺骨牌效应。❷但这种努力仍然无法满足如下几个方面的现实需要。

第一，无法满足公司内部治理关系稳定性的需要。股东会实行资本多数决的决议形成机制，这种原则是在平等的基础上追求效率，而且这种决策机制最特色的价值就在于效率。如果股东或者其他权利主体认为一份股东会决议无效，但又不及时申请法院确认，股东会决议的效力将无限期地随时被否定，公司内部治理将处于无所适从的状态，资本多数决的效率价值将无处安放。

第二，无法满足公司对外交易的需要。虽然《公司法司法解释（四）》原则性地规定了股东会决议被认定为无效或者被撤销的，公司与善意相对人形成的民事法律关系不受影响，但何为善意、交易相对人是否确为善意，规则并不是

---

❶ 钱玉林.商法漏洞的特别法属性及其填补规则[J].中国社会科学，2018（12）：91-109.
❷ 《公司法司法解释（四）》（法释〔2017〕16号）第六条　股东会或者股东大会、董事会决议被人民法院判决确认无效或者撤销的，公司依据该决议与善意相对人形成的民事法律关系不受影响。

特别通透，相关的事实认定和法律解析本身也是一个疑问。

第三，公司法对请求确认股东会决议无效是否适用诉讼时效未作规定，何时开始计算诉讼时效也未作规定；如果模拟适用合同无效之诉诉讼时效的话，两种不同法律关系的简单类推将导致众说纷纭，不仅理论上各说各话，而且导致司法裁判意见不统一，社会危害十分严重。

第四，无法解决在公司治理中贯彻诚实信用原则的问题。股东会决议作出之后，可能按照决议作出时的情况，相关主体是同意的，并且都已经开始履行甚至已经履行完毕。但由于情势的变化，导致利益发生失衡，相关主体以股东会决议无效为诉由要求权利义务的重新分配，推翻既存已久的法律关系。因为股东会决议一般是公司决策中较重要决策，如果仍然坚持无效的法律行为自始无效、当然无效、绝对无效的观点，则不利于法律关系的稳定，更背离了效率的商法原则。我国法院在司法实践中，已经开始自觉地运用诚实信用原则和禁止权利滥用原则对于权利人行使权利的期间进行限制。例如，在法律和合同均无规定合同解除权的具体行使期间的情况下，权利人解除合同不得完全不受期限的限制；在解除权人长期不主张合同解除的情况下，合同相对人基于诚实信用原则，有理由相信解除权人不再解除合同，如果解除权人经过多年之后再行主张合同解除，法院有权斟酌具体情况，对于解除权人的请求不予支持。❶ 在"山东海汇生物工程股份公司与谢宜豪股权转让纠纷案"中，法院即根据诚实信用原则和禁止权利滥用原则，运用"权利失效"理论，驳回了解除权人申请解除合同的诉讼请求，实际起到了与时效制度相同的功能。❷

---

❶ 万方.股权转让合同解除权的司法判断与法理研究[J].中国法学，2017（2）：271-272.
❷ 赵一谨.商事合同解除权的特殊限制[J].国家检察官学院学报，2016（2）：160-161.

第五，股东会决议的无效不是自始无效、当然无效、绝对无效。传统观点认为，跟合同无效一样，股东会决议的无效是自始无效、当然无效、绝对无效。本书认为，在股东会决议无效的问题上，这个观点是错误和有害的。股东会决议是公司治理的主要法律手段之一。公司法属于私法，属于商法，公司法的私法属性和商法属性，决定了股东会决议所牵涉的是私人间的利益关系，这种私人间的利益是可以让渡和放弃的，也决定了股东会决议的规制规则应该是明确的、方便执行的，并且有利于公司运行效率的提升。例如，如果一项股东会决议，损害了某股东的利益，依法本应该认定为无效；但该股东长期对此置若罔闻，若干年后他才提起诉讼请求确认股东会决议无效，该股东如此操作的原因和动机可能多种多样，但如果法律对于这种行为不加限制反而予以保护，恐怕将有违公司法应该秉持的促进平等和效率的精神。[1]

如果公司法规定了请求确认股东会决议无效应该受到时效的限制，权利人应当在一定的期限之内行使该项权利，如果该股东的利益受到了本应被认定为无效的股东会决议的损害，但没有在法律所规定的期限内诉请确认股东会决议无效，导致其权利最终因为时效罹至而不受法律保护。基于权利人的权利是因为没有在法定期限之内及时行权而丧失，这种丧失的利益终究是一种私人利益，这种利益相较于公司治理和公司交易的迅捷而言，显然应该受到适当的限制，这种限制之一就是对于行权时间的限制。

另有学者认为，股东会决议无效是因为决议的内容违反法律和行政法规的禁止性强制性规定所致，这种决议的效力不应当随着时间的经过而变得有效。笔者的看法是，民商法的性质是私法，保护的是私人利益，法律对于私人利益

---

[1] 邹海林.抵押权时效问题的民法表达[J].法学研究，2018（1）：56-57.

的保护，不应该是大包大揽全盘兜底保障，而应该是赋予权利人相应的救济方法和维权手段。这种手段是要受到时效的限制的，在权利人不及时行使的情况下，法律不应该无限期地保护。否则这种保护就会导致商事交易的不确定性，增加交易费用，该交易费用将转由公司其他股东或者交易对方承担，从法律经济学的角度分析，这种权利配置或者交易模式的设计必然导致低效率。❶

需要进一步说明的是，如果股东会决议的违法程度特别严重，严重到超出了私人利益的范畴，而进入到损害社会公共利益的时候，这就转入到由行政法或者刑法调整的层次，不再属于公司法所规制的对象了。我们知道，行政法对违法行为的追诉、刑法上对犯罪行为的追诉，都是设定有一定的期限的，相较而言，对于无效的股东会决议的确认，自然没有理由不对其予以时间的限制。如果对于股东会决议无效的确认之诉不设定一定的时效期间，将可能导致对于违法程度较轻行为的追诉是无限期的，而对于违法程度较重的行为的追诉，反而是要受到期限的限制，这是违反比例原则的，也会将导致法律体系内部的不协调。

四、股东会决议无效之诉救济时效制度的构建

本书认为，作为一项制度设计，不同于理论讨论，制度创新的首要价值在于将复杂的问题作简单化处理，而不是将问题更加复杂化。❷请求确认股

---

❶ 弗鲁博顿，芮切特.新制度经济学一个交易费用分析范式[M].姜建强，罗长远，译.上海：格致出版社、上海三联书店、上海人民出版社，2015：30-50.
❷ 邹海林.抵押权时效问题的民法表达[J].法学研究，2018（1）：63.

东会决议无效的权利不应当永久存续，这不利于公司的正常运转，不利于保护交易第三人的利益，对于建立良好的社会经济秩序弊大于利。效力不确定的股东会决议适宜尽早明确效力属性，给商事交易当事人一个比较明确可期待的预期。规则的明确化，也有利于降低交易费用，提高公司运行的效率。❶本书试图通过研究，为尽早结束该项法律制度公共服务供给不足的现状提供理论支持。

（一）股东会决议无效之诉救济时效的性质为除斥期间

基于我国现行法律和司法解释都没有对于股东会决议无效之诉的起诉期间作出规定，应该认为该类诉讼不受诉讼时效的限制。因为我国民法上的诉讼时效仅适用于请求权，诉讼时效的完成，并不导致请求权的消灭，而仅导致抗辩权的发生。❷正如我国《民法总则》第一百九十二条所规定的，"诉讼时效期间届满的，义务人可以提出不履行义务的抗辩"。因此，如果设定确认股东会决议无效的救济时效，不宜将该时效定位为诉讼时效。但由于股东会决议是一种特殊的团体性法律行为，围绕股东会决议可能相继发生一系列错综复杂的法律关系，为了督促当事人及时行使权利，并维持公司经营管理的稳定，维护资本多数决的效率价值，本书主张设定提起股东会决议无效诉讼的最长期限，该期限宜界定为除斥期间。超过该除斥期间的，权利人丧失提起诉讼的权利。

---

❶ 弗鲁博顿,芮切特.新制度经济学一个交易费用分析范式[M].姜建强,罗长远,译.上海:格致出版社、上海三联书店、上海人民出版社，2015：6.

❷ 邹海林.抵押权时效问题的民法表达[J].法学研究，2018（1）：57.

（二）基于效率价值构建股东会决议无效之诉的救济时效制度

在具体制度设计方面，本书提出以下建议。

第一，规定请求认定股东会决议无效的时间限制。

第二，时间限制的起算点，可以考虑参照诉讼时效的做法，规定为自权利人知道或者应当知道股东会决议及其内容之日开始计算。❶ 之所以建议作出这样的规定，理由在于：这样可以较为恰当地平衡相关利益主体的利益，较好地保护对股东会决议不知情或者较晚知情的利益主体的合法权益，减少纵容不规范股东会决议的发生频率，减少恶意利用股东会决议侵犯他人合法权益和破坏正常的公司治理秩序的现象出现，平衡维护资本多数决的平等价值和效率价值。

第三，应该突出体现商事法律的特点，规定一个较为短期的请求确认股东会决议无效的除斥期间。❷ 我国《公司法》所规定的申请撤销股东会决议的除斥期间是60天，德国和我国台湾地区是1个月，韩国是2个月，日本是3个月，均属于短期时效，其中德国1个月的起诉期限不仅适用于申请撤销公司决议，而且适用于申请确认公司决议无效。❸ 在这方面，中国《公司法》所规定的申请撤销股东会决议的法定期间的短期化顺应了商事交易快捷化的现实需求，应该继续发扬光大。就请求确认股东会决议无效的除斥期间而言，本书建议，参

---

❶ 2017年《民法总则》第一百八十八条　向人民法院请求保护民事权利的诉讼时效期间为三年。法律另有规定的，依照其规定。

　　诉讼时效期间自权利人知道或者应当知道权利受到损害及义务人之日起计算。法律另有规定的，依照其规定。但是自权利受到损害之日起超过二十年的，人民法院不予保护；有特殊情况的，人民法院可以根据权利人的申请决定延长。

❷ 万方.股权转让合同解除权的司法判断与法理研究[J].中国法学，2017（2）：271-272.

❸ 李建伟.公司诉讼专题研究[M].北京：中国政法大学出版社，2012：206.

照《票据法》的规定，❶规定两个方面的时效：首先，将请求确认股东会决议无效的除斥期间规定为 3 个月，从知道或者应当知道股东会决议及其内容之日开始计算；其次，无论权利主体是否实际知道股东会决议及其内容，自决议作出之日起经过二年，权利人未申请确认股东会决议无效的，法院不再受理，这类似于《民法总则》第一百八十八条所规定的 20 年的最长时效。❷

需要补充说明的是，本书讨论对象仅仅局限于请求确认股东会决议无效的除斥期间，没有针对股东会决议被认定为无效之后所产生的返还财产或者恢复原状的请求权。行使此类请求权的期间，性质上与《民法总则》第一百八十八条所规定的普通诉讼时效并无差异，建议按照普通诉讼时效的 3 年时间来确定。至于返还财产或者恢复原状诉讼时效的起算点，本书建议与请求确认股东会决议无效的诉讼时效相一致，确定为从权利主体知道或者应当知道股东会决议及其内容之日开始计算。

---

❶ 《中华人民共和国票据法》（2004 年）第十七条　票据权利在下列期限内不行使而消灭：
（一）持票人对票据的出票人和承兑人的权利，自票据到期日起二年。见票即付的汇票、本票，自出票日起二年；
（二）持票人对支票出票人的权利，自出票日起六个月；
（三）持票人对前手的追索权，自被拒绝承兑或者被拒绝付款之日起六个月；
（四）持票人对前手的再追索权，自清偿日或者被提起诉讼之日起三个月。
票据的出票日、到期日由票据当事人依法确定。

❷ 2017 年《民法总则》第一百八十八条　向人民法院请求保护民事权利的诉讼时效期间为三年。法律另有规定的，依照其规定。
诉讼时效期间自权利人知道或者应当知道权利受到损害及义务人之日起计算。法律另有规定的，依照其规定。但是自权利受到损害之日起超过二十年的，人民法院不予保护；有特殊情况的，人民法院可以根据权利人的申请决定延长。

第六章　股东会决议撤销之诉的司法审查范围

本书第三章至第五章研究了股东会决议诉讼审什么的问题，本章拟围绕股东会决议诉讼司法审查范围的特殊性展开研究，集中探讨股东会决议撤销之诉怎么审的问题。在一般民商事纠纷案件中，法官在进行司法审查的过程中，往往需要先行查明事实，然后再适用法律，并考察认定事实和适用法律是否合法和合理。然而，法院在审理股东会决议撤销之诉案件时，呈现出一些不同于普通民商事纠纷案件的特点。

第一节　限制司法审查范围的由来与意义

民事案件实行不告不理原则。法院对民事案件的审理范围首先受制于原告的起诉，必须是原被告双方之间发生争议的民事权利义务关系；这种争讼法律关系经原告提交法院，就成为诉讼标的。一般情况下，原告起诉至法院的争讼法律关系即成为法院的审理对象；特定类型的诉讼中，法律基于一定的价值考虑，需要对案件审理范围作进一步的限定，该情况下法院审理范围小于诉讼标的。例如，在公司决议撤销之诉中，最高法院即通过发布指导性案例的形式，将该类诉讼的审理范围进行进一步的限缩。❶

一、李某军诉佳动力公司案明确限制司法审查范围

李某军诉佳动力公司案即最高人民法院第 10 号指导案例，该案就公司决议纠纷的部分特殊性做了充分的揭示。❷ 该案基本案情是：原告李某军是被告佳动力公司的股东，并担任总经理。2009 年 7 月 18 日，佳动力公司召开董事会，会议形成决议："鉴于总经理李某军不经董事会同意私自动用公司资金在二级市场炒股，造成重大损失，现免去其总经理职务，即日生效。"法院审理查明，该会议的召集程序和表决方式符合《公司法》和公司章程的规定。案件的主要争议在于：原告李某军认为，其并未私自动用公司资金在二级市场炒股造成公司损失，诉争董事会决议所依据的事实和理由不属实，起诉要求撤销该董事会决议。一审判决支持了原告的诉讼请求，诉争董事会决议被撤销。佳动力公司上诉。二审法院最终认定：在公司决议撤销纠纷案件中，法院的司

---

❶ 陈刚. 民事实质诉讼法论 [J]. 法学研究，2018（6）：128-144.
❷ 该案例是董事会决议纠纷，本书的主题是股东会决议。但在本节研讨问题上，二者类似点较多，故借用董事会决议方面的最高法院颁布的指导性案例。——作者注

第六章 股东会决议撤销之诉的司法审查范围

法审查范围是会议的召集程序和表决方式是否违反法律法规和公司章程，决议的内容是否违反公司章程；至于决议所依据的事实是否属实、理由是否成立，不属于该类诉讼的司法审查范围。据此，撤销一审判决，改判驳回原告的诉讼请求。❶

以上案例是最高人民法院精心遴选出来的指导性案例，根据最高人民法院的相关规定，各级人民法院在审理类似案例时，"应当参照"指导性案例，对于控（诉）辩方引述过的指导性案例，法院裁判文书应当作出回应。❷可见，指导性案例重在说理，具有较强的约束力，在司法实践中具有重要的指导作用。本书认为，该指导性案例至少传递出以下几个方面的审判理念。

第一，明确了在公司决议撤销之诉中，人民法院对于公司决议的审查范围。即只需要根据《公司法》第二十二条的规定，审查会议的召集程序、表决方式和决议内容是否符合法律法规或者公司章程，至于决议所依据的事实是否属实、

---

❶ 李建军与上海佳动力环保科技有限公司董事会决议效力纠纷（上海市黄浦区人民法院〔2009〕黄民二（商）初字第4569号；上海市第二中级人民法院〔2010〕沪二中民四（商）终字第436号；《最高人民法院关于发布第三批指导案例的通知》（法〔2012〕227号）指导案例10号）

❷ 《最高人民法院印发〈关于案例指导工作的规定〉的通知》（法发〔2010〕51号）第七条："最高人民法院发布的指导性案例，各级人民法院在审判类似案件时应当参照。"《最高人民法院印发〈关于案例指导工作的规定〉实施细则》的通知》（2015年）第九条："各级人民法院正在审理的案件，在基本案情和法律适用方面，与最高人民法院发布的指导性案例相似的，应当按照相关指导性案例的裁判要点作出裁判。"《最高人民法院关于印发〈关于案例指导工作的规定〉实施细则的通知》〔2015〕第十条："各级人民法院审理类似案件参考指导性案例的，应当将指导性案例作为裁判理由引述，但不作为裁判依据援引。"《最高人民法院关于案例指导工作的规定〉实施细则》〔2015〕第十一条："在办理案件过程中，案件承办人员应当查询相关指导性案例。在裁判文书中引述相关指导性案例的，应在裁判理由部分引述指导性案例的编号和裁判要点。公诉机关、案件当事人及其辩护人、诉讼代理人引述指导性案例作为控（诉）辩理由的，案件承办人员应当在裁判理由中回应是否参照了该指导性案例并说明理由。"

理由是否充分，不属于法院审查的对象，本书将这种现象概括为公司决议内容的无因性。

第二，倡导了一种全新的商事审判思维方式，即法院一般不介入市场主体的内部决策，这有利于支持和鼓励公司自治，激发企业活力和创造性。公司作为市场主体，只有在自治的基础上及时主动地去适应市场，才能在市场上生存与发展。公司决议是公司自治的基本形式。公司决议诉讼是公权力（司法权）介入公司自治的一种方式，法院审理公司决议诉讼时，务必坚持谦抑性原则。❶法官是法律人，对于市场并不敏感，并且商业决策具有时效性，允许决策的风险性乃至于失误，不能以事后的结果来权衡公司决议的对错。司法介入公司自治的目标，只是尊重和恢复公司自治，而不能越俎代庖，代替公司决策。

第三，该指导案例的精神客观上简化了法官的工作。公司决议背后的事实或者作出公司决议的原因，类似于自然人行为的"动机"。法律为了简化社会生活、方便裁判，往往仅审查行为本身，对于行为背后的动机往往不多追问。以上指导案例同样传递出类似的思维视角：法院在审理公司决议撤销诉讼案件时，仅审查公司决议的召集程序、表决方式和决议的内容，而对于股东、董事基于什么信息和动机作出这样的投票和决议，并不作为司法审查范围。❷这种思维在我国当前经济社会快速发展、诉讼案件井喷的背景下，颇受广大法官欢迎，符合司法审判实践发展要求。最高人民法院通过第10号指导案例，进一步将这种审判理念正当化、合法化乃至于一定程度的法定化，客观上极大地简化了公司决议撤销诉讼的审判。

---

❶ 杜晓强.论公司自治的司法介入[D].武汉：武汉大学，2012：4-19.
❷ 法院在审理公司决议无效或者有效诉讼案件时，也秉持类似的精神。——作者注

二、限制司法审查范围，彰显司法尊重公司自治

以上将公司决议撤销之诉的司法审查范围限制为会议召集程序、表决方式和决议内容的审判理念，本书借用票据法和国际信用证的名词，将之抽象为司法审查范围的无因性。

关于无因性的理论和实践，最典型的体现于国际信用证惯例之中。在信用证法律关系中，信用证与作为其发生原因的合同，是相互独立的，银行在作出承兑、议付或者履行其他义务的承诺之后，不受票据关系当事人之间基础交易关系的影响，不因该基础交易关系而产生索偿或者抗辩权。作为信用证法律关系中的银行，只需要关注和处理单据，而不需要关注和处理单据背后所涉及的货物、服务或者其他基础交易。跟单信用证项下汇票一经签发就具有无因性，独立于基础合同关系。❶信用证的无因性是适应现代市场交易的效率性、快捷性要求而产生的，用银行信用制度来免除交易当事人的实质审查义务，仅通过对单据的表面审查，用银行信用来部分替代不特定商事主体的商业信用，极大地便捷了资金流通和国际贸易。《跟单信用证统一惯例》（UCP600）逐渐成为国际银行界、律师界和国际贸易商人自觉遵守的、非官方制定的法律。❷

类似于信用证法律关系中的信用证与基础交易相分离的方式，最高人民法院公布的第10号指导案例，一定程度上也是将公司决议的效力与作出该公司决议所依据的事实和理由隔离开来，使得法院在审查公司决议的效力的时候，类似于银行审查信用证的流程，"只问单据、不问交易"，只需要审查公司决议的

---

❶ 沈四宝，蒋琪.信用证出口押汇最新法律问题研究[J].法学论坛，2018（3）.
❷ 《跟单信用证统一惯例》（简称UCP600）（2007年）第四条、第五条。

程序和内容，而不需要审查作出该公司决议所依据的事实和理由，更不需要审查公司股东、董事作出提案或者表决意见的目的和动机。

从股东会决议诉讼的历史考察来看，司法审查范围与公司自治呈现出此消彼长的关系。在公司制度发展的早期，实行绝对的公司自治和资本多数决，法院对于股东会决议效力诉讼采取不予审理的立场，这个阶段体现为资本多数决效力的最大化和司法审查范围的最小化。到了近代，法院逐渐开始以股东会决议诉讼等形式介入公司内部决策，但介入的具体形式和程度在各国均有一些不同的表现。

在最高法院第 10 号指导案例"李某军与上海佳动力环保科技有限公司董事会决议效力纠纷"一案中，最高法院极力宣扬法院对于公司决议撤销之诉的司法审查采取"无因性"审查标准。根据该标准，法院对于争讼公司决议仅进行表面审查，只根据《公司法》第二十二条的规定，审查公司决议的召集程序、表决方式是否违反法律、行政法规和公司章程以及公司决议的内容是否违反公司章程，至于决议所根据的事实是否属实，决议的动机是否正当，不属于司法审查的范围。这就与普通民事审判的理念不同。这种不同，实际上体现了司法介入公司内部决策的谦抑性原则。法院虽然审理股东会决议纠纷，但这种审理严格依照《公司法》第二十二条所规定的审查范围：只作合法性审查，不作合理性审查；只审查法律问题，不审查商业决策的适当性问题；只作法律判断，不作事实判断。司法介入公司内部决策的谦抑性原则的另外一个方面，实际上代表着资本多数决的效力和地位较高，司法对于资本多数决的审查和限制受到严格的限制，并且必须以《公司法》第二十二条作为依据。

第二节　股东合理期待与限制司法审查范围

在理解和肯定前述最高人民法院第10号指导性案例的积极意义的同时，我们难免生出一丝担忧：如果按照该指导案例严格限制司法审查范围，公司就成了一个相对独立的王国，公司通过股东会决议等形式实行公司自治。由于股东会决议实行资本多数决的原则，某种程度上可能意味着控股股东的多数派决策，甚至是控股股东的暴政。司法审查范围的严格限制，可能导致股东压榨的问题更为凸显，并且没有司法救济途径。可以说，最高法院颁布的第10号指导案例，将公司决议案件的审判，一定程度上抽象化为工业化生产标准和流程，过于绝对化，粗犷有余，但精细化与人性化不足。在资本多数决被滥用、股东压榨等场合，如果固守严格限制司法审查范围的审判立场，将使股东合理期待被漠视，被扭曲的公司治理得不到司法机制的有效矫正，最终导致正义或者正当性等法律终极价值无法落实。

一、股东合理期待的理论渊源、基本特征与意义

（一）股东合理期待的理论渊源

1. 合理期待首先源于股东间的不完全契约和关系契约

合理期待是诚实信用原则在不完全契约和关系契约中的具体化，是基于不完全契约和关系契约而产生。合理期待原则最初起源于美国联邦与各州的判

例。❶公司法上的合理期待是指股东应当以诚实、符合理性和公平的方式经营公司以及基于股东之间的这种义务而存在于股东之间和股东与公司之间的符合一般人认识的企盼和愿望,这种企盼和愿望可能产生于公司成立之初,也可能产生于公司经营过程之中。❷

股东之间是一种长期契约,是一种关系契约,是一种不完全契约。公司成立之时或者股东加入公司之初的股东协议或者公司章程显然无法完全预见到未来的一切情事,更无法进行全面约定,只能通过股东会来决议这些事项。股东会的决议原则上实行资本多数决的运行机制,按照持股多数股东的意见来确定公司的行动方案;为了使公司决议机制顺利运行,少数股东的意志和利益可能被漠视。如果不存在股东压榨,法律原则上承认这种资本多数决的结果;反之,如果存在股东压榨,违背股东的合理期待,法律将可能对这种经由资本多数决机制形成的股东会决议的效力进行否定。否定的依据,就是合理期待原则。❸

2. 信义义务视角下的股东合理期待

美国公司法认为,合理期待原则起源于股东之间的信义义务。一般认为,仅控制股东对于非控制股东承担信义义务。当然,在美国的部分州公司法(例如马萨诸塞州公司法)中,不仅控制股东需承担信义义务,非控制股东也需要

---

❶ CROSKEY. The doctrine of reasonable expectations in California : a judge's view [J]. Connecticut Insurance Law Journal, 1998, 5 (1): 452-453.

❷ 杨署东.合理期待原则下的美国股东权益救济制度及其启示 [J].法律科学,2012 (2):122.

❸ 冯果,段丙华.公司法中的契约自由——以股权处分抑制条款为视角 [J].中国社会科学,2017 (3): 116-136.

承担信义义务。❶❷ 本书赞同这种观点。因为笔者发现，在股东会决议诉讼中，不仅存在控制股东违背信义义务的情况，还有不少非控制股东违背信义义务，恶意挑起股东会决议诉讼，阻挠股东会决议的开展和公司治理的有序推进。由此，本书认为，合理期待原则适用于所有类型股东之间的股东会决议。

自从伯利和米恩斯 1932 年在著名的《现代公司和私有财产》一书中提出"公司所有与公司控制相分离"的观点以来，学术界的主流观点都误以为各国公司已经实现了从"股东会中心主义"向"董事会中心主义"的转变，继而公司治理的研究重点也转向了规制董事的行为，重点研究由于董事滥用权力而产生的代理成本问题，董事的信义义务由此而生。❸ 然而，现代经济学界通过对各国公司运行的实际展开实证研究，发现所谓的"董事会中心主义"并未普遍形成；一般情况下，公司的主人还是股东，董事大多数情况下仍然只是股东或者更准确地说是控股股东通过表决权而遥控或者直接控制的一枚"棋子"。拉波塔、洛佩斯和西内菲尔（La Porta, Lopez-de-Silanes & Shleifer, 1999）研究发现，在 27 个发达国家和地区，大公司的股权集中在少数大股东手里，公司中问题最多的代理问题体现为大股东压榨小股东。❹ 克莱森斯等（Llaessens et al., 2000）对东亚九国 2980 家公司进行研究发现，超过 2/3 的公司由单一股东控制。❺ 这一发现尤其与中国的实际情况相符。在中国，无论是上市公司，还是中小型有

---

❶ SIEGEL. Fiduciary duty myths in close corporate law [J]. Delaware Journal of Corporate Law, 2004, (29): 380.

❷ 王建文. 论我国引入公司章程防御性条款的制度构造 [J]. 中国法学，2017（5）：144-145.

❸ 沈四宝. 西方国家公司法原理 [M]. 北京：法律出版社，2006：237-241.

❹ 郑志刚. 中国公司治理的理论和证据 [M]. 北京：北京大学出版社，2016：58.

❺ 宋顺林. 股东积极主义的中国实践——来自股东大会投票的经验证据 [M]. 北京：经济科学出版社，2016：16.

限责任公司，实际控制人一般仍然是股东或者控股股东，董事或者职业经理人并未达到专业化和强大到可以常态化地与控股股东分庭抗礼的程度。所以，我国早期从西方借鉴来的主要规制董事行为的公司治理理念，可以说是既看错了病因，又开错了药方。❶时至今日，有必要重新将公司治理的重点转移到对控股股东行为的规范上来。

公司法的传统理论认为，仅董事对于公司承担信义义务；股东之间不存在直接的委任关系或者信义义务，控股股东与其他股东一样，仅以出资为限对公司承担有限责任，除出资之外，并不对公司或者其他股东承担其他义务。❷❸ 一般认为，股东权是一种财产权，并不承担道德义务。❹

到近代，几乎所有国家和地区的公司法都已经认识到了传统公司法那种简单化的处理并不符合公司运作的实际情况，股东权的运行、股东控制权的产生，难以避免地导致股东压榨，导致股东之间的利益冲突。虽然我国公司立法上不存在股东压榨这个名词，但在实践中广泛存在股东压榨。不论是上市公司还是非上市公司，控股股东恶意损害公司和非控股股东利益的事件频繁发生。从立法上的原因看，这与我国《公司法》没有规定控股股东和非控股股东对于公司也应当承担信义义务存在一定的关系。虽然，在上市公司层面，《上市公司治理准则》第十九条规定了上市公司控股股东的行为规范，一定程度上对上市公司

---

❶ 邓小明.控股股东义务法律制度研究[D].北京：清华大学，2005：54-62，198-199.
❷ 沈四宝.西方国家公司法原理[M].北京：法律出版社，2006：277-288.
❸ 伊斯特布鲁克，费希尔.公司法的经济结构[M].2版.罗培新，张建伟，译.北京:北京大学出版社，2014：90-94.
❹ COLOMBO.Ownership, limited : reconciling traditional and progressive corporate law via an aristotelian understanding of ownership [J]. Journal of Corporation Law，2008（34）：267.

股东的行为提出了明确和具体的要求,规定了控股股东和非控股股东都对于公司应当承担信义义务,但该准则是由证监会制定,效力层次低,仅适用于上市公司。❶今后的立法方向,建议在《公司法》中直接规定控股股东、非控股股东或者实际控制人对于公司应承担信义义务,以保护广大中小股东的利益,保障公司治理的民主与科学。

(二)合理期待的基本特征与意义

股东之间的合理期待具有如下几个方面的特征:第一,这种期待必须是重要的、根本性的,一般的期待不能成为法律所保护的合理期待的内容;第二,这种期待必须具有合理性,并为其他股东所知悉或者合理理解;第三,这种期待的体现形式,可能表现为书面形式,如股东会决议、股东协议、公司章程,也可能体现为口头形式,但必须是根据公司成立和发展的过程可以被证实的;第四,期待的形成时间,可能是公司成立之时或者股东加入公司之时,还可能是在公司经营过程中,合理期待的内容也可能随着时间的变化而产生变化,都有可能得到法律的承认。❷

理解合理期待的要点在于两个关键词:第一个是合理,第二个是重要。所谓合理,核心是这种期待为其他股东所知悉并认可。❸美国曾经有一个判例,

---

❶ 证监会《上市公司治理准则》(2018 年修正)第六十三条 控股股东、实际控制人对上市公司及其他股东负有诚信义务。控股股东对其所控股的上市公司应严格依法行使股东权利,履行股东义务。控股股东、实际控制人不得利用其控制权损害上市公司及其他股东的合法权益,不得利用对上市公司的控制地位谋取非法利益。徐东. 公司治理的司法介入研究 [M]. 北京:法律出版社,2016:149-150.

❷ 张学文. 英美法中的股东合理期待原则 [J]. 比较法研究,2011(4):49-51.

❸ Meiselman v. Meiselman, 309 N.C. 279, 307 S.E, 2d 551, 1983.

朗威尔（Longwell）是中部定制福利计划（Custom Benefit Programs Midwest）公司持股50%的股东，以其多次提议变更公司地址、变更公司管理结构、变更公司律师和会计师均未能成功，导致其对公司彻底绝望为由，诉请要求解散公司。法院认为，朗威尔援引的诉因仅为其主观愿望，并未取得其他股东的认可，故而驳回了朗威尔的诉请。[1]在泰勒诉辛克尔（Taylor v. Hinkle）一案中，法官驳回了持股49%股东要求参与公司日常管理的要求，理由是另一持股51%股东自始即明确自己独自负责公司的日常管理，原告对于参与公司管理仅是其单方面的主观愿望，而不构成其合理期待。[2]

所谓重要，是指对于投资者决定是否投资公司具有重要影响的事项。每个人投资公司的目的和动机千差万别，只有那些少数影响股东是否投资或者继续投资公司的事项才有可能构成合理期待。例如，持续被公司所雇佣可能成为股东的合理期待。[3]但公司不同意持股49%股东查阅公司账册和不通知其参加公司会议则不构成足以主张公司解散的合理期待。[4]

不理解股东会决议、特别是有限责任公司股东会决议背后的合理期待理论，不对这背后的理论给予深切关注并进行积极响应，法院审判无疑是就事论事、隔靴搔痒，难以解决现实中的问题，既不能切实保护股东特别是中小股东的利益，也不能助推公司的健康发展，司法的主动性和能动性无从谈起。公司治理特别是有限责任公司的治理，与信用证法律关系相比，虽然二者都属于典型的商事关系，但前者主要处理熟人社会的法律关系，后者则主要用

---

[1] Longwell v. Custom Benefit Programs Midwest, Inc., 2001 SD 60, 627 N. W. 2d 396, 400, S. D. 2001.
[2] Taylor v. Hinkle, 360 Ark. 121, 200 S. W. 3d 387, 2004.
[3] Clark v. B. H. Holland Co., Inc. 852 F. Supp. 1268, 1274, E. D. N. C. 1994.
[4] Baker v. Commercial Body Builders, Inc., 264 Or. 614, 507 P. 2d 387, 56 A. L. R. 3d 341, 1973.

于处理陌生人之间的法律关系。在信用证领域，需要更多地强调无因性，用以保护交易安全、增进交易的快捷性；在股东会决议，虽然也可以主张无因性，但务必把握好度，否则就难以针对法律关系的特殊性和客观实际情况作出恰如其分的定位。

二、限制司法审查范围与股东合理期待之间的关系

（一）股东合理期待是公司治理实践的客观要求

就佳动力公司而言，该公司是一家有限责任公司，只有3名股东，李某军持股46%，是第一大股东，另外两名股东是葛某乐和王某胜，分别持股40%和14%，3名股东亲自担任公司董事，其中李某军还兼任总经理。从公司的股权结构推测，可能在佳动力公司的任职是李建军的主要职业和主要收入来源，李某军担任佳动力公司总经理职务可能也是3名股东已经达成的默契。

就全世界范围内（包括我国）小型有限责任公司的实际情况来看，大部分股东亲自参与公司的经营活动，在自己所投资的公司中任职是这些股东的主要职业和主要收入来源，公司不分红或者很少分红，股东的收益主要是基于在公司任职而取得劳务报酬和其他财产性或者非财产性利益。在这样的语境之下就不难理解，聘任或者解聘哪位股东担任公司的总经理，就不是一个单纯的商业决策，而可能构成对公司权益进行分配的一种方式。反映在我国，许多股东纠纷的核心就是争夺公司董事长、总经理、财务负责人的"位置"。❶这种公司名

---

❶ 彭冰.理解有限公司的股东压迫问题——最高人民法院指导案例10号评析[J].北大法律评论，2014（1）：74-105.

为公司，其实较多地含有合伙的元素。但是由于某种原因，更多的人愿意采取有限责任公司的形式，可能是特别看好有限责任公司制度所能提供的有限责任的庇护。但是，选择有限责任公司制度，也就同时选择了有限责任公司的资本多数决原则。有限责任公司是典型的人合性的公司，公司规模往往不大，股东人数往往不多，股东往往是基于相互间的信任而组合在一起成立公司。在成立公司之初，往往对于未来的困难、特别是股东相互关系安排的困难估计不足，甚至过于乐观，不愿意对这方面进行思考和预测。即使进行过思考和预测，也往往由于碍于情面，不能坦诚交流，更罔论行诸书面文字和签订契约。另外，根据关系契约理论和不完全契约理论，即使行诸文字，由于公司的存续具有永续性，公司运营实际及所处的市场情况千变万化，又由于人的理性的有限性，无法对未来作出全面精准的预测，加上语言文字的局限性，即使预测到，语言也无法对于这种预期作出全面精准的表述。在发生争议时，双方往往难以自行解决争议，需要外力的介入，这导致新的交易成本的产生；交易成本的承载，进一步加剧了契约的不完全性。❶ 经济学上契约的不完全性现象，在法学领域被概括为"合同的不完备性"。为此，近代民法发展出"诚实信用原则"作为"帝王条款"，作为民法最重要的原则，以弥补合同的不完备和法律规定的不完备。❷❸ 公司法属于商法，我国实行民商合一，诚实信用原则当然也应该适用于处理公司纠纷。公司运营不可能仅仅依靠冷冰冰的规则，股东、董事在公司的日常运营中应当遵循诚实信用的原则。人民法院在审理公司诉讼的过程中，

---

❶ HART O, MOORE J. Property rights and the nature of the firm [J]. Journal of Political Economy, 1990, 98 (6): 1119-1158.

❷ 韩世远. 合同法总论 [M]. 3 版. 北京：法律出版社，2011: 40-42.

❸ 2017 年《民法总则》第七条民事主体从事民事活动，应当遵循诚信原则，秉持诚实，恪守承诺。

也应当尊重诚实信用原则,保护公司运营参与人基于诚实信用而产生的合理预期。

(二)限制司法审查范围破坏股东的合理期待

根据最高人民法院公布的第 10 号指导案例的裁判要旨,在股东会决议撤销之诉中,法院进行司法审查只能根据《公司法》第二十二条的明文规定,即使公司决议所依据的事实并不成立,即使股东基于不正当的目的通过股东会决议,法院也无权撤销股东会决议。这就给违背诚实信用原则和信义义务的股东留下了可乘之机,股东合理期待往往得不到保护。因为,在《公司法》第二十二条禁止性规定之外,还有大量的灵活空间,大量违背诚实信用原则和股东信义义务的股东会决议,并没有触犯《公司法》第二十二条的规定,会议的召集程序、表决方式并没有违反法律、行政法规和公司章程的禁止性规定,决议的内容也没有违反公司章程的规定,但其中含有不少股东压榨的内容。这引致了限制股东会决议撤销之诉的司法审查范围与股东合理期待保护之间的紧张关系。

流行于 19 世纪的近代民法理念是建立在两个基本判断的基础上的,一个基本判断是民事主体的平等性,另一个是民事主体的互换性,这基本符合马车时代以个体经济为主的经济环境。基于这两个基本判断,法律的基本假设是,只要赋予民事主体意思自治的权利,赋予法律行为以类似于法律的权利,就可以保护民事主体的权利,就可以有利于社会经济的发展。❶然而,当代社会经济的现实是,民事主体存在事实上的不平等,民事主体地位的互换性也不

---

❶ 刘志刚. 基本权利对民事法律行为效力的影响及其限度 [J]. 中国法学, 2017 (2): 89.

属典型现象，作为近代民法基础的两个基本判断已经不复存在。现代民法承认和正视这种不平等，并尽力进行矫正，更多地实行"等者等之、不等者不等之"的法律策略，更加注重实质平等的实现。❶ 在以"资本多数决"为主要形成机制的股东会决议实践中，股东之间事实上的不平等是比较常见的现象，而且股东之间地位的互换性也不明显，所以法律需要更多地关注实质平等的实现。

诚然，以资本多数决为形成机制的股东会决议制度是一种规则之治，但是，我们要认识到，作为团体治理，规则之治仅为基础，公司作为一种关系契约和不完全契约，以组织伦理和道德文化等为基础的信赖关系更加重要。❷ 公司想要稳健发展，必须构建以股东相互之间的合理信赖为基础的诚信关系，法律和司法都应正视、引导和努力构建这种信赖关系。❸ 这正是需要我们重点研究的课题。❹ 股东应当以诚实、符合理性和公平的方式经营公司，股东对此享有信赖利益，法律保护这种信赖利益。❺ 最高人民法院公布的第 10 号指导案例将限缩公司决议撤销之诉的审理范围绝对化，与股东合理期待相冲突，亟须妥善协调。

---

❶ 梁慧星. 从近代民法到现代民法——二十世纪民法回顾 [J]. 中外法学，1997（2）：19-30.
❷ WHYTE. From human relations to organizational behavior : reflections on the changing scene [J]. Industrial and Labor Relations Review, 1987, 4 (40): 494.
❸ REYNOLDS. The non-conscious aspects of ethical behavior : not everything in the good organization is deliberate and intentional [J]. Am. Crim. L. Rev, 2014（51）：265-266.
❹ 冯果，段丙华. 公司法中的契约自由——以股权处分抑制条款为视角 [J]. 中国社会科学，2017（3）：127.
❺ 杨署东. 合理期待原则下的美国股东权益救济制度及其启示 [J]. 法律科学，2012（2）：122.

第三节 股东合理期待的比较法研究

股东压榨和股东合理期待保护,是当代公司治理存在的突出问题。能否解决好这个问题,关系到能否有效保护投资者利益,能否发挥好公司制度对经济发展的能动作用。当代发达国家和地区的公司法理论和实践已经开始关注和认真解决这个问题,而不是以公司自治的名义,将这一棘手的问题留待当事人自己去解决。

一、美国马萨诸塞州基于信义义务的"三步检验法"

(一)威尔克斯诉斯布仁塞德(Wilkes v. Springside)案简介

美国的公司治理是世界公司治理的典范。❶ 美国马萨诸塞州初审法院和最高法院在威尔克斯诉斯布仁塞德公司案中,阐明大股东对小股东应承担一定程度的信义义务,该裁判观点具有广泛的影响。❷ 案件详细情况如下。

1951年,威尔克斯(Wilkes)和奎因(Quinn),里克(Riche),皮普金(Pipkin)四位朋友成立了一家叫斯布仁塞德家政公司(Springside Nursing Home, Inc.)的

---

❶ GILSON.Globalizing corporate governance: convergence of form or function [J]. The American Journal of Comparative Law, 2001 (49): 330.
❷ Wilkes v. Springside Nursing Home, Inc., 370 Mass. 842, 353 N.E.2d 657, 1976 Mass. LEXIS 1041 (Mass. 1976).彭冰.理解有限公司中的股东压迫问题——最高人民法院指导案例10号评析 [J]. 北大法律评论, 2014 (1): 8-11.

护理公司。公司成立之前，四名股东签订了合伙协议，但在律师建议下，最终采取了有限公司的形式。因为在有限公司形式下，各股东只需要承担有限责任，降低了风险。斯布仁塞德公司成立之后业务稳步进步，各股东占股比例相同，均在公司任职，都担任公司董事，其中威尔克斯还担任财务主管，并兼顾物业管理工作。从1952年开始，各股东平均每周都可以从公司取得100美元以上的薪水，但公司从未发放红利。也就是说，事实上长期以来，参加公司的经营和劳动并在此基础上取得劳动报酬是四位股东取得投资回报的唯一方式。这种模式一直持续了15年以上。后来，股东威尔克斯和股东奎因因经济利益交恶，公司股东由此分化为两派，威尔克斯被其他三名股东孤立。最终在1967年2月和3月，斯布仁塞德公司相继召开董事会和股东会，决议斯布仁塞德公司不再聘请威尔克斯为工作人员，其他三名股东继续为公司工作，奎因将得到更高的薪水，里克和皮普金的薪水则维持不变。此后，斯布仁塞德公司与往常一样，没有进行任何红利分配。被已经习惯和赖以生存了十多年的经营模式及生存方式抛弃之后，威尔克斯当然感觉自己被欺负了，于是于1971年8月以斯布仁塞德公司和其余三名股东为被告，以三名股东违反了合伙协议为由，要求给付相应的赔偿。马萨诸塞州初审法院审理查明，斯布仁塞德公司对威尔克斯公司停薪停职，并未说明任何理由。证据显示，威尔克斯一直工作勤勉尽责，1967年年初斯布仁塞德公司召开的董事会和股东会，不过是因股东关系恶化，其余3名股东将威尔克斯排挤出公司经营和从公司取得薪酬收益的手段。虽然查明了相关事实，但因为成立斯布仁塞德公司之前所签订的合伙协议与斯布仁塞德公司无关，成立和运营斯布仁塞德公司的事实表明各股东已经不再履行合伙协议，威尔克斯根据合伙协议要求赔偿经济损失没有依据，初审法院判决驳回了威尔克斯的诉讼请求。

威尔克斯不服初审法院的判决，向马萨诸塞州最高法院上诉。马萨诸塞州最高法院改变了审判理念，认为虽然各股东之前签订的合伙协议已经不再履行，但在封闭公司中，股东相互之间负有像合伙人一样的信义义务，也称为最大善意与忠诚义务（utmost goodfaith and loyalty）。一般观念认为，公司选任、聘任或者解聘董事、管理层或者雇员属于公司内部管理事务，由公司按照多数决原则等公司内部治理机理决定，法院不予干涉。但在封闭公司中，股东亲自参与公司治理，并据此取得报酬，公司的大部分利益是通过薪水的方式回馈给股东，而不是以红利的方式，是一种常态，也往往符合封闭公司人合性的特征，符合公司股东聚合投资创业及开办公司的初心和本意。广大中小股东之所以愿意投资于公司，一个很重要的原因往往是可以作为经营者或者劳动者参与公司的日常运营，并以薪水的方式取得部分或者全部投资回报。司法应该尊重这种现实并予以积极响应，而不能对封闭公司的人事任命放任不管。法院对封闭公司经营决策实质公平的评判，既要考虑最大善意和忠诚的信义义务标准，又要尊重公司作为商业主体的实际，尊重商事主体的经营自主权。司法尊重公司独立的商业考虑和利益，也承认大股东有权首先基于公司利益和自身利益作出商业决策。司法尊重和承认公司和大股东自利的合理性，不能要求公司和大股东成为完全利他的圣人。马萨诸塞州最高法院指出，大股东在进行商业决策时有一定的自由空间，有权决定是否进行利润分配、是否与其他公司合并、确定董事的人选及职工的薪资水平。在小股东起诉主张大股东违反信义义务时，大股东需要就这些商业决策是基于合理的商业目的（legitimate business purpose）[1]进行必

---

[1] legitimate 有多种释义，可以解释为合法的，即 allowed by law，也可以解释为合理的，即 reasonable and acceptable。结合上下文，本书此处翻译为"合理的"。

要的解释。在大股东完成解释之后，如果小股东继续主张大股东违背信义义务，小股东需要举证证明可以采取对小股东伤害更小的方式达成同样的商业目的。最后法院在权衡合理商业目的与对小股东的伤害及可能造成更少伤害的其他方法，来综合判断大股东是否违反了对于小股东的信义义务。这就是本案例所首创的法院在认定大股东是否违背信义义务应当适用的"三步检验法"。具体到本案，马萨诸塞州最高法院发现，斯布仁塞德公司免除威尔克斯的董事及公司职员的职务，并无合理的商业目的，因为威尔克斯从未有过任何不当言行，一直勤勉尽责地完成了本职工作，并具有继续为公司服务的意愿。最高法院认定，解除威尔克斯的职务、停止发放其薪水是股东钩心斗角的结果，是股东压榨的行为表现，奎因等三名股东违背了对于弱势股东威尔克斯的信义义务，应当支付相应的赔偿金。❶

（二）威尔克斯诉斯布仁塞德案的意义

威尔克斯诉斯布仁塞德公司案的重要意义在于以下两个方面：第一，认识到了封闭公司与公开公司的不同特点，重申了在封闭公司中，大股东对于小股东应承担信义义务。从此，大股东对于小股东应当承担信义义务不仅成为美国大多数州的司法裁判观点，而且成为不少国家和地区《公司法》的成文法规定。中国《公司法》第二十条就对股东不得滥用权利损害其他股东利益作出了原则性的规定，可以被认为是《公司法》对于股东相互之间信义义务的法律表

---

❶ Citation. Wilkes v. Springside Nursing Home, Inc., 370 Mass. 842, 353 N.E.2d 657, 1976 Mass. LEXIS 1041 (Mass. 1976). 彭冰. 理解有限公司中的股东压迫问题——最高人民法院指导案例10号评析 [J]. 北大法律评论，2014（1）：8-11.

述。❶第二，首倡了封闭公司股东之间信义义务的缩限性界定，将该信义义务局限在一定的范围之内，在大股东利益与小股东利益、公司利益与小股东利益之间寻求恰如其分的平衡，并在操作技术上提出了"三步检验法"，这对其他国家和地区认定股东信义义务的理论与实践无疑都具有十分重要的借鉴意义。

二、英国基于"不公平妨碍"理论的股东合理期待保护

在英国，如果一名股东原本在公司担任管理层职务，既是股东又是员工，其他股东通过股东会或者董事会的形式，将该股东排挤出去，使得该股东失去作为公司管理层或者员工的这一份收入来源，英国公司法一般会初步认为已构成不公平妨碍。此时如果控股股东要否认不公平妨碍的构成，需要承担举证责任，通过举证证实免除股东的职务是基于正当的理由，并且已经履行了正当的程序。❷

英国法上的"不公平妨碍"，不仅保护股东的法律权利，而且还考虑股东的利益和合理期待。一项股东会决议，对于所有股东的法律上的权利的影响可能是一样的或者是等比例的，但相同法律权利的股东可能有不同的利益或者合理期待。这种利益或者合理期待能否受到法律的保护，其判断标准是理性的第三

---

❶ 2018年《公司法》第二十条　公司股东应当遵守法律、行政法规和公司章程，依法行使股东权利，不得滥用股东权利损害公司或者其他股东的利益；不得滥用公司法人独立地位和股东有限责任损害公司债权人的利益。

公司股东滥用股东权利给公司或者其他股东造成损失的，应当依法承担赔偿责任。

公司股东滥用公司法人独立地位和股东有限责任，逃避债务，严重损害公司债权人利益的，应当对公司债务承担连带责任。

❷ 葛伟军.英国公司法要义[M].北京：法律出版社，2014：323-324.

人标准。如果是规模较小的封闭公司,股东大多亲自参与公司的经营管理,股东相互之间普遍关系亲密,往往存在亲戚朋友的关系。在这类公司,股东转让股份本身就会影响到公司的利益,也会影响到股东的利益和合理期待,法院可能以"不公平妨碍"为由进行干涉。相反,如果是大型的开放性公司,股权可以比较方便地在公开市场上进行转让,股东转让股权一般不会影响到其他股东的利益或者合理期待。在前述讨论的股东在公司任职的情形也可以作类似的理解,在小型公司能够构成公司利益和合理期待的,在大型公司则不见得构成;在同属于小型公司的不同公司,对于同一事件可能有不同的定性。❶可见,英国公司法对于股东权利的保护和股东会决议效力的审查,相较于中国在最高人民法院第10号指导案例中所宣扬的裁判理念,在技术上更加精细化,在处理上显得更加人性化,避免了"一刀切",更容易维护实质公平,也更容易保护个性化公司中个性化股东的权利、利益和合理期待。

第四节 中国司法审查范围优化的案例研究

原告李某军诉被告上海佳动力环保科技有限公司公司决议撤销纠纷指导案例,明确了法院在审理公司决议撤销之诉时,审查对象仅限于决议的程序和内容本身,不进行延伸审查,即不审查作出决议所依据的事实是否属实、理据是否成立。这个判决具有典型意义,尤其是在被最高人民法院作为第10号指导案例公布之后,影响非常广泛,几乎成为中国公司决议效力诉讼的标杆性案例。

---

❶ 朱大明. 香港公司法研究 [M]. 北京:法律出版社,2015:134-135.

第六章 股东会决议撤销之诉的司法审查范围

但本书前面的论述与研究表明，该案例所揭示的原理不应无限扩大，而应进行适当限制，以正确处理公司决议效力纠纷，既能保障公司治理的正常运行，促进公司健康发展，又能很好地维护和平衡股东的意见和利益。

一、对股东实质平等和合理期待予以保护的案例

实际上，在第 10 号指导案例之前，就像前文研究过的发生在美国马萨诸塞州的威尔克斯诉斯布仁塞德公司案一样，中国的法官也基于人类共同的公平理念，运用中国智慧，成功调解了一起涉及利用股东会决议多数决规则形式进行股东压榨的案件。详见下文介绍。❶

上海泰富置业发展有限公司（以下简称"泰富公司"）原注册资本 2100 万元，有两名股东，一名是上海致达建设发展有限公司（以下简称"致达公司"），出资 1785 万元，占股 85%；另一名是董某，出资 315 万元，占股 15%。2005 年 5 月，泰富公司召开临时股东会，形成决议：致达公司向泰富公司增资 1900 万元，董某放弃同比例增资，引入第三人上海创立投资管理有限公司（以下简称"创立公司"）增资 1000 万元。增资后，按照各股东的出资比例确定占股比例，即致达公司合计投资 2900 万元，占股 73.7%，董某合计投资 315 万元，占股 6.3%，创立公司合计投资 1000 万元，占股 20%。董某认为，泰富公司大股东致达公司滥用其控股股东地位，在公司资金充裕、项目即将产生收益之际，在公司净资产显著高于公司注册资本的情况下，未对公司净资产进行评估，仅以公司注册资本为基础，进行增资扩股；导致增资后，原股东所持股份的价值显著降低，让新增资部分的股份瓜

---

❶ 范黎红.大股东滥用资本多数决进行增资扩股的司法介入[J].法学，2009（3）：149-155.

分和侵占了公司原股份的利益,故向上海市静安区人民法院起诉,要求大股东致达公司赔偿其损失。静安区法院依法对泰富公司增资之前的资产进行评估,查明增资前泰富公司的净资产确实大于其注册资本,认定致达公司滥用股东权利,违背诚信义务,判决致达公司赔偿董某经济损失900余万元。致达公司不服,提起上诉。二审法院组织调解,最终致达公司赔偿董某经济损失600万元。❶

二、对股东会决议的实质审查与形式审查

在分析和总结上述董力诉泰富公司股东会决议诉讼的过程中,本书重点注意以下三点:第一,多数决原则从理论上确立了股东会决议效力来源的合法性地位。法院对股东会决议效力的审查,并不是从公司法诞生开始就有的,而是伴随公司制度的发展,在与公司有关诉讼的过程中最早由法院以判例的形式创造出来的。❷第二,即使在股东会决议诉讼制度产生以后,法院对股东会决议效力的审查仍然坚持谦抑性和补充性的原则,因为法院毕竟不熟悉公司的商业运作,公司活力的来源在于投资者的营利冲动和对市场的敏锐触觉。法院在介入公司自治的时候,一般来说,仅限于审查股东会决议的召集程序、表决方式和决议的内容是否符合《公司法》和公司章程,而对某项交易是否应该进行、其价格是否合理,均属于商业决策,属于公司自治的范畴,法院不予审查。第三,从一定程度上看,资本多数决原则可能意味着多数派股东掌握公司决策权,有权力就有被滥用的可能和倾向。为了遏制这种可能和倾向,法律一方面从正

---

❶ 王军.中国公司法[M].2版.北京:高等教育出版社,2017:311-316.
❷ 钱玉林.股东大会决议瑕疵研究[M].北京:法律出版社,2005:126-133.

面规定控股股东在行使表决权的时候,对小股东承担信义义务;另一方面,司法对于股东会决议效力的介入和干预应运而生。❶

三、借用"三步检验法"验证中国实质审查案例

笔者尝试用本章前文研究过的威尔克斯诉斯布仁塞德公司案中马萨诸塞州最高法院首创的"三步检验法",来分析在董某诉泰富公司股东会决议诉讼案件中,能否认定大股东违背了信义义务。在该案中,董某主张大股东违背了信义义务,此时根据"三步检测法",泰富公司就需要对其作出该增资扩股决议在商业上的合理性进行解释。根据已知的资料,泰富公司资金充裕,并无急迫的资金需求,而且项目即将取得收益。这说明,泰富公司无法就作出该决议的合理商业目的进行说明。至此,"三步检验法"仅走完一步,即足以认定大股东违背了信义义务。当然,受目前所检索到的资料所限,对法院是怎样认定作出以上决议时泰富公司的财务和经营状况的,笔者不得而知。假如,在作出以上增资扩股决议之时,泰富公司的房地产项目即将封顶,但公司自有资金不足,且融资困难,被迫以前述条件增资扩股,引入战略投资者。此时,案件的事实认定与实体处理就变得更加复杂和饶有趣味。比如,融资困难到了什么程度,公司曾经尝试过哪些融资方式,大股东和小股东分别进行过哪些努力,都成为法院在审理时关注的对象。这个审理过程,套用到"三步检验法"中,就是大股东完成了合理的商业目的的解释,然后,小股东需要举证证明可以采取对小股东伤害更小的方式达成同样的商业目的。在该案中,所谓的伤害更小,可以理

---

❶ 张闽.资本多数决的滥用与纠正[M].济南:山东大学出版社,2014:48.

解为以更加低廉的价格进行增资扩股，从而使得小股东的股值贬损更少。在此基础上，最后再由法院按照"三步检验法"，进行最后的权衡。如果是这样，法院应牢记尊重公司和大股东的商业判断，以决议之前和决议时的事实为基础进行初步的实质审查，万万不可以事后假想的或者理论上的可行性来否定公司在紧急情况下的商业决策。因为商业决策具有专业性、时效性等特点，司法应秉持谦抑性原则，法官不宜越俎代庖。❶

第五节　扩大司法审查范围的必要性与执行路径

一、扩大司法审查范围的必要性

（一）克服股东地位实质不平等导致的不公

在现代社会，民商事主体在经济实力、知识、信息、经验等方面均存在差距，如果法律简单地贯彻合同自由的原则，可能纵容强势者对弱势者进行欺凌。为了矫正这种事实上不平等的状态，现代法律纷纷建立一定的机制，力争更多地体现出"等者等之、不等者不等之"的实质平等的价值理念。❷"能力和资质已经成为当今法律实践的关键词。通过这种方式，弱势当事人应当享有免受强者欺凌的保护思想被补充进立法者的理念当中。"❸

---

❶ 佛兰克·伊斯特布鲁克,丹尼尔·费希尔.公司法的经济结构 [M].2 版.罗培新,张建伟,译.北京：北京大学出版社,2014：90-94.

❷ 易军.民法基本原则的意义脉络 [J].法学研究,2018（6）：53-71.

❸ 海玛.荷兰新民法典的基础及体现的趋势 [M]// 薛启明,等,译.王卫国.荷兰经验与民法再法典化.北京：中国政法大学出版社,2007：35.

第六章 股东会决议撤销之诉的司法审查范围

从公司契约论的观点看，公司是多个股东间契约的结合，公司应该主要服务于股东利益。❶股东有权通过法定程序，经由资本多数决的机制，决定公司的重大事务，这是股东的基本权利，不容否定。但在肯定这种权利核心内容正当性的同时，亦需对该权利的行使设定一定的边界，对越界行使权利的行为予以禁止。❷不存在不受限制的权利，任何权利的行使都受到源于权利本身性质的内在限制。❸关于权利的规则不仅为纸面的，任何权利的实现过程都是法律实践者对规则进行批判性反思和矫正的过程，其中离不开特定主体（如法官）对利益的正当性进行评价。股东压制是封闭公司与生俱来的难题，我国法律对该问题的救济主要分为原则性救济和规则性救济。原则性救济指《公司法》第二十条所规定的禁止股权滥用原则。规则性救济包括异议股东的收购请求权、对公司决议的诉讼权及本书第二章至第六章所研究的各项具体制度。应通过原则性救济和规则性救济的有机结合，提高司法裁判的能力和水平，切实保障被压制股东的合法权益。❹在股东会决议撤销之诉中，不宜绝对地实行形式审查原则，对存在股东压榨行为的情形，宜进行司法介入和予以适当矫正，以维护实质平等。通过司法介入，力争使一些人对另一些人所施加的强制被降低到最低限度。❺

---

❶ JOHNSON.Making（corporate）law in a skeptical world [J]. Washington and Lee Law Review, 1992（49）: 161-165.
❷ 彭诚信.论禁止权利滥用原则的法律适用 [J]. 中国法学, 2018（3）: 249-268.
❸ 卡尔·拉伦茨.德国民法通论（上册）[M]. 王晓晔，等，译.北京：法律出版社, 2013: 304.
❹ Joseph Raz, Legal Rights, 4 Oxford Journal of Legal Studies. 1, 12（1984）.
❺ 哈耶克.自由秩序原理（上册）[M]. 邓正来，译.上海：生活·读书·新知三联书店, 1997: 3.

（二）扩大司法审查范围可平衡多层次利益关系

首先，有利于平衡保护公司利益与股东利益、多数股东利益与少数股东利益。个人与群体的关系是人类文明的一个永恒的矛盾，作为股东会决议诉讼制度，核心就是要处理好股东个人与公司之间的关系。❶ 如果偏重于个人利益与意志的保护，在法律上就需要更多地鼓励独立、自主、创造，彰显社会进步所需要的个人创造力，最终的理想目标可能是"小河有水大河满"，当然这也可能引致不利的后果"小河有水大河干"。如果法律更多地强调群体的利益和意志，则有利于聚合个人的力量为社会和群体利益服务，但这样可能会打击个人的积极性和创造性。❷ 显然，股东积极性的提升，有赖于一揽子配套制度的完善。❸ 当股东共同实施特定行动时，他们往往是合作者，而一旦股东进入资本领域，此时竞争者的面貌就更加明显。通过适当扩大股东会决议撤销之诉的司法审查范围，有利于争议的控股股东与中小股东之间具体利益的平衡保护，也有利于控股股东群体与中小股东群体之间群体利益的平衡保护，使得股东对待重大投资等重要事项更为慎重，进而有利于公司的长远发展和维护社会公共利益。❹

其次，有利于维护制度利益。这里主要涉及两个方面的制度利益，一种是以资本多数决为核心的公司制度利益，一种是以股东实质平等为核心的民法的基本价值理念。近代以来的资本多数决原则不仅注重决议的形式公平，而且更

---

❶ 易军.民法基本原则的意义脉络[J].法学研究，2018（6）：53-71.

❷ 罗素.权威与个人[M].肖巍，译.北京：中国社会科学出版社，1990：1.

❸ UTSET.Discipling managers : shareholder cooperation in the shadow of shareholder competition [J]. Emory Law Journal，1995，44：104.

❹ JOHANSSONN.Allocation of power between the management and the general meeting of shareholders [J]. Scandinavian Stud. L. 1992，123（36）：130.

加注重决议的实质平等。❶ 最高人民法院第 10 号指导案例将资本多数决原则近似于绝对化，既不符合实质公平的价值理念，也不符合资本多数决的本质和最新含义。所以本节的基本观点虽然不符合最高人民法院第 10 号指导案例将资本多数决原则近似于绝对化的制度利益，但这种具体的制度利益应当得到矫正，进行有节制的适用。总体来看，适当扩大股东会决议撤销之诉的司法审查范围，有利于维护以资本多数决为核心的公司制度利益，也有利于维护以股东实质平等为核心的民法的基本价值理念。❷

（三）便于以司法的方式保护合理期待

只有那些以某种具体的和妥切的方式将刚性与灵活性完美结合在一起的法律制度，才是真正伟大的制度。❸ 主张对股东会决议诉讼司法审查范围进行限缩的观点，实际上是更多地强调资本多数决的效率价值，尊重多数表决的结果，对部分实质不平等和违背股东合理期待利益的现象视而不见。而本节所主张的对股东压榨行为进行司法介入和予以适当矫正、以维护股东实质平等观点，实际上是主张妥适平衡效率、平等和合理期待利益保护等价值的关系，避免偏执于一端。至于具体如何平衡，则不存在万能的攻略，需要运用平等与效率、形式平等与实质平等、效率与股东合理期待利益等价值适当平衡的理念，权衡个案具体情况，在制度的刚性与灵活性之间把握适度原则，进行妥当的处理。

公司制度有利于聚集投资和分散风险，对于中小股东保护，我国《公司法》

---

❶ 参见本书第一章对于资本多数决的相关研究。——作者注
❷ 梁上上. 民商法的转向——以利益衡量为中心展开 [M]. 北京：法律出版社，2015：3-25.
❸ 博登海默. 法理学：法哲学与法律方法 [M]. 邓正来，译. 北京：中国政法大学出版社，2004：423.

虽然规定了知情权、股东代位权等权利，但对于股东压榨仍然显得苍白无力。李某军诉佳动力公司案被提升为最高人民法院第 10 号指导案例之后，某种形式上使得股东压榨进一步合法化，被压榨的中小股东更难以得到救济。我国有必要引入英美法系国家的合理期待原则，保护股东的合理期待，完善公司法律制度，优化投资环境。❶

（四）便于在形式理性与法律适用后果之间穿梭考虑

工具理性是人类智能的栖身之地，借助工具理性，人类取得了改造世界的巨大成功。但如果由此对工具理性产生迷信，人类将忘记奋斗的初衷，将手段误认为是目的。❷❸ 在法学研究和实践中，基于法律的工具属性和对效率的盲目追求，人们可能忘记了法律乃正义的同义词，正义乃法律的初心。❹ 无论是在中国曾经被宣扬的"法律效果与社会效果的统一"，还是西方社会自 20 世纪后期出现的从纯粹形式主义的司法转向"后果主义""结果导向"，都彰显出在形式理性与法律适用后果之间穿梭考虑、务求稳妥的过程，这种司法理念也适用于股东会决议诉讼。❺ 从总体上来看，股东会决议诉讼制度在我国的发展完善正是公司治理规则不断进步的过程。❻ 在股东会决议撤销之诉中，

---

❶ 杨署东.合理期待原则下的美国股东权益救济制度及其启示 [J].法律科学（西北政法大学学报），2012（2）：122-129.

❷ 马克斯·韦伯.新教伦理与资本主义精神 [M].阎克文，译.上海：上海人民出版社，2018：30-35.

❸ 徐国栋.民法基本原则解释：诚信原则的历史、实务、法理研究 [M].北京：北京大学出版社，2013：350.

❹ 卡尔·拉伦茨.法学方法论 [M].陈爱娥，译.北京：商务印书馆，2003：223.

❺ 宋亚辉.追求裁判的社会效果：1983—2012 [J].法学研究，2017（5）：30-31.

❻ QU ZH C.The role of the shareholders' meeting's reserve power in corporate governance in China [J]. Law Context：A Socio-Legal J，2007，53（25）：55.

限缩审理范围是一种基于工具理性的巨大进步，在大多数案件中可以妥适地处理纷争、解决问题，但不宜将其极端化。本章所提出的基本观点，就是这一思想的具体化。

二、扩大司法审查范围的执行路径

（一）适用顺位的劣后性

本章所提出的适当扩大股东会决议撤销之诉司法审查范围的观点，在适用上具有劣后性的特点。❶ 适当扩大司法审查范围是对平等和合理期待价值的维护，避免法律适用的机械化、教条化和纯工具化，避免偏离法律的初衷。同时，要警惕扩大司法审查范围的扩大化：在适用路径上，需先行适用最高法院第10号指导案例所宣扬的限缩司法审查范围的规则。当适用该规则将违背股东平等原则，导致显著的不公平时，才考虑适用本章所提出的适度扩大股东会决议撤销之诉司法审查范围的法律解释路径。❷

具体操作层面，本书认为，扩大司法审查范围的适用，可以借鉴美国马萨诸塞州最高法院判例威尔克斯诉斯布仁塞德案基于信义义务首创的"三步检验法"，也可以借鉴英国公司法基于"不公平妨碍"理论的股东合理期待保护理论。

---

❶ 任强.司法方法在裁判中的运用——法条至上、原则裁判与后果权衡[J].中国社会科学，2017（6）：121-142.

❷ 冯彦君.劳动法上"合理"的多重意蕴及其应用[J].中国法学，2018（5）：181-197.

（二）规范依据的竞合性

在明确应适当扩大股东会决议撤销之诉的司法审查范围之后，还需要研究法律适用的规范依据。部分学者认为，股东压制的实质是投机行为，根源在于多数决滥用。2013 年《公司法》第二十二条的决议制度和第二十条的禁止股权滥用原则都难以涵盖滥用多数决的决议效力类型，该类决议的效力应为可撤销。❶ 本书认为，以上学者的观点突破了现行法的规定，在立法论上是一种有创见的学术观点；但从司法适用的视角而言，则存在过于激进的缺陷。一般而言，审理股东会决议撤销之诉的法律依据是《公司法》第二十二条，该条规定也是最高人民法院第 10 号指导案例对股东会决议撤销之诉审理范围进行限缩的直接法律依据。仅根据《公司法》第二十二条的规定，并不能找到扩大审理范围的正当依据。为此，可以考虑两个方面的可能途径：第一，根据《民法总则》第一百五十一条关于"显失公平"的规定。❷ 在对商法案件进行法律适用时，应优先适用商法特别规范，其次适用商法和民法共通的规范，再次才适用民法一般规范，且在适用民法一般规范时，需经过商法体系内的有效性论证。❸ 公司法作为商法的下属概念，在适用民法规范时，也应当遵循相同的规则。由于该条是对显失公平的民事法律行为的规定，决议是民事法律行为中的一种，所以就显失公平的决议而言，如果符合该条规定的其他要件，是可以适用该条规定的。从比较法的角度来看，日、韩等国公司法都规定"显著不公正"的决议

---

❶ 邓江源. 股东压制视野中的股东会决议效力 [J]. 人民司法，2014（15）：58-61.
❷ 《民法总则》第一百五十一条　一方利用对方处于危困状态、缺乏判断能力等情形，致使民事法律行为成立时显失公平的，受损害方有权请求人民法院或者仲裁机构予以撤销。
❸ 施鸿鹏. 民法与商法二元格局的演变与形成 [J]. 法学研究，2017（2）：75-94.

为可撤销的决议。❶ 可见，文义解释、体系解释和比较法方法均验证了以上理解的妥当性。第二，根据《公司法》第二十条关于不得滥用股东权利的规定。❷《公司法》第二十条规定实际上是民法上禁止权利滥用原则的具体化，与《民法总则》第一百五十一条的规定也存在部分交叉与重合的部分；从法条性质来看，该条显然属于强制性规定，违反该条的法律后果，应该是决议无效，而不是决议的撤销。就《民法总则》第一百五十一条与《公司法》第二十条规定的关系而言，二者之间不是一般法与特别法的关系，而是法条竞合的关系。当股东滥用权利而形成股东会决议时，该情形分别符合两个不同请求权的构成要件，产生请求权的竞合，允许权利人选择其中一种最有利于权利实现的方式来行使自己的权利。❸❹

（三）难点与关键是保持司法救济与公司自治的平衡

股东会决议是公司自治的形式，股东会决议诉讼的制度价值在于维护和保障公司自治，股东会决议和股东会决议诉讼均属于公司治理的两种相辅相成的重要手段。以股东会决议为主要表现形式之一的公司自治是公司治理的基石，

---

❶ 《日本公司法典》第831条、《韩国商法典》第376条。
❷ 《公司法》第二十条 公司股东应当遵守法律、行政法规和公司章程，依法行使股东权利，不得滥用股东权利损害公司或者其他股东的利益；不得滥用公司法人独立地位和股东有限责任损害公司债权人的利益。
   公司股东滥用股东权利给公司或者其他股东造成损失的，应当依法承担赔偿责任。
   公司股东滥用公司法人独立地位和股东有限责任，逃避债务，严重损害公司债权人利益的，应当对公司债务承担连带责任。
❸ 段厚省.请求权竞合研究[J].法学评论，2005（2）：156.
❹ 钱玉林.民法总则与公司法的使用关系论[J].法学研究，2018（3）：51-65.

股东会决议诉讼只有在公司自治失灵时，才被动介入。❶司法对公司自治的介入须秉持谦抑性，不仅应该坚持经济性、补充性、紧缩性，而且应当秉持妥当性。❷正确把握司法介入和公司自治的平衡关系，区分不同的事项和不同的轻重程度，确定是否介入和介入的力度。例如，在利润分配并非严重失衡、公司经营规则等纯粹公司自治领域，司法应首先尊重公司自治，尊重股东会决议，避免股东会决议诉讼制度异化为妨害公司自治的新途径。因此，司法介入应当重点关注公司自治的全过程。❸但如果发生股东会议运行障碍、股东压榨等问题，司法则应适时介入，对于不适当的股东会决议进行矫正。❹作为法学学术研究，仅仅从抽象的层面指出以上处理原则显然是不够和空洞的，还应当结合具体问题所处的复杂背景，综合以上处理原则，提出具体的规则设计和法律适用方案。❺在法律适用时，只有具体化的法律规则才能作为裁判的基准，以上处理原则不能不经规则之中介而直接适用。规则才是法官裁判的依据，才可以成为司法三段论的大前提。❻所以，研究在股东会决议诉讼的各项具体制度中如何落实司法介入和公司自治的平衡至关重要。

---

❶ 王乐泉.论改革与法治的关系[J].中国法学，2014（6）：20-24.
❷ 孙晋.谦抑理念下互联网服务行业经营者集中救济调适[J].中国法学，2018（6）：151-171.
❸ GOO，WEBER. The expropriation game : minority shareholders' protection [J]. Hong Kong L. J., 2003, 71（33）：73-74.
❹ 杜晓强.论公司自治的司法介入[D].武汉：武汉大学，2012：27-48.
❺ 熊丙万.中国民法学的效率意识[J].中国法学，2018（5）：82-101.
❻ 于飞.民法总则法源条款的缺失与补充[J].法学研究，2018（1）：36-51.

第七章 裁量驳回制度

中国《公司法》第二十二条规定了股东会决议无效之诉和股东会决议撤销之诉。股东会决议撤销之诉，是指当股东会决议的召集程序或者表决方式违反法律法规或者公司章程，或者股东会决议的内容违反公司章程时，自决议作出之日起六十日内，股东有权诉请人民法院撤销。

在日本、韩国和中国台湾地区等为代表的一些法域，纷纷在公司法上规定股东会决议撤销的裁量驳回制度，规定在股东会决议仅存在轻微瑕疵的情况下，针对股东提起的股东会决议撤销之诉，法院得斟酌具体情事，权衡决议瑕疵与决议所生利益之轻重，裁量驳回原告的诉讼请求。[1]

本章就股东会决议诉讼裁量驳回制度在中国的建立及适用做学理分析，探讨股东会决议诉讼在裁判方式方面的特殊性，以期为公司法治化治理研究尽微薄之力。

---

[1] 钱玉林.股东大会决议瑕疵研究[M].北京：法律出版社，2005：305-308.

第一节　裁量驳回制度概论

一、裁量驳回制度的概念与源起

中国《公司法》第二十二条所规定的股东会决议撤销之诉，没有区分股东会决议瑕疵的性质和严重程度。如果严格按照字面含义进行解释，则无论瑕疵的严重程度和轻重缓急，即使是轻微瑕疵，只要公司股东诉至法院，法院均有可能判决撤销。但在股东会决议瑕疵非常轻微的场合，法院动辄撤销股东会决议，显然与司法介入公司治理应该秉持的谦抑性原则相背离。股东会决议法律问题的专业性非常强，即使是民商法的专家学者或者从事民商法实务工作的法官和律师，大多数人也难以准确理解相关规定并予以适用。公司治理的参与人一般来讲不是法律专家，对于股东会决议法律问题往往一知半解，实际社会经济生活中的股东会决议，是商人基于商业环境的快速变化而迅速做出的决策，没有大的瑕疵已经很好了，股东会决议存在轻微瑕疵实属正常。尤其在中国商业环境变化迅速的当下，存在瑕疵的股东会决议估计占股东会决议总数的十之八九以上。在这种情况下，如果仍然严格固守《公司法》第二十二条规定的表面意思，大部分股东会决议都可能因存在轻微瑕疵而被撤销，这不仅不利于公司治理的正常推进，使得股东会决议动辄得咎，又从一定程度上纵容了公司治理的"反对派"，不利于彰显和弘扬诚实守信的善良风气，更与公司治理对于效率的需求背道而驰。❶

---

❶ 南玉梅.公司瑕疵决议诉讼中裁量驳回规则的建构与适用[J].法学评论，2018（6）：175-184.

第七章　裁量驳回制度

　　裁量驳回制度的出现是司法制度不断适应商事决策实际需要的产物，反映了20世纪以来人们对于自身理性特别是立法者理性局限性的认识。在19世纪理性主义高涨的时代，大陆法系国家希望通过制定法典的形式，将社会生活中的一切包罗进去，司法过程只需要照方抓药即可。实际上，无论立法者经过多么缜密的思考起草法律，法律条款在适用于具体案件时，总是不可避免地会引发一些争议；如果一律机械适用，可能会导致相当多的个案结果丧失妥当性。❶ 基于对自身理性局限性的清醒认识，立法者将矫正立法局限性的部分权力赋予法官，试图以司法者的理性弥补立法者理性的不足。这就形成了裁量驳回制度。❷

　　裁量驳回制度是公司法上独特的制度。该制度的适用领域，包括两个方面：一方面是针对公司组织行为的诉讼，例如公司的设立无效之诉和设立取消之诉；另一方面是有关公司决议方面的诉讼，在韩国公司法上，既包括公司决议无效的裁量驳回制度，也包括公司决议撤销的裁量驳回制度。裁量驳回制度的宗旨，在于维护团体法律关系的稳定，尽量维持公司组织行为或者决议行为的效力。❸

二、我国裁量驳回制度的司法实践现状

　　在股东会决议撤销之诉中，不少法官已经在审理案件时，对于瑕疵情节显著轻微的股东会决议，判决维持其效力，驳回原告关于撤销股东会决议的诉讼

---

❶ 布赖恩·辛普森. 法学的邀请[M]. 范双飞，译. 北京：北京大学出版社，2014：142.
❷ 彭中礼. 司法判决中的指导性案例[J]. 中国法学，2017（6）：129-148.
❸ 李哲松. 韩国公司法[M]. 吴日焕，译. 北京：中国政法大学出版社，2000：84-85.

请求。例如在上诉人刘某与被上诉人江某国、佛山市宏立商贸有限公司（以下简称"宏立公司"）股东会决议纠纷一案，宏立公司监事及股东径行召集并主持股东会，违背了公司章程所规定的召集和主持权人的顺位规定，但该案二审法院认为，由于全体股东均已参会，且原告持股20%，即使重新召开股东会，原告的表决权也不足以改变表决结果，故认定诉争股东会决议召集和主持程序的瑕疵属于轻微瑕疵，且对决议未产生实质影响，判决对原告请求撤销该决议的诉讼请求不予支持。❶

在学术研究积累、司法实践基础和借鉴其他国家和地区成功立法例的基础上，最终，《公司法司法解释（四）》第四条以司法解释的形式正式规定了股东会决议撤销之诉的裁量驳回制度，将长期以来已经基本达成共识的经验提炼为司法解释的明文规定，在我国正式确立了股东会决议撤销之诉的裁量驳回制度。❷这意味着最高人民法院以司法解释的方式明确，不允许个别股东为了一己私利对股东会决议吹毛求疵，随意动摇股东会决议的效力，破坏公司治理的正常秩序。

三、裁量驳回制度的实质在于赋予法官特别的自由裁量权

关于裁量驳回制度，特别需要注意的是，该制度不是指法官对于法律规定

---

❶ 刘琴与江建国、佛山市宏立商贸有限公司股东会决议纠纷（广东省佛山市中级人民法院〔2017〕粤06民终9840号）。

❷ 《公司法司法解释（四）》（法释〔2017〕16号）第四条　股东请求撤销股东会或者股东大会、董事会决议，符合公司法第二十二条第二款规定的，人民法院应当予以支持，但会议召集程序或者表决方式仅有轻微瑕疵，且对决议未产生实质影响的，人民法院不予支持。

不明确或者法律没有规定的情事，所享有的自由裁量权。法官不是法律适用的机器，现实生活的复杂多样性决定了法官审理案件的过程必然是行使自由裁量权的过程,对于法律规定不明确的或者法律没有规定的事项,法官不得拒绝裁判,由此当然享有自由裁量权。对于这种一般意义上的自由裁量权，在股东会决议诉讼中无须专门规定。在股东会决议撤销诉讼中之所以专门规定裁量驳回制度，目的和实质就在于赋予法官一种特别的自由裁量权，更好地实现股东利益保护与公司自治的平衡。❶ 这种自由裁量权的特别之处，在于其适用的前提不是法律依据不明确或者法律没有规定，而是在于法律已经有明确的规定，而根据法律现有的明文规定，在股东会决议撤销纠纷案件中，如果股东会决议的召集程序或者表决方式违反法律行政法规，或者违反公司章程，法院依法应该撤销这种股东会决议；但法律额外赋予法官在法律之外的自由裁量权，如果符合特定的要件，法官得斟酌具体情事，不按照法律的明文规定裁判，对于诉争股东会决议不予撤销，而继续维持股东会决议的效力。这就是裁量驳回制度的特点与本质。

四、裁量驳回制度中价值原则的平衡

裁量驳回制度是针对已经符合可撤销决议法定构成要素的股东会决议而设立的一项专门制度。其制度宗旨与核心是，即使诉争股东会决议依法本应予以撤销，但也赋予法官一定的自由裁量权，允许法官裁判维持股东会决议的效力。

---

❶ OLSSON. General clauses for the protection of minority shareholders in the scandinavian companies acts [J]. Scandinavian Stud. L., 1967, 269（11）: 271-273.

通过该制度的设计与运行，最大限度尊重资本多数决的效力，尊重公司自治，提高公司运行的效率。

当然，裁量驳回制度中法官的法外自由裁量权的行使并非不受任何限制，也必须符合法律所规定的条件。并不是所有的可撤销的股东会决议的效力均可借助于裁量驳回制度得以维持，裁量驳回制度对于资本多数决的维护也务必符合法律规定的要件。

意思自治是民法的灵魂和核心，法律行为是意思自治得以实现的形式。❶股东会决议作为我国《民法总则》明文规定的一种典型的法律行为，特点在于其意思是通过资本多数决机制而形成。资本多数决从法理上分析，实际上包含着两个方面的含义：第一，是股东会按照持股多数股东的意见确定；第二，为保护小股东的权益，股东会决议须按照法定程序或约定程序召集、召开和进行决议。如果股东会的召集、召开和决议的程序出现瑕疵的同时使得小股东的权益得到实质损害，决议效力得不到司法救济，本身就不符合资本多数决的题中应有之义，实质上也是一种对投资行为的打击，最终不利经济发展。因此，本书认为，违反程序所形成的决议的效力本应被否定。但为了避免股东会决议经常性地因为轻微程序瑕疵而遭到否定，成文法做了两个方面的制度安排：一方面，明文规定该类股东会决议的效力为可撤销；另一方面，由于何谓轻微瑕疵，难以用成文法的形式予以明确，只能将判断何为轻微瑕疵的权力赋予审判法官，通过司法机制，将资本多数决的程序性要素拿捏得恰到好处。从这个角度来看，裁量驳回制度是一种尊重资本多数决的、符合经济发展需要的司法制度，是尊重公司治理机制客观需要的司法制度安排。

---

❶ 刘志刚.基本权利对民事法律行为效力的影响及其限度[J].中国法学，2017（2）：88.

第二节　裁量驳回制度的比较法研究

在规定裁量驳回制度的公司法中，最为典型的是日本公司法、韩国公司法和我国台湾地区"公司法"；其中日本公司法经历过较大的修法过程，前后有着较大的不同。从此三种裁量驳回制度的特点来看，又可以分为两种不同的类型。❶

一、赋予法官较大自由裁量权的立法例

最早在立法文本中规定裁量驳回制度的是 1938 年《日本商法典》第 251 条。❷ 该法典所规定的裁量驳回制度，与我国《公司法司法解释（四）》中的裁量驳回制度有较大的不同。主要体现在，该条所规定的裁量驳回制度，赋予法官的自由裁量权较大，法官在行使该权力时，不仅有权考虑股东会决议的程序，而且有权考虑股东会决议的内容；不仅有权考虑股东会决议本身的因素，而且有权考虑公司现状及一切相关之情事；不仅对于瑕疵较轻的股东会决议享有自由裁量权，而且也没有限制该种自由裁量权不得用于裁判瑕疵程度较重的股东会决议诉讼案件。由于该规定赋予法官的自由裁量权过大，几乎架空了一切关于公司法的具体规则，引起了较大的争议，最终该条款于 1950 年被废止。

---

❶ 钱玉林.股东大会决议瑕疵研究 [M]. 北京：法律出版社，2005：305-308.
❷《日本商法典》（1938 年）第 251 条："撤销股东大会决议之诉，法院可以斟酌决议的内容、公司现状及其他一切情事，认为撤销不适当时，可以驳回起诉。"

《韩国商法典》移植于 1938 年《日本商法典》，与 1938 年《日本商法典》的条文表述基本相同，并一直保留至今。❶ 韩国公司法的这种规定，扩大了法官对于公司运营的干预权力，使得法律的不确定性增强，虽然从短期看有利于维护股东会决议的效力，但从长期来看，进一步强化了多数派股东的决策权，将少数股东排除在公司治理之外，对于公司的长期健康发展利弊兼具。

二、限缩法官自由裁量权的立法例

现行《日本公司法典》重新规定了裁量驳回制度，但其具体内容已经与 1938 年《日本商法典》的条款大相径庭，该新的规定极大地限缩了法官的自由裁量权：首先，裁量驳回制度仅适用于程序瑕疵的股东会决议，包括召集程序瑕疵和决议方法瑕疵；其次，限定为违反的事实不严重而且不影响决议时。可见，现行《日本公司法典》大大限缩了裁量驳回制度的适用对象，相应地缩小了法官的自由裁量权。❷

我国台湾地区"公司法"基本全盘照搬了 1981 年《日本商法典》的相关规定。❸ 显然，台湾地区"公司法"的立法目的更多的是为了维护多数派股东和少数派股东利益的平衡，保证公司运行的顺利推进。❹

---

❶《韩国商法》第 379 条："在已提起决议撤销之诉的情形下，法院参照其决议的内容、公司的现状及各种情况，认定其撤销不当时，可以驳回其请求。"

❷《日本公司法典》第 831 条第 2 款："在提起撤销决议之诉的情形下，法院如果认为召集程序或决议方法虽然违反法令或者章程，但其违反的事实不严重而且不影响决议时，可以驳回请求。"转引自李建伟. 公司诉讼专题研究 [M]. 北京：中国政法大学出版社，2012：207-208.

❸ 我国台湾地区"公司法"（2001 年修订）第 189 条之一规定："法院对于前款撤销决议之诉，认为其违反之事实非属重大且于决议无影响者，得驳回其请求。"

❹ 公司法修正条文对照表及立法理由 [M]. 台北：台北元照出版社公司，2001：51.

第三节 我国建立裁量驳回制度的必要性

关于我国是否应该建立裁量驳回制度，理论和实务上均存在争议，主要有两种观点：一种观点主张建立裁量驳回制度；一种观点主张不要建立裁量驳回制度。

一、主张建立裁量驳回制度的学说

主张建立裁量驳回制度的主要理由是：第一，裁量驳回制度有利于防止股东滥诉。如果囿于法律的规定，只要股东会决议程序存在瑕疵，即使是轻微瑕疵，也一律判决撤销，就会纵容股东的滥诉行为，浪费股东会议的召开成本和股东会决议诉讼的司法成本，降低公司运行的效率。第二，如果股东会决议的瑕疵显著轻微，没有影响到决议的实质内容，则不应支持少数股东撤销股东会决议的诉讼请求。[1]第三，如果享有撤销权的股东所持股权比例过少，即使以程序瑕疵为由撤销了股东会决议，公司仍然可以再次做出同样的决议，这导致撤销股东会决议成为毫无意义的事情。[2]第四，公司是一系列合同组成的合同束，涉及众多股东、债权人、职工、消费者的利益，如果股东会决议经常因决议程序的轻微瑕疵而被撤销，则往往导致一系列法律关系的不稳定，影响到相

---

[1] 刘俊海.公司法[M].北京：中国法制出版社，2008：205.
[2] 今井宏.股东大会的理论[M].东京：有斐阁，1987：183.

关主体的利益。❶第五,甚至有的学者还彻底否认了股东会决议程序的独立价值,认为中小股东在加入公司之初,就应当对自己在公司持股比例小、对股东会决议的表决没有控制权具有合理的期待,因而程序公正对于中小股东而言没有太大的意义,中小股东对此也是默示认可的,因而,程序没有那么重要。❷

二、反对建立裁量驳回制度的学说

主张不要建立裁量驳回制度的主要理由是:第一,法官的自由裁量权是在法律对于相关问题规定不够明确或者没有规定的时候才有适用的空间;在股东会决议的召集程序或者表决方式存在瑕疵的情况下,法律已经规定当事人有权诉请法院撤销该决议,此时相关主体的利益边界并非模糊,赋予法官以自由裁量权实际上具有违法之嫌,也不符合法律经济学利益衡量的前提条件。❸第二,出于对商事主体商业判断的敬畏和对市场的尊重,也基于对司法机关欠缺必要的商业知识与经验的自知,司法在介入股东会决议诉讼时,应当保持必要的谦抑性,审判机关不应越俎代庖,代替公司的商业决策。如果公司会议没有遵循法定的召集程序和表决方式,实际上是没有实现完全的公司自治,法院不宜将这种不完全的公司自治强行认定为完全的公司自治,否则就是侵犯了公司的自主经营权,也违背了司法权在介入股东会决议诉讼时的基本定位。❹第三,裁

---

❶ 神田秀树.公司法的理念[M].朱大明,译.北京:法律出版社,2013:44.
❷ 丁绍宽.股东会瑕疵决议的效力研究[J].法学,2009(6):138-141.
❸ 姚涛.股东会决议程序瑕疵情形效力探析——以科斯法律经济学分析为视角[J].东南大学学报(哲学社会科学版),2011(1):104.
❹ 华忆昕.论程序瑕疵股东会决议效力裁判中的裁量驳回制度[J].东北大学学报(社会科学版),2016,18(3):298.

量驳回制度实际上是基于实质重于形式和结果重于程序的理念，不符合商法对于程序价值和法的安定性的考虑，容易纵容股东压榨行为。❶

三、裁量驳回制度的价值分析与必要性研究

关于股东会决议诉讼，《公司法》规定了如果存在程序瑕疵和违反公司章程的内容瑕疵，股东有权申请撤销。在我国现阶段，民众的法律意识普遍不强，股东会决议出现瑕疵非常常见，如果完全按照公司法的规定，不问瑕疵的类型和轻重，一律按照《公司法》第二十二条的规定予以撤销，将使大量的股东会决议被撤销，这将严重影响公司的运作，导致公司对内对外关系处于极端的不稳定状态，不利于公司的正常经营。建立股东会决议撤销的裁量驳回制度的根源，在于股东会决议所涉内外部法律关系的极端复杂性，法律难以对各种情况进行逐一妥适的权衡，需要赋予法官在法律之外再斟酌具体案情进行个案处理；同时在于公司法作为商事主体法，具有鲜明的营利性的特征，对于效率有着特别的要求。这种制度安排是适应股东会决议撤销诉讼的案件特点的，同时也是该类案件审判工作的客观需要。裁量驳回规则方面的研究成果充分证实了这个观点。❷我国是成文法国家，法官的职责在于依法断案，并无在法外酌情、酌理判决的权利。❸在裁量驳回制度的发源地日本，1951年废止商法中的裁量驳

---

❶ 蒋大兴.《商法通则》《商法典》的可能空间？——再论商法与民法规范内容的差异性[J]. 比较法研究，2018（5）：61.
❷ 南玉梅. 公司瑕疵决议诉讼中裁量驳回规则的建构与适用[J]. 法学评论，2018（6）：175-184.
❸ 在判例法国家，法官的权限则比较大，美国小城罗得岛普罗维登斯市的 Frank Caprio 法官就是以经常法外施恩的审判风格而著名。——作者注

回制度之后，法官仍然在个案中继续适用裁量驳回制度，就是适例。❶

在19世纪流行的概念法学思潮中，普遍信奉人的理性的至上性，认为制定法可以而且应该是没有漏洞的。❷❸ 20世纪以来，法学方法上发生了巨大的变化，人们认识到了人的理性是有局限的，制定法存在漏洞具有必然性。基于这种认识，各国在成文法中普遍规定在法律规则不敷适用时，法官得适用法律原则、习惯、学理等进行裁判。❹❺❻ 股东会决议撤销之诉的裁量驳回制度则是该认识的进一步深化与扩展。裁量驳回制度不仅承认法律规则可能存在漏洞，而且承认法律规则在适用于社会现实生活时可能存在不妥当的情况。为了解决这种不妥当性，法律赋予法官修正制定法局限性的权利，这就是裁量驳回制度。

第四节 我国裁量驳回制度的构建与适用

在构建和适用我国股东会决议撤销之诉的裁量驳回制度时，需要重点把握如下几个方面。

---

❶ 钱玉林.股东大会决议瑕疵研究[M].北京：法律出版社，2005：306-307.
❷ 维亚科尔.近代私法史（下）[M].陈爱娥，黄建辉，译.上海：上海三联书店，2006：416.
❸ 徐国栋.民法基本原则解释：诚信原则的历史、实务、法理研究[M].北京：北京大学出版社，2013：350.
❹ 王泽鉴.民法总则[M].北京：北京大学出版社，2009：35.
❺ 梁慧星.民法解释学[M].北京：法律出版社，2009：63.
❻ 王利明.法学方法论[M].北京：中国人民大学出版社，2012：56.

一、裁量驳回制度仅适用于股东会决议撤销之诉

我国法院可裁量驳回的股东会决议诉讼类型,只能是股东会决议撤销之诉,不能是股东会决议的无效之诉和股东会决议的不成立之诉。股东会决议的内容违反法律法规的禁止性规定的情形,股东会决议为无效,这属于严重的瑕疵,不属于轻微瑕疵,不存在裁量驳回的前提条件。同理,股东会决议不成立之情形,程序瑕疵非常严重,以致股东会决议被认为不成立,也不存在裁量驳回的适用前提。从逻辑上论述这个观点,非常容易理解。但在司法实践中,不少法官仍然对此存在模糊认识,再加上无效股东会决议与可撤销股东会决议之间、决议的不成立与可撤销股东会决议之间,往往在实际认定和区分时存在一定的困难,导致不少本应属于无效股东会决议或者不成立的股东会决议的,也被法院裁量驳回,认定了股东会决议的有效性。例如,在章某力诉杭州久大置业有限公司股东会决议撤销纠纷案件中,因公司章程规定股东会议必须有持股比例在80%以上的股东出席方可举行,原告等几名股东合计持股22.5%,长期不出席股东会,导致公司僵局,影响公司正在建设项目的顺利推进。如果允许公司僵局继续,司法不予介入,不仅影响股东的利益,而且影响所有与在建房地产项目相关的内部和外部利害关系人的利益。该公司僵局的发生,基于《公司法》和公司章程无法化解,因此法院发挥司法能动性,突破现有制度,综合平衡各方面利益,认定诉争股东会虽未经公司章程规定比例的股东出席,但仍然认定股东会决议有效,驳回了原告关于撤销

诉争股东会决议的诉讼请求。❶ 对于这个案例的判决结果，本书不作过多探讨，借用这个案例，想要说明的问题是，在我国对股东会决议无效或者不成立的，不能适用裁量驳回制度。

二、裁量驳回制度仅适用于程序瑕疵的股东会决议

股东会决议撤销之诉的裁量驳回制度中，所针对的瑕疵类型只能是程序性瑕疵；按照《公司法司法解释（四）》第四条的规定，只能是股东会决议的召集程序和表决方式方面的瑕疵。根据《公司法》第二十二条的规定，可撤销的股东会决议包括决议的召集程序和表决方式违反法律法规和公司章程的以及股东会决议的内容违反公司章程的，前者属于程序性瑕疵，后者属于实体内容的瑕疵。我国股东会决议撤销之诉的裁量驳回所针对的对象，只能是决议形成过程中程序性的瑕疵，而不能是股东会决议实体内容的瑕疵。公司章程是公司自治规范，对于股东、董事、监事等具有约束力。当股东会决议的内容违背了公司章程的时候，从尊重公司自治的本意出发，法律不认可该种股东会决议的效力，规定这种决议为可撤销的股东会决议，并不因股东会决议的内容违反公司章程程度和情节较为轻微而予以宽容，维持其效力。当然，如果新的股东会决议是以修改公司章程的形式出现，并满足修改章程所需的多数决的要求，则不能以新的决议的内容违背旧的公司章程为由，主张撤销新的股东会决议。❷

---

❶ 章宏力与杭州久大置业有限股东会决议撤销纠纷（浙江省淳安县人民法院〔2008〕淳民二初字第829号）。

❷ 我国《公司法》规定股东会或者股东大会三分之二以上多数表决通过，公司章程有权做出不同于《公司法》的规定。——作者注

从比较法的角度看,也有国家和地区的公司法规定股东会决议内容上的轻微瑕疵也属于可裁量驳回的决议瑕疵类型。例如,如1938年《日本商法典》以及现行韩国商法。

三、裁量驳回制度仅适用对决议未产生实质影响的轻微瑕疵

裁量驳回制度最关键的内容是,作为诉争的股东会决议,所存在的瑕疵是轻微的,且对决议未产生实质影响。理解这个构成要件,需要分为两个方面。

(1)这两个关键的要素是叠加的关系,必须是两个条件同时存在:瑕疵轻微,并且又对决议未产生实质影响。在有些场合,瑕疵虽然轻微,但是有可能对决议产生实质影响。例如,虽然仅迟延一天向股东发出会议通知,但刚好碰到受通知人出差,因为迟延一天的原因没有收到会议通知,导致该股东未参加股东会议。另外,在有些场合,瑕疵虽然对决议未产生实质影响,但这种瑕疵不属于轻微瑕疵,同样不能适用裁量驳回制度。例如,在有限责任公司股东会,一个大股东持股99%,一个小股东持股1%,会议没有通知持股极少的小股东参会。该种情况下,虽然是否通知到小股东,小股东是否参加股东会,是否进行表决,投什么票,均不会对股东会决议的表决结果产生实质影响;但由于会议没有通知小股东,该瑕疵不属于轻微瑕疵,不能适用裁量驳回制度,法院应该对诉争股东会决议作出否定性评价。从现行司法判例来看,不少法官在这个问题上存在模糊的认识。

(2)关于什么是轻微瑕疵,怎样的情形可以被认定为轻微瑕疵,这个问题值得展开实证研究。从比较法的角度来看,一般认为,轻微瑕疵的认定,委诸法官的专业判断,日本、韩国或者中国台湾的公司法基本是采取这种认定标准。

在我国，出现了一批对于如何认定"轻微瑕疵"具有较强启发意义的法院裁判文书。例如，江苏省常州市钟楼区法院在审理徐某与常州万象进出口有限公司（以下简称"万象公司"）决议撤销之诉一案中，钟楼区法院认为，诉争股东会由两名董事联名召集，而不是由董事会召集，属于程序瑕疵，但决定诉争股东会决议是否应予撤销，还需要考察该瑕疵是否属于"轻微瑕疵"。钟楼区法院认为，判断某项程序瑕疵是否属于轻微瑕疵，需要考察该程序瑕疵是否影响到各股东公平地参与多数决的形成以及是否影响到各股东获取必要的信息以做出表决。在本案中，由于会议召集人的瑕疵没有对以上两个方面产生影响，可以认为，公司股东会召集程序所存在的瑕疵属于轻微瑕疵，法院对于诉争股东会的效力予以维持，运用裁量驳回制度，驳回了原告股东关于撤销诉争股东会决议的诉讼请求。❶ 在福斯派国际股份有限公司与永丰福斯派包装（扬州）有限公司股东会决议撤销之诉的判决书中，扬州市中级人民法院也认为，诉争董事会的程序虽然存在一定的瑕疵，但该瑕疵的存在，没有影响到原告指派的董事袁某明公平地参与决议的形成过程，事实上袁某明也已经获得了进行表决所必需的信息，故认定诉争董事会议存在的瑕疵属于轻微瑕疵，判决维持该董事会决议的效力，裁量驳回了原告的诉讼请求。❷

上述两案判决书在"本院认为"部分所阐明的观点，对于我们分析和理解"轻微瑕疵"的含义，具有较强的参考价值。笔者认为，可以以此作为认定是否属于"轻微瑕疵"的操作性标准，展开后续研究。

---

❶ 徐亮与常州万象进出口有限公司股东会决议纠纷（常州市钟楼区人民法院〔2018〕苏 0404 民初 802 号）。

❷ 福斯派国际股份有限公司与永丰福斯派包装（扬州）有限公司股东会决议纠纷（扬州市中级人民法院〔2016〕苏 10 民初 133 号）。

四、建议将诚实信用原则直接规定为制度适用的考虑因素

股东会决议的程序比较复杂，也比较专业，实际召开的公司会议，很容易出现这样或者那样的瑕疵。在公司会议的程序没有被严格遵守的时候，公司股东或者相关的权利主体或者根本没有意识到会议的程序存在瑕疵，或者虽然已经意识到了瑕疵，但是不及时提出异议，待会议结果不符合自己意愿的时候，再以公司会议程序上存在瑕疵为由起诉至法院要求撤销相关的股东会决议。

上述情况比较常见，也符合经济学理性人假设。例如，在股东会议通知时间比章程规定的15天少一两天，股东原本没有意识到有问题，也按照会议通知参加了股东会议，会议上也没有对公司会议的通知程序瑕疵提出异议，会后相关股东以决议程序违反公司章程为由申请撤销股东会决议，这就违背了禁反言的原则，不符合诚实信用原则，人民法院对于这种诉讼，得斟酌具体的案情，根据诚实信用原则，裁量驳回原告的诉讼请求，维持股东会决议的效力。从立法的完善途径来看，建议将诚实信用原则直接规定为法院适用裁量驳回制度时的考虑因素。

第八章 结 论

从历史的角度考察,资本多数决经历过从绝对的资本多数决到相对的资本多数决的发展过程。与资本多数决相对应,股东会决议诉讼的发展也并非一成不变:在公司制度发展的早期,曾经在一个相当长的时期内,对股东会决议效力争议,法院采取不予受理的态度;理由是股东会决议事项是公司内部事务,多数股东的意思即等同于公司的意思,少数派股东对此提出异议,请求司法介入,没有依据,法院不予受理。

随着公司规模的不断扩大,公司的决策可能引起大众关注甚至引发公共事件,法院将股东会决议诉讼完全拒之门外已经成为历史,资本多数决已经进入到法院有限度地介入到股东会决议事项的阶段。有限度特指以司法有限介入为原则,其目标是维护和保障资本多数决,需要遵循的价值原则是效率、平等和合理期待。但是,随着法律对社会管理的精细化要求,原则性认识若无具体的规范构成要件,在实际案件的裁判过程中无法将案件事实直接涵摄

于原则性认识而推导出裁判结果,因而有必要研究如何构建具体制度以落实原则性认识。❶

从比较法和历史的视角考察,目前无论国内国外、理论实务均对"司法介入股东会决议事项须保持合理限度的原则"这一观点达成共识。有待进一步研究的是,如何结合我国经济发展阶段及司法现状,在股东会决议诉讼的各项具体制度中拿捏其中的合理限度,妥善处理和协调效率、平等和合理期待的关系。

第一节 完善股东会决议诉讼制度与裁判标准的建议

本书第二章至第六章,分别从股东会决议诉讼的原告、股东会决议诉讼担保、股东会决议诉讼的救济时效、股东会决议撤销之诉的司法审查范围、裁量驳回制度五个不同侧面对股东会决议诉讼的具体制度与裁判标准展开研究,前三章围绕股东会决议诉讼审什么、后两章围绕怎么审和怎么判展开研究,力争将对股东会决议诉讼的研究从理论和原则层面推向具体制度与裁判标准层面,从法律精细适用的角度展开讨论。

一、确定原告资格的考虑因素及其实施

股东会以资本多数决作为决策形成机制,股东会决议诉讼的裁判规则也是以资本多数决作为裁判第一原则的,在资本多数决原则之下平衡股东利益、公

---

❶ 拉伦茨.法学方法论[M].陈爱娥,译.北京:商务印书馆,2003:293.

司利益及公共利益。司法介入资本多数决的目的是为了资本多数决更加健康地运行，股东会决议是公司自治的主要展开方式，股东会决议诉讼是公司自治的有益补充。一般而言，股东会决议诉讼的原告资格问题取决于公司法对公司治理参与主体范围的考虑。

根据以上观点，本研究认为：第一，作为股东，不管持股份额的多少，无论表决权的有无，都可以成为股东会决议诉讼的原告；第二，董事和监事是公司治理的法定主体，对于公司治理承担法定职责，也可以作为原告提起股东会决议诉讼。另外，股东会决议诉讼不仅是公司治理的阵地，也是股东维护个人权利的阵地。当股东的个人权利被股东会决议侵害时，股东享有提起诉讼的权利是题中应有之义，不得剥夺。因而，即使是被除名股东等，也拥有股东会决议诉讼的原告资格。

另外，程序法方面，作为股东会决议诉讼的原告资格问题也需要符合《民事诉讼法》上的直接利害关系要件。确定股东会决议诉讼的原告主体资格，主要考虑如下三个因素：是否为公司治理主体、是否因股东个人权利受到侵害、是否与争议问题具有直接利害关系。根据这三个考虑因素，本书提出以下几个方面的观点。

（1）根据不同的效力瑕疵类型规定相应的原告范围。根据股东会决议的瑕疵程度分别确定不同的原告范围，有利于平衡股东权利保护与公司治理效率之间的关系，符合大多数国家的立法惯例。对于瑕疵程度较重的股东会决议，例如无效和不成立的股东会决议，有权提起诉讼的原告范围宜从宽确定；而可撤销股东会决议的原告范围则宜从严确定。随着公司实践的发展，股东会决议撤销之诉的原告范围有必要扩展到董事和监事。

（2）正确处理一般法与特别法的适用关系。关于股东会决议诉讼原告主体资格，《民事诉讼法》第一百一十九条与《公司法》第二十二条和《公司法司法解释（四）》第一条及第二条构成一般法与特别法的关系。需要根据法条竞合的一般处理方式，并结合资本多数决理论，对于股东会决议诉讼原告资格进行准确的法律适用。

（3）对于公司治理主体范围的界定，实际上与资本多数决机制对于平等与效率的考虑有关：如果优先考虑平等和相关主体利益保护，可能将原告主体资格界定得较为宽泛；相反，如果更多考虑资本多数决的效率，可能对于原告主体资格进行较严格的缩限。

二、废除股东会决议诉讼担保制度

本书第三章关于股东会决议诉讼担保制度的研究表明，股东会决议诉讼担保制度，实际上限制了部分股东的起诉权，难以达到其制度初衷，且违背了平等原则和资本多数决原则，制度的实施效果也差强人意，与法律已经明文规定的全体股东平等享有股东会决议诉讼的原告资格相冲突，可以以诚实信用原则、行为保全制度等替代。本书建议废除股东会决议诉讼担保制度。

三、构建适应资本多数决本质的股东会决议救济时效制度

股东会决议的救济时效，实际上是以时间轴的方式界定了司法是否介入股东会决议争议。在一定的期间之内，在符合股东会决议诉讼其他条件的前提下，

法院对股东会决议诉讼纠纷的相关权利主张予以受理；超过该一定期间，即使符合股东会决议诉讼的其他条件，法院对于股东会决议诉讼纠纷的相关权利主张也不予受理。对于救济时效经过的股东会决议的效力，司法采取不介入的态度，实际上是尊重资本多数决的效力，维护已有的公司运行秩序。期间经过之后司法对股东会决议效力的影响，类似于资本多数决制度的早期发展阶段，救济时效经过后资本多数决具有绝对的效力，不再受司法审查。时效制度的细节及其实施状况，实际上反映了司法对资本多数决的认可与尊重，是成熟市场经济规则的一种体现。

无论是申请法院撤销股东会决议，还是请求认定股东会决议无效或者不成立，都需要受到救济时效制度的限制。一方面，为了适应商事社会的快速发展，维护资本多数决的效率价值，建议分别规定相对短期的救济时效；另一方面，为了维护股东平等、保护包括中小股东在内的所有股东的利益，建议规定适应资本多数决价值目标的救济时效起算和调整制度。

关于股东会决议撤销之诉救济时效制度，本书认为，我国《公司法》第二十二条所规定的申请撤销股东会决议的60日的起诉期间，不应理解为绝对不变的期间，而应允许法官结合资本多数决的本义和案件具体情况，作出实事求是的认定。

关于股东会决议无效确认之诉救济时效制度的构建，基于我国现行法律和司法解释都没有对股东会决议无效之诉的起诉期间作出规定，应该认为该类诉讼不受诉讼时效的限制。但由于股东会决议是一种特殊的团体性法律行为，围绕股东会决议可能将相继发生一系列错综复杂的法律关系，为了督促当事人及时行使权利，并维持公司经营管理的稳定，维护资本多数决的效率价值，本书主张设定提起股东会决议无效诉讼的期限,该期限宜界定为除斥期间。超过该除斥期间的,权利人丧失提起诉讼的权利。

在具体制度设计方面,本书建议:第一,规定请求认定股东会决议无效的时间限制,该期限应定位为短期时效;第二,时间限制的起算点,可以考虑参照诉讼时效的做法,规定为自权利人知道或者应当知道股东会决议及其内容之日开始计算。❶

四、扩大股东会决议撤销之诉的司法审查范围

股东会决议诉讼与一般诉讼的争议事项不同,并且股东会决议效力纠纷涉及利益相关方众多,法律关系复杂。与一般诉讼相较,股东会决议以资本多数决为基本运行机制,这种形式的诉讼肩负着维护公司平稳运行及保护股东合理期待的特殊使命,务必需要维护和保障资本多数决的实现。资本多数决本身包含着效率、平等和合理期待的基本价值目标,股东会决议诉讼的审理也应该坚持效率、平等和合理期待的目标。本书第五章通过对"股东会决议撤销之诉的司法审查范围"的具体研究,详细分析了作为司法审查对象的股东会决议与客观事实之间的关系,从具体制度落实的层面对于股东会决议诉讼审理制度的特殊性进行研究。通过研究,得出以下结论。

---

❶ 2017年《民法总则》第一百八十八条 向人民法院请求保护民事权利的诉讼时效期间为三年。法律另有规定的,依照其规定。

诉讼时效期间自权利人知道或者应当知道权利受到损害及义务人之日起计算。法律另有规定的,依照其规定。但是自权利受到损害之日起超过二十年的,人民法院不予保护;有特殊情况的,人民法院可以根据权利人的申请决定延长。

市场经济规则确立司法尊重公司自治的大前提。因而，司法对于公司决议效力的审查宜以形式审查为主要原则，实质审查作为补充原则。最高法院第 10 号指导案例强化和加深了这种审判理念，使得公司决议效力的"无因性"审查原则为司法审判实践普遍接受，并广为传播。本书认为，对最高法院第 10 号指导案例不应僵化套用，不宜矫枉过正，过度夸大该审判理念的指导效力。在存在资本多数决滥用、股东压榨、股东或者董事违背信义义务的时候，法院基于诚实信用原则，也应当有权对股东会决议的效力进行实质性审查，以平等保护各股东的合理期待，保护投资，促进公司治理的正常进行和公司的健康发展。

资本多数决是现代公司所普遍采用的表决机制，符合公司追求效率的精神，是一种实质的、最终的股东平等原则。在控股股东滥用资本多数决的场合，虽然致害根源是控股股东的行为，但这种行为经由多数决机制，被披上了公司意志的合法外衣，并对少数股东产生了约束力。❶ 如果严守《公司法》第二十二条规定和最高法院第 10 号指导案例所宣扬的精神，赋予资本多数决以近乎绝对的效力，则违背了实质公平。卢梭在论述公意的特征时说，如果个别人的利益被伪装成公意，国家也就濒于毁灭了。❷ 同样，如果个别控股股东为了自己的利益，将自己的意志和利益伪装成公司的意志和利益，公司也就违背了其设立的初衷，这种扭曲应当得到矫正。美国公司法判例中的"三步检验法"和英国公司法上的"不公平妨碍"和"合理期待"理论，都值得我们在处理类似案件时参考借鉴，以避免机械主义司法。这既有利于维护公司治理的自主决策权

---

❶ 邓江源. 有限责任公司股东压榨的困境与出路[M]. 北京：人民法院出版社，2015：130.
❷ 卢梭. 社会契约论[M]. 北京：商务印书馆，2013：132-133.

和高效运转,又可以对于股东压榨行为予以适当干预,维护股东平等、合理期待和公司的长治久安。

五、构建符合资本多数决本质的裁量驳回制度

(一)重新检视裁量驳回制度的必要性

我国《公司法》所规定的股东会决议撤销之诉,没有区分股东会决议瑕疵的严重程度;如果严格按照字面含义进行解释,则不管瑕疵的严重程度和轻重缓急,即使是轻微瑕疵,只要公司股东诉至法院,法院均应一律予以撤销。但在股东会决议瑕疵非常轻微的场合,法院因股东起诉不得不动辄撤销股东会决议,显然与司法介入公司治理应该秉持的谦抑性原则相背离。这不利于公司治理的正常推进,使得股东会决议动辄得咎,又从一定程度上打乱了公司治理的良性发展,不利于彰显和弘扬诚实守信的善良风气,更与公司治理对于效率的追求背道而驰。

股东会决议诉讼裁量驳回制度是赋予法官在法律明文规定之外进行自由裁量的权力,是公司法独有的制度。通常意义上的自由裁量权的行使前提条件是法律规定模糊不清,是基于法官不得拒绝裁判和当事人之间的争议务必做出处理的背景,是法官在法律规定模糊不清的时候进行"造法"的权利。但是,股东会决议诉讼中的裁量驳回制度则是赋予法官一定的"变法"的权利,裁量驳回制度的适用前提是法律已经有明确的规定,但如果严格适用成文法的规定,将导致违背立法初衷,或者不利于公司治理的有序运行,或者不利于股东权利的保护。

裁量驳回制度最主要的目的还是为了尽量维护存在轻微程序瑕疵的股东会决议的效力,在不实质损害中小股东利益的前提下,尽量维护"资本多数决"的效力,维护公司治理的顺利推进。可以说,股东会决议诉讼中的裁量驳回制度是公司法的一个独创,这种制度通过赋予法官司法能动性从一定程度上化解制定法的僵化与不足,有利于平衡法条与现实世界的变动不居之间的紧张关系,是商法关于司法介入公司治理和尊重公司自治的一次有益平衡。

(二)构建与适用我国裁量驳回制度的建议

在构建和适用我国股东会决议撤销之诉的裁量驳回制度时,需要重点把握如下几个方面。第一,仅适用于股东会决议撤销之诉。第二,仅适用于程序瑕疵的股东会决议撤销之诉。第三,仅适用于对决议未产生实质影响的轻微瑕疵。裁量驳回制度最关键的内容是,作为诉争的股东会决议,虽然存在瑕疵,但是瑕疵轻微且对决议未产生实质影响。这两个关键的要素是叠加的关系。轻微瑕疵,是指未影响到各股东公平地参与多数决的形成,并且未影响到各股东获取必要的信息以作出表决。第四,建议将诚实信用原则直接规定为制度适用的考虑因素。

第二节 本书的局限与展望

股东会决议诉讼是一个非常有价值的研究课题。随着我国经济的平稳向好发展,公司制作为经济发展的重要微观样态,已经被人们广泛接受。股东会决议作为连接公司对内治理和公司对外行为的关键环节，以何种规则认定其效力是非常重要的。本研究表明：股东会决议的形成机制是资本多数决，资本多数决发展成熟的标志是资本多数决遵循效率、平等及合理期待的价值体系。因而，本书认为，股东会决议的效力来源是不违背效率、平等及合理期待价值体系的资本多数决。股东会决议诉讼的前提不得和股东会决议效力来源相冲突。所以，股东会决议诉讼各具体的制度设计及法律适用规则均应当遵循效率、平等及合理期待价值体系的资本多数决。

本书结合股东会决议诉讼中出现的现象与问题展开全面分析，提炼抽象出部分具有实操价值的具体法律规则，使得课题研究的系统性与全面性得到了加强。本书研究思路不仅从法学基础理论展开，还从经济学、社会学等不同的学科角度进行思考与探讨。本书尤其关注资本多数决历史形成发展脉络的研究，对资本多数决不同历史时期与股东会决议诉讼的规则之间的关系进行了探讨与分析，从历史角度对股东会决议诉讼部分规则变迁的必要性进行了探讨。

本研究对域外尤其是德国和日本的股东会决议诉讼展开了比较法研究，对国内生效判例进行了实证研究。比较全面地对股东会决议诉讼判例进行汇总分析、梳理归类及客观评判，使得本课题研究扎实展开，就股东会决议诉讼具体制度设计问题提出了建设性的主张。

但本研究仍存在局限，值得进一步深入研究。

一、民事法律行为理论体系方面的研究值得深入

在远古社会，承诺与允诺并非常态，契约之债并不普遍。民事法律行为

的理论和制度是近代社会变革和法律发展的产物，该理论和制度一旦出现，即对法律和社会生活均产生了重要的影响。❶ 传统民事法律行为理论以意思表示为最基本的元素、以双方法律行为为基本模式，意思表示的效力在某种程度上直接决定着民事法律行为的效力，但对决议中的意思表示基本没有考虑。我国《民法总则》对意思表示与决议效力的关系也是语焉不详。❷ 传统民事法律行为理论认为双方意思表示达成一致，意思表示即产生效力。但是股东会决议中意思表示法律效力的产生并不是源于双方或者多方意思表示一致，不存在像合同一样是一个逐步妥协的过程；股东会决议的效力来源是资本多数决，当不同股东对股东会决议某一事项存在分歧意见之时，不同股东之间意见的最终协调方式并不是双向妥协的过程，而是少数服从多数的过程，一旦股东会就该事项表决后，即意味着少数股东对多数股东意志的服从。

本书的研究过程处于一个特殊的历史节点：《民法总则》作为中华人民共和国法律史上一部具有里程碑意义的法律，在本课题研究过程中颁布实施。《民法总则》将决议规定为民事法律行为的一种类型，学术界对此众说纷纭、莫衷一是，也少有人敢于直面决议加入后民事法律行为传统理论的证成或者证伪。❸ 部分权威民法学者认为，《民法总则》颁布以后，意思表示与决议效力的关系留

---

❶ 梅因.古代法[M].郭亮，译.北京：法律出版社，2015年，162-163.
❷ 杨立新.从民法通则到民法总则：中国当代民法的历史性跨越[J].中国社会科学，2018（2）：72-97.
❸ 代表性的研究成果有：瞿灵敏.民法典编纂中的决议：法律属性、类型归属与立法评析[J].法学论坛，2017（4）：88-100. 吴飞飞.决议行为归属与团体法"司法评价体系"构建研究[J].政治与法律，2016（6）：9-18. 陈醇.论单方法律行为、合同和决议之间的区别——以意思互动为视角[J].环球法律评论，2010（1）：49-58. 王雷.《民法总则》中决议行为法律制度的力量与弱点[J].当代法学，2018（5）：3-14.

待以后学术界和实务界继续探讨。❶ 法的各种特征与一个民族或者时代的特殊性相关联,并相互构成浑然一体的关系。❷ 因而,本书的研究结论必将体现这一时代特征。

笔者已经意识到《民法总则》将决议规定为民事法律行为的下属概念是一个划时代的重大变化,对司法实践将产生深远意义,甚至可能关系到德国民法对首创的民事法律行为理论与制度的重构。结合研究主题,本书对股东会决议诉讼,对股东会决议的性质、形成机制、应遵循的价值理念、诉讼在其中的重要作用等问题进行了系统的论证,对《民法总则》将决议规定为民事法律行为的一种类型之后的法律完善和司法适用进行了探讨。针对股东会决议的不确定性,本书提出的正义实现方案是以柔克柔:引入柔性的价值原则体系,通过高度能动性的专业司法工作,以助推股东会决议中正义的实现。

由此,本书认为,传统民事法律行为理论建立在以一次性合同为原型的简单商品交易假设的基础之上,对于继续性合同、不完全契约、关系契约等关照不多,甚至有意忽略;在删繁就简的基础上,实现了民事法律行为理论体系的高度自洽,一定程度上实现了法律对人类社会生活和民事法律关系的抽象化和模型化,使得法律关系被抽象成数学般逻辑严谨、规整划一,且充满美感。传统法律行为理论在某种程度上推动了理性主义在法律领域走向巅峰,使人类相信司法工作就像自动售货机那么简单和纯粹,这对于民法学乃至全部法学发展的贡献是划时代的。然而,这种理论假设毕竟与社会实际情况有差距。与大陆法系不同,英美法系在传统上刻意排斥理论抽象,强调直观自然地接触事实,

---

❶ 2016年11月29日下午梁慧星教授在澳门科技大学学术讲座的答问环节所表达的观点。——作者注
❷ 黑格尔.法哲学原理[M].杨东柱,尹建军,王哲,编译.北京:北京出版社,2007:2-3.

主张司法者也应该以最原始的心灵去感受案件真相,这对于我们破除对民事法律行为理论的迷信具有一定的启发意义。❶股东会决议作为决议的一种,是一种典型的关系契约和不完全契约,很难融入传统民事法律行为体系,股东会决议诉讼也难以通过自动售货机式的简单逻辑演算而作出恰当的处理,只能撇开传统民事法律行为理论的窠臼而另辟蹊径:正视股东会决议的不确定性,引入柔性的价值原则体系,通过高度能动性的专业司法工作,以助推股东会决议中正义的实现。

囿于学术能力与时间,本书的以上观点目前还不够成熟,论证还不够充分,可能还不足以撼动民事法律行为的理论大厦。

但笔者希望本书的观点能起抛砖引玉之效,吸引更多的专家继续深入该课题的研究,为民事法律行为的理论与实践增砖添瓦。

二、公司治理中权利与权力配置方式的研究值得深入

法律是权力的一种特殊组织形式。❷公司作为被公认的近代社会科学领域最重要的发明,如何处理好股东权利与公司机关权力之间的纵向关系以及公司内部各项权利之间的横向关系,是一个一直在研究但至今未能完全解决的社会科学问题。随着公司规模的不断扩大及公司管理的专业化,公司股东权利呈现逐步向公司职业经理人让渡的趋势,如何在大股东利益和小股东利益、股东利

---

❶ CICCHINI. The battle over the burden of proof: a report from the trenches [J]. University of Pittsburgh Law Review, 2017, 79: 87.

❷ 凯尔森. 法与国家的一般理论 [M]. 沈宗灵, 译. 北京: 商务印书馆, 2014: 188-189.

益和公司利益、公司利益和高级管理人员利益以及公司利益和公众利益之间取得平衡,诸多权力与权利的分配如何做到平衡,是一个非常复杂的制度设计问题。本书从股东会决议诉讼制度的角度对此展开研究,主张资本多数决是股东会决议诉讼的专业准则,资本多数决和股东会决议诉讼均应遵循效率、平等和合理期待的价值原则体系。但本书对于股东会决议诉讼和公司治理中权利与权力的纵向独立性、权利相互之间横向清晰度的安排方式方面的研究并不充分,有待继续开展研究工作。希望本书的研究能起抛砖引玉之效,引发更多对如何定位和处理股东会决议诉讼和公司治理中权利与权力、权利相互之间的安排方式的思考和研究成果,进而对于市场经济的发展和良好社会管理秩序的建设起到积极的助推作用。

三、股东会决议诉讼与新技术的结合领域值得研究

"时代是思想之母,实践是理论之源";实践无止境,理论创新同样也没有止境。❶ 近年来,互联网和大数据已经成为引领全球的一种新的市场范式。❷

公司法对各类公司的分类规定详细具体,不同公司类型之章程及股东会决议的规则清晰,有利于就不同公司类型股东会决议诉讼展开类型化研究,为未来股东会决议诉讼中引入互联网和大数据技术提供基础数据。

股东会决议事项通常为公司重大决策,股东会决议的效力对公司及利益相

---

❶ 张文显.新时代全面依法治国的思想、方略和实践[J].中国法学,2017(6):5-28.
❷ 让·梯若尔.创新、竞争与平台经济——诺贝尔经济奖得主论文集[M].寇中来,张艳华,译.北京:法律出版社,2017:268.

关方非常重要。为维护公司运营的稳定性、股东的合理期待及利益相关方的利益,公司各股东、公司本身及公司利益相关方都需要尽快确定股东会决议的效力。股东会决议诉讼的判决公正性不仅体现为"以事实为依据,以法律为准绳",更体现为该判决是否符合商业惯例、商业逻辑及商业趋势。利用传统方式对商业惯例、商业逻辑及商业趋势开展定量研究很难深入,互联网和大数据技术为类似案件的数据收集和比较提供了技术可能性。随着计算机算法的不断进步,股东会决议诉讼中引入互联网和大数据技术不仅在技术上具有可行性,而且对股东会决议诉讼的发展与完善具有必要性。

随着全球互联网和大数据技术的发展,加上股东会决议诉讼对效率、公正及尊重商业习惯的特别需求,未来有必要更多地研究如何在股东会决议诉讼中引入互联网和大数据技术,从中提炼和吸收更多符合时代和技术特点的知识产品。❶❷❸

---

❶ 孙晋.谦抑理念下互联网服务行业经营者几种救济调适[J].中国法学,2018(6):151-171.
❷ 杨立新.从民法通则到民法总则:中国当代民法的历史性跨越[J].中国社会科学,2018(2):72-97.
❸ 杨立新,王竹.论自然力的物权客体属性及其法律规则[J].法学家,2007(6).

致　谢

本书是在笔者博士学位论文的基础上修改整理而成。

2015年,已经38岁的笔者开始攻读法学博士学位。在澳门科技大学,笔者遇见了不少渊博的老师和有趣的同学,这注定了博士期间生活的底色是温暖的。

入学之初,一位尊敬的老师曾经提醒我们,要注意身心健康,因为读博士期间压力大,容易生病,甚至生大病,少数博士研究生的名字还被永远地圈上了框框。现在,愈发体会到博士研究生的经历真的是人生中最重要的淬炼之一,或者这是最重要的淬炼。艰难之处不值得费用笔墨,重点还是要向各位贤达汇报收获与感悟,并表达感谢。

攻读博士学位期间,笔者的收获与感悟可以归纳为三个关键词:善良、平等和简约。

关于善良。善良与法的关联性似乎不大。关于什么是法、法的本质是什么,德高望重的黎晓平教授给我们讲授和探讨了将近一个学期的课程。至今笔者仍清楚地记得，黎老师认为，法的本质在于"不伤害他人"。笔者十分赞同黎老师的观点，认为"不伤害他人"是一种善良的秉性，是法治社会的根基，既是底线行为规范，又难以始终坚守。我们无法决定他人怎样对待自己，但务必永远心怀善意，不要有意加诸苦难给他人，这将使我们的灵魂得到最深的安息。4年来，笔者学会了自觉的善良，做到了"不伤害他人"；今后也将继续坚持下去，并尽其所能用这个观点影响周围的人。

关于平等。与善良不同，平等是法学的基本范畴。这些年，笔者认识到了，人生而平等，与人生而不平等，在各自的语境下，都是正确的；不平等则存在互换的不平等与非互换的不平等之别。关于平等，更切身的领悟则来自于导师沈四宝教授的言传身教。沈老师总是随身携带一个很沉的背包，里面有生活用品，更有教案资料、学生的论文等。开始跟随沈老师的时候，我们经常主动要求替沈老师背包，每次都被谢绝。时间长了才知道，这是沈老师的习惯，我们也就不再坚持。关于师生关系，沈老师倡导"一日为师，终生为友"。笔者想，沈老师关于师生关系的定位，可能正是源于他内化于心底的对于平等的执着吧。

关于简约，最直接的感悟来自于博士学位论文的写作过程。笔者很珍惜来之不易的学习机会，在相当长的时间内，笔者是努力的，教材、专著、论文、案例，各方面的资料加起来阅读过逾千万字，内容涉及公司治理、公司决议、决议与协议的关系、决议与民事法律行为等大约十几个方面的内容。初稿完成之后，沈老师和很多关心支持笔者的老师一致指出论文结构松散、内容不集中、未达标博士论文的要求。为了帮助笔者聚焦论文主题、优化论文结构、精炼表达方式，沈老师不厌其烦，反复指导、修改，帮助笔者将论文聚焦于股东会决议诉讼，并形成了目前的比较符合思维逻辑的文章结构和行文安排。在沈老师的指导下，笔者领悟了简约的道理；也万分地感谢沈老师，老师以不简约的工作，帮助笔者实现了论文的简约。在论文写作的后期，基于对简约的领悟，笔者向沈老师汇报思想说，博士论文简约的写作思路可以用在工作上：在工作中，可以像撰写博士论文那样，选择一个小的工作切入点，专注做强，然后在条件成熟时再考虑以点带面，展现优势。这一感悟与沈老师"以一本教材、一个国际商法学科带动整个法学院"的办学思路相吻合，得到了沈老师的赞赏。关于简约，沈老师还身体力行地教导我们，不要太多地占有物质，要学会分享，回馈社会，实现自身的简约。总之，简约治学、简约做事、简约做人，是笔者学习领悟到的最重要的道理之一。

"君子之道，辟如行远，必自迩；辟如登高，必自卑。"[1] 善良、平等和简约是笔者攻读博士学位期间最重要的收获与感悟。笔者相信：善良、平等和简约是一种至简之大道，也是一种修心之道；世界很大，人与人的境况不同，要自觉地宽容他人、也宽容自己；只有首先将自己的心修炼得清净和纯粹了，才能轻松上路，既愉悦自己，也愉悦他人。笔者也希望今后能以这种收获与感悟去帮助和影响周围的人，融洽社会关系，使得人心更纯粹，社会更友善。

感谢澳门科技大学法学院的全体老师，特别是导师沈四宝教授。正是有了他们的帮助和鼓励，笔者才有勇气克服困难，完成博士阶段的学习和生活，并有所感悟。感恩母校澳门科技大学。母校校训"意诚格物"，将永远指引笔者认真做事、踏实做人、用心生活，做一个有益于周围所有人的人。

---

[1] 陈成国点校. 四书五经 [M]. 长沙：岳麓书社，2014：7-17.

感谢所有参加匿名评审和答辩的专家老师！他们高屋建瓴的专业点拨是论文水平不断提高的重要条件，他们是笔者在人生重要节点遇到的高人、贵人。

感谢所有参考文献的作者！虽然论文的见解不见得更深刻，但一定是站在你们宽厚的肩膀上完成的。

感谢博士期间的所有同学和师兄师姐、师弟师妹，他们有的成熟稳重、事业有成，有的才华横溢、活力四射，有的为人热情、乐于助人。在这几年里，大家一起学习、一起休闲，互相鼓励、共同进步。同窗之谊，是一种特别的缘分，值得永远珍惜。

感谢在人生不同阶段给予笔者支持和帮助的所有老师、尊长、朋友和同事们。

感谢笔者的家人。这几年来，许多本应用于陪伴他们的时间，被用在了学业上。笔者一直心怀歉意，并希望能在未来的日子里努力弥补。

感谢知识版权出版社及其编辑于晓菲和李娟，借助于她们辛勤而严谨细致劳动，本书才得以顺利出版，并减少了不少错漏。

源于文责自负的精神，本书如有任何不当之处，概由作者负责。

再次感谢大家！

汪道伟

2020 年 5 月